中华文明研究译丛

云冈石窟中小窟龛的展开

装饰·空间·工匠

[日]熊坂聪美　著
黄盼　译

海峡出版发行集团
福建人民出版社

图书在版编目（CIP）数据

云冈石窟中小窟龛的展开 ：装饰·空间·工匠 /（日）熊坂聪美著；黄盼译. -- 福州 ：福建人民出版社，2024. 10. --（中华文明研究译丛）. -- ISBN 978-7-211-09533-9

Ⅰ. K879.224

中国国家版本馆CIP数据核字第2024FG4568号

中华文明研究译丛

云冈石窟中小窟龛的展开：装饰·空间·工匠

作　　者：［日］熊坂聪美　著　　黄盼　译
责任编辑：张辉兰
美术编辑：白　玫
责任校对：李雪莹
出版发行：福建人民出版社　　**电　　话：**0591-87533169(发行部)
地　　址：福州市东水路76号　　**邮　　编：**350001
经　　销：福建新华发行（集团）有限责任公司
印　　刷：恒美印务（广州）有限公司
地　　址：广州市南沙经济技术开发区环市大道南路334号
开　　本：890毫米×1240毫米　1/32
印　　张：12.25
字　　数：288千字
版　　次：2024年10月第1版
印　　次：2024年10月第1次印刷
书　　号：ISBN 978-7-211-09533-9
著作权合同登记号：图字 13-2024-043号
定　　价：98.00元

本书如有印装质量问题，影响阅读，请直接向承印厂调换。

彩图1　云冈石窟第20窟

彩图2　云冈石窟第20窟佛龛〔1、2〕及周边

彩图3　第18窟佛龛〔3〕

A. 第 1 窟西壁第 2 龛

B. 第 11 窟西壁佛龛〔48〕

C. 第 18 窟南壁佛龛〔36〕

D. 第 35 窟南壁西龛

彩图4　佛像样式比较

彩图5　第19-2窟左壁佛龛〔16〕

彩图6　第11-17龛

彩图7　第39窟门口西龛

天井

右壁

正壁

左壁

彩图8　第25窟

右壁　　正壁　　左壁

彩图9　第23-1窟

儒童　阿育王施土　右壁　正壁

彩图10　第13-16窟

右壁

正壁

左壁

彩图11　第33-3窟

彩图12　第16窟东壁及南壁下层

目　　录

序 章

前 言

云冈石窟开凿于北魏时期（386～534年）的洞窟总数超过250座，雕刻大小石佛总数超过五万九千尊[1]（图0-1、图0-3）。其中有高度超过10米的巨大石窟，观者步入其中，就会被巨大佛像及壁面雕刻的多种多样装饰、大小石佛所征服（图0-2）。像这样规模宏大又华丽的石窟，可认为是以国家权力为背景、基于周全计划而营造的；但云冈石窟中还有另外一种数量众多的造像，一般认为

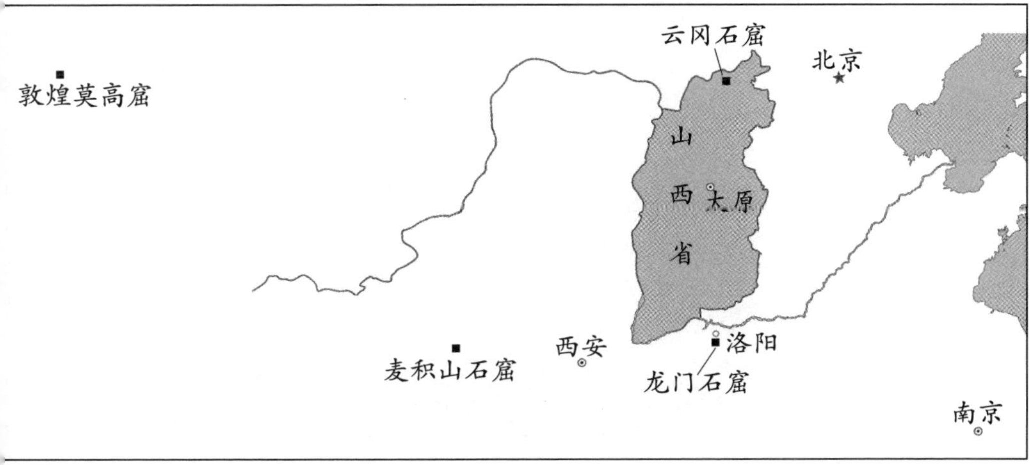

图0-1　云冈石窟的位置［据中国地图改绘，审图号：GS（2022）4318号］

图0-2　第7窟主室东壁

图0-3　云冈石窟全景

是由皇帝之外的人独立发愿营造的。其中既有仅容纳尊像的佛龛，也有中、小型石窟[2]。本书将与皇帝敕建的大型石窟及其中有规划而结构统一的龛像完全不同的造像群总称为“中小窟龛”。

中小窟龛的造型特征与研究情况将在后文详细探讨，但可以说，迄今为止云冈石窟的研究往往以大型窟为中心，对中小窟龛的关注较少。迁都以前造像活动的中心毋庸置疑是大型窟，一座座中小窟龛的规模实在较小，所以也存在是否有研究意义的疑问。但十分有趣的是，大型窟中，有的像第6窟一样，连壁面各个角落都按照周密的计划营造，也有的像昙曜五窟那样在壁面上雕刻出众多的佛龛。在这些理应由国家控制造像活动的石窟中，贵族与民众自由地（或者说看似自由）发愿造像的情形，我们今人看来有些难以理解。对中小窟龛的认识，与探索大型窟的营造过程及云冈石窟如何最终成为目前所见形态密切相关。笔者试图通过云冈石窟的中小窟龛探索以下问题：首先，北魏时期的人们是怎样参与到这项前所未闻的巨大事业中，又通过怎样的过程丰富了石窟空间。其次，在494年迁都洛阳之后，造像活动完全落到民众的手中，人们发愿所造窟龛又有着怎样的共通点，营造什么样的空间才是符合理想的，最终实际进行雕刻的又是何人。从整体来说，至少可以更进一步理解营造石窟的真实状态，以及制作数量庞大的造像的原动力。幸运的是，中小窟龛作为研究资料有以下特性——数量上的绝对丰富、造像规模小、制作周期短、雕刻者的雕刻习惯等特征也较容易观察，本研究的目的正是有效利用这些方面，明确云冈石窟中小窟龛与大型窟的关系及其展开。

以往受资料制约，对数量众多的中小窟龛进行研究是困难的。现在承蒙云冈研究院的厚意及摄影器材的进步等条件，可以搜集到过去难以想象的众多资料。可以说，云冈石窟中小窟龛的研究是现在才能够开展的领域。作为研究背景，下文将对云冈石窟概要及中小窟龛的定义、研究现状等进行综述。

一　云冈石窟概要

1. 云冈石窟的地理位置、北魏建国及迁都平城

云冈石窟位于北魏都城平城（今山西省大同市）西郊约15千米的武州川北侧。石窟所在崖面是武州（周）山的一部分，所以当时也被称为武州山石窟寺。现在使用的“云冈”这一称呼，最早见于明嘉靖四十三年（1564）的《重修云冈堡记》[3]。清代，“云冈石佛寺”“云冈寺”等记载增加，可知这一名称大致在这一时期固定下来。

石窟开凿在砂岩崖面上，东西蔓延约1千米。洞窟规模大小不等，从容纳高10米以上大佛的大石窟，到仅能勉强容纳一人的小石窟，现存编号洞窟总数达252座[4]。大型石窟基本南向，一般称前壁为南壁，正壁为北壁，左右壁分别为东西壁。本书基本也沿用该方式，但在提及非南向的大型窟或者中小型窟时，使用前壁、正壁、左右壁的说法。

北魏（386~534）由鲜卑族拓跋部建立。东汉时期（25~220），鲜卑族的势力居于北方[5]。作为鲜卑的一个部族，拓跋部经历漫长的岁月从大兴安岭北部南下[6]，到3世纪中叶，将盛乐（今内蒙古自治区和林格尔县西北）作为据点。拓跋部所建政权“代”，在五胡十六国时期（304~439）分裂，之后在已统一华北的前秦的压力之下灭亡。但前秦败于东晋之后衰弱，拓跋珪（代王拓跋什翼犍之孙）在登国元年（386）以“魏”为国号正式建立北魏。此后，北魏逐渐壮大，于登国十年（395）大败后燕，将势力延伸至并州

（今山西省）、中山（今河北省定州市）、邺（今河北省临漳县）等地。天兴元年（398）迁都平城，魏王拓跋珪即皇帝位（太祖道武帝）。

2. 开始营造云冈石窟的背景

在云冈以举国之力营造大规模石窟，需要同时具备多种因素。北魏迁都平城之后版图继续扩大，太延五年（439）灭北凉、统一华北。北魏积极地将人口从新占领地区强制迁移到平城，即所谓徙民政策，其中亦包括河北等佛教已较为繁荣的地区[7]。太延五年（439）及太平真君二年（441）从北凉国都姑臧（今甘肃省武威市）与酒泉大规模徙民。作为中国佛教的中心地，地接西域的凉州地区在北凉之前佛教就已繁荣发展，北凉时期，敦煌莫高窟（在今甘肃省敦煌市）、天梯山石窟（在今甘肃省武威市）、炳灵寺石窟（在今甘肃省永靖县）等石窟已经开始营造。此外，也不能忘记玄高、师贤、昙曜等活跃在北魏皇帝身边的高僧亦来自凉州。至此，继承了凉州佛教传统的北凉文化被平城吸收，这对于云冈石窟的开凿具有十分重要的意义。

平城佛教的隆盛，看起来像是从佛教繁荣的数个地区徙民的结果。但当时佛教的流行是有国家保护这一前提的，这种状况从五胡十六国时期延续而来。僧人在五胡十六国时期混乱的社会中弘法，自然需要得到当权者的保护。多数情况下，各地的王以得到与他国争战时取胜的智慧与咒术之力为目的，为获得具有这种特殊能力的神异僧而奔走。僧人获得当权者的信赖，门徒不断增多。北魏为了统治国家，亦需借用佛教之力。

赵郡（今河北省赵县）沙门法果的言论表明了北魏佛教的国家性质。“太祖明叡好道，即是当今如来，沙门宜应尽礼，遂常致拜。谓人曰‘能鸿道者人主也，我非拜天子，乃是礼佛耳’[8]。”法果是道武帝、明元帝时期的道人统（当时的宗教领袖，后改称沙门统）。法果明言皇帝是当今如来，是沙门（僧）应竭力礼拜的对象。这一思想在太武帝灭佛（446~451）后佛教复兴之时被继承下来，并与北魏佛教造像的制作相关。《魏书·释老志》连续叙述了两件关联事件：一是兴安元年（452）颁布复佛之诏，敕令雕凿与皇帝身高相等的石像。完成之像面部与足部有黑石，偶然与皇帝身体上的痣位置相同。一是兴光元年（454）敕令于五级大寺为太祖以下五帝铸造五尊一丈六尺的释迦像。通过以上实例可以看出，云冈石窟营造之前，由北魏皇室主导的佛教造像制作已经展开，当时的佛像既是佛教造像，也带有皇帝像的性质。

关于云冈石窟的开凿，有如下记载：“和平初，师贤卒。昙曜代之，更名沙门统。初，昙曜以复佛法之明年，自中山被命赴京。值帝出，见于路，御马前衔曜衣。时以为马识善人，帝后奉以师礼。昙曜白帝，于京城西武州塞凿山石壁，开窟五所，镌建佛像各一。高者七十尺，次者六十尺，雕饰奇伟，冠于一世。”[9]正如后半部分所记，出于沙门昙曜向文成帝的奏请，于平城西武州塞开凿五座石窟。实际的开凿年代并未明记，但一般认为是在昙曜成为沙门统（当时的宗教领袖）的和平元年（460）以后[10]。当时所凿分别容纳一尊高七十尺或六十尺的巨大佛像的五座石窟，一般认为是从西开始依次编号为第20、19、18、17、16窟的五窟，现在被亲切地称为“昙曜五窟”（彩图1）。当时的七十尺约相当于现在的16.45米[11]，与第16~20窟大佛像的规模相当。由于已存在模仿皇帝形象的佛像及为五帝造五尊佛像的前例，作为复佛后由皇室主导的造像，云冈石窟最初营造的五窟应是基于同样的思想背景。

3. 云冈石窟的分期

一般将云冈石窟的营造年代分为如下3期：

第1期：昙曜五窟（第20、19、18、17、16窟）

第2期：第7、8，9、10，11、12、13，5、6，1、2，3窟，一部分中小窟

第3期：以第21窟以西（西端诸窟）为中心的中小石窟群

从各时期石窟的基本结构来看，第1期为大像窟，第2期偏好营造与第7、8窟，第9、10窟一样规模相当、基本结构相同的组窟（双窟）。第1、2期，从石窟规模与计划性之强，很容易联想到是由国家主导营造大型石窟的时代；与其相对的，第3期是中小窟龛的时代。随着太和十八年（494）迁都，作为国家事业的石窟开凿，其地点转移到新都洛阳的龙门石窟，云冈石窟的造像活动基本上改由贵族和民众资助。这一时期营造的石窟规模虽小，但总数亦超过150座[12]，还开凿了数量庞大的佛龛。

然而，这一分期及个别洞窟的年代，仍有需要解决的问题。昙曜五窟营造时期为第1期，第3期始于太和十八年（494）迁都洛阳而终于正光六年（525）前后，已基本成为定说。但水野清一、长广敏雄1956年提出的编年认为，第1期为460年前后～475年，第2期为475～490年，第3期为490～525年前后[13]；而宿白将第1期判断为460～471年，第2期为471～494年，第3期为494～525年前后[14]。之后长广氏撤回将475年作为第1、2期的分界之说，在不提及具体年代的情况下，将第1～20窟划分为昙曜五窟（初期，始于460年前后）及以外（中期，至494年）两期[15]。近年，冈村秀典针对大型窟提出了新的编年，将前中期（460年前后～494年）分别分为第1～3期三小期[16]。冈村氏的编年中存在与既往研究差别较大的部

分，如将第5窟及第13窟开始营造的时间置于前期等。本文暂且使用接受度最广的宿白编年。

洞窟编年的最大问题是第2期各窟的年代。最初，长广敏雄注意到皇帝行幸武州山石窟或武州山的记载，将行幸与石窟的竣工或主尊的开眼供养等相对应[17]。长广敏雄指出《魏书・帝纪》中记录的行幸武州山年份如下：①皇兴元年（467）、②延兴五年（475）、③太和元年（477）、④太和四年（480）、⑤太和六年（482）、⑥太和七年（483），总计6次，其中记为行幸“武州山石窟（佛）寺”的为①467年、④480年、⑤482年、⑥483年，共4次。长广氏将这些年份与石窟的竣工做了如下对应：

①467年（皇兴元年）——昙曜五窟落成供养

④480年（太和四年）——第13窟（大像窟）落成供养

⑤482年（太和六年）——第5窟（大像窟）落成供养

⑥483年（太和七年）——第6窟落成供养

但是否所有的行幸均与落成供养有关，这一点值得怀疑，并且已有反论提出[18]。另外，宿白以1947年发现的《大金西京武州山重修大石窟寺碑》（以下简称《金碑》）的记述为根据进行了编年[19]。依据碑文，“西京大石窟寺”由十寺构成，寺名及特征均被记录下来，其中“崇教（福）寺”为钳耳庆时于太和八年（484）至太和十三年（489）营建。宿白将十寺中的“护国寺”比定为第7、8窟，认为“崇教寺”应是第9、10窟[20]。如何理解《金碑》的描述，或者说崇教寺对应哪一座石窟，是极为重要的问题，直接决定第2期各窟的编年，并且会导致对第5、6窟中出现的佛像着衣形式转换（详见后文）的时间及过程的理解产生巨大变化。

即使云冈石窟已积累了数量庞大的历史研究成果，但就像上文所指出的，就连石窟营造的年代都仍然遗留着较多问题。究其原因，可以认为是纪年像较少，再加上对于造像活动错综复杂的5世纪80年代造像的综合研究并未充分展开。就如第二章所述，5世纪80年代是多种样式并存、国家主导的大型窟与独立发愿营造佛龛有一定关联和发展的复杂时期。换个角度来看，希望可以通过明确独立发愿佛龛的展开，为解决大型窟的诸多问题提供线索。

二　云冈石窟中小窟龛概要

1. 概要与纪年像

（1）中型窟与小型窟

中小石窟的总数超过100座。本书以第4-1、28等窟为基准，将高2.5米、宽2.0米、进深2.5米以上的洞窟称为中型窟，未达此标准者称为小型窟[21]（图0-4）。二者均第21窟以西为数最多。

图0-4　第39窟（中型窟）与周围小型窟

此外，也分布于大型窟外壁及周边，如第5窟东侧（第5-1、5-2等窟），第11、12、13窟周边，第16窟东侧（第14、15、16-1窟）等。各窟窟内周壁最下部（腰壁）雕刻发愿人（以下称供养人）列像的情况较多。

（2）佛龛

佛龛分布于整个云冈石窟，其名称以相当于屋顶部分的拱额的形状来区分。尖拱龛与楣拱龛的数量最多，其他还有圆拱龛（拱额中央不像尖拱龛一样尖锐）、屋形龛、天盖龛等（图0-5）。佛龛周围用花纲、帷幕等加以庄严，也较常见围绕飞天、供养天等情况。佛龛下部设置条带状空间（宝坛），其中雕刻僧形、世俗形的供养人像、香炉、方形铭区等。设有宝坛、带供养人像的佛龛，是独立发愿建造的（图0-6，也存在宝坛因一定事由未雕刻的情

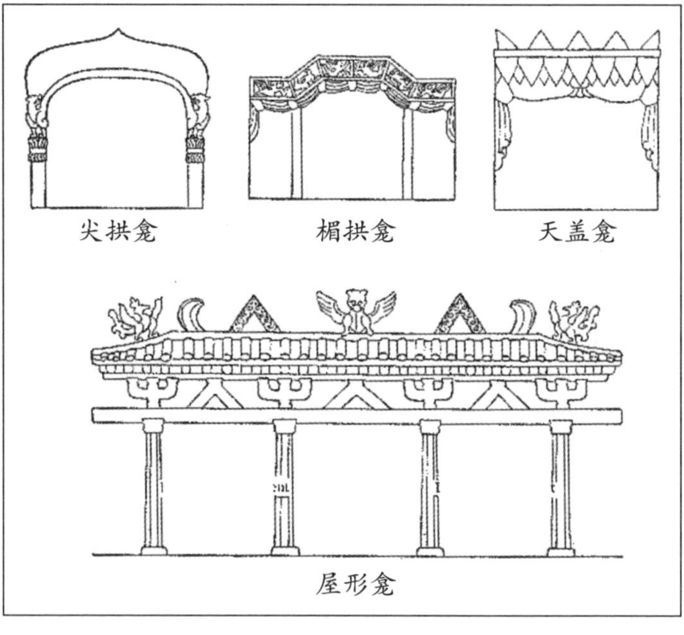

图0-5　佛龛的种类

图0–6　第11窟南壁及东壁

况）。未设宝坛的佛龛，也包含类似第7、8窟内的佛龛一样以预先规划的位置、尺寸雕刻的“石窟统一设计的佛龛[22]”（图0–3）。

关于佛龛另一个重点是，如下列举的佛龛带有纪年铭[23]。虽然其中个别铭文与造像的对应关系不明，但一样是揭示民众发愿造像活动存在的重要痕迹。带有“◆”符号则表示纪年铭与佛龛可明确对应。

①◆邑义信士女等五十四人造石庙形像九十五区及诸菩萨记

太和七年（483）八月三十日

（图0–7，第11窟东壁）

②◆太和十三年造像记　太和十三年（489）七月二十二日

（图0–8，第11–14龛外东侧壁）

③◆比丘尼惠定造释迦多宝弥勒像记

太和十三年（489）九月十九日

（图0–9，第17窟明窗东侧）

④◆妻周氏为亡夫造释迦文殊弥勒二躯记

太和十九年（495）四月二十八日

（图0–10，第11窟明窗东侧）

⑤太和十九年七月二十一日记

太和十九年（495）七月二十一日

（第11窟）

图0–7　第11窟东壁上层　邑义信士女等五十四人龛　太和七年（483）

图0–8　第11–14龛　太和十三年（489）铭龛

图0–9 第17窟明窗东 比丘尼惠定龛 太和十三年（489）

⑥太和二十年弟子造像记　太和二十年（496）五月
（第11窟西壁）
⑦◆太和二十年七月记　太和二十年（496）七月
（图0-11，第11窟西壁）
⑧◆太和□□年七月造像记　太和二十年（496）？七月十□日
（图0-12，第11窟东壁）
⑨◆玄事凝寂造像记　□□元年（景明元年［500］？）
（图0-13，第12-1龛）
⑩◆佛弟子惠奴造像记　正始四年（507）八月
（图0-14，第28-2窟左壁）
⑪◆造释迦像记　延昌三年（514）七月二十五日
（图0-15，第28-2窟右壁）
⑫◆常主匠造弥勒七佛菩萨记　延昌四年（515）正月十四日
（图0-16，第35窟门口东侧）
⑬◆清信士造像记　延昌四年（515）九月十五日
（图0-17，第19-2窟左壁）
⑭◆正光元年造像记　正光元□（520）　□□□二十八日
（图0-18，第5-40窟正壁）
⑮为亡夫侍中造像记　正光□年（520～525）□月二十三日
（第4窟南壁）[24]

上述云冈石窟的纪年像从483年延续到6世纪20年代，但483年是否是皇帝以外之人发愿造像的开始？其出现的时间到底可以上溯至何时？这些都是需要解决的重要问题。

（3）其他

作为大型造像，第19-2窟主尊罕见地也带有供养人像（图0-19）。该窟与第19-1窟同为第19窟的附属窟，但主尊、背光的供养天等着

图0-10 第11窟明窗东
太和十九年（495）铭龛

图0-11 第11窟西壁佛龛〔50〕
太和二十年（496）

图0-12 第11窟东壁佛龛〔30〕 太和二十年（496）？

A. 正面

B. 龛内左壁北端

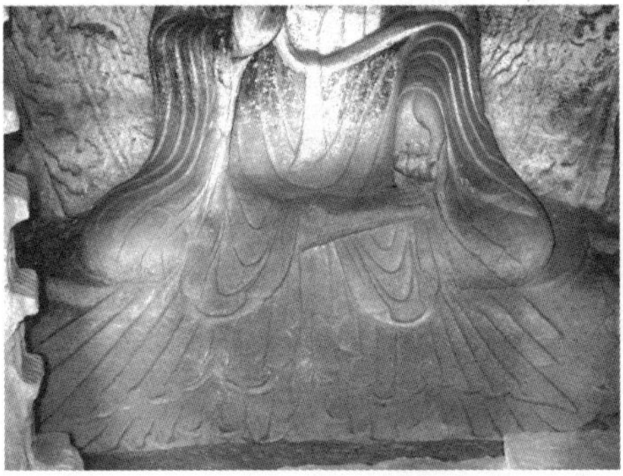

C. 衣裾

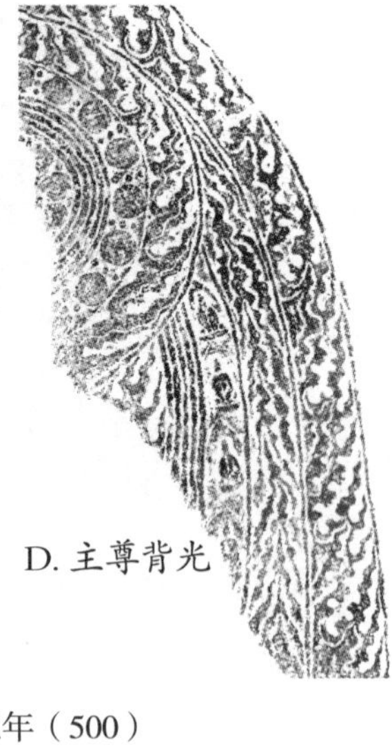

D. 主尊背光

图0-13　第12-1龛　景明元年（500）

图0-14　第28-2窟左壁　正始四年（507）铭龛

图0-15　第28-2窟右壁　延昌三年（514）铭龛

图0-16　第35窟门口东　延昌四年（515）铭龛

图0-17　第19-2窟左壁　延昌四年（515）铭龛

天井

右壁

正壁

左壁

图0–18　第5–40窟　正光元年（520）

衣形式与周围的洞窟不同。主尊台座侧面的供养人像均身着中国风格衣物。一般认为第19–2窟开凿时间与第19、19–1窟同步，但该窟因为一些原因曾中断开凿，完成较迟[25]。雕刻在主尊台座的供养人，很可能表现的是重启主尊制作时的参与人。

2. 研究史概要

关注云冈石窟中小窟龛的研究并不多。究其缘由，很可能是因为中小窟龛虽数量众多但并没有十足的公开资料，再加上想当然地认为其是与主流的大型窟毫无关联的造像活动。研究的最初期，水野清一、长广敏雄基于对云冈石窟整体竭泽而渔式的调查，所著16

图0–19　第19–2窟主尊佛倚坐像

卷33册的《云冈石窟——公元五世纪中国北部佛教寺院的考古学调查报告　东方文化研究所调查　昭和十三年—昭和二十年》（京都大学人文科学研究所云冈刊行会，1951～1975年），为之后云冈石窟的研究奠定了基础。其中也收录了丰富的中小窟龛的信息。但水野、长广氏进行学术调查时，第21窟以西的西端诸窟崩落的壁面仍堆在窟前，与第20窟以东的大型石窟群相比，其图版与记述均有限。

其后，长广敏雄较早注意到佛龛与石窟的关系，将与石窟整体装饰计划无关的独立发愿造像称为“APN（apart-niche、公寓式小龛）[26]”。石窟内雕刻的大量佛龛之中，有供养人像的佛龛是明显的APN。长广氏揭示了昙曜五窟与第11、13窟中APN的分布情况及特征，并以此探讨这些洞窟的营造过程，提出了问题。此外，还明确了在营造过程中，在下部宝坛设方形铭区的佛龛，晚于不设方形铭区但布置香炉等物品的佛龛，为分辨大量佛龛的制作时间先后提供了依据。

宿白进一步推进中小石窟与较为大型佛龛的研究。宿白运用考古类型学以石窟结构为着眼点进行分期[27]，更具体地揭示了分布于第11、12、13窟外壁等位置、于第2期末开始制作的中小窟龛的发展过程。对于迁都后的第3期窟龛，也通过尊像结构、细节形式等多个层面揭示出云冈石窟与新都洛阳的龙门石窟的比较指标，并且指出云冈石窟对龙门石窟产生了影响。

近年，八木春生通过佛龛中具有特征的装饰，探讨石窟造像的制作年代及工匠系统[28]。八木氏对第3期的中型窟进行编年，揭示了研究迁都洛阳后的造像的重要性[29]。中国方面，王雁卿、王恒等学者，先后发表了佛龛和大型佛立像背光的打破关系、以佛龛龛楣形状为着眼点的研究[30]；但这些研究主要的分析对象是第1期到第2期的佛龛，因而迁都后的第3期佛龛尚有较大的探讨空间。

三　研究目的、方法与本书的结构

1. 以往研究的课题与本书的目的

以往研究已提出较多重要的观点，但中小窟龛本身的发展还不明确。即使作为考察云冈石窟中小窟龛与大型窟关系的前提，独立发愿佛龛开始制作的时间也尚无定说。此外，围绕迁都洛阳后中小窟龛的展开，虽然已被指出存在一些特殊样式或形式的造像群，但并未明确其与周围造像出现差异的原因在于时间差异还是工匠不同。所以探讨云冈石窟与龙门石窟的关系时，也仅能通过有限的要素进行分析。

因此，本书主要通过解决以下3个问题来明确中小窟龛的展开及意义。第一，判定云冈石窟中民众发愿制作佛龛的开始时间；第二，迁都前中小窟龛与大型窟之间的关系及变化；第三，中小窟龛最多样、最为流行的迁都以后阶段，是否存在数个工匠集团。希望以这些问题的解决为契机，能够对同时拥有作为国家事业营建的大型窟与民众营造的中小窟龛的云冈石窟进行再评价。

2. 本书的结构与研究方法

本书的结构如下：

第一章　昙曜五窟的开凿期佛龛——佛龛制作之始

第二章　第5窟与佛龛——佛龛制作的推广

第三章　第11、12、13窟外壁窟龛的定位——小型窟的出现

第四章　中小窟的营造理念——以菩萨交脚像的位置为着眼点

第五章　从天盖龛的展开来看中小窟龛的工匠系统

第一、二章明确大型窟与独立发愿佛龛之间的关系。第一章讨论初期大型窟（昙曜五窟）的营造工程与独立发愿佛龛制作的关系。第二章讨论第2期营造的第5窟与同时期以降的独立发愿佛龛之间的关系。

第三、四、五章主要探讨迁都洛阳后（494～525年左右）中小窟龛的营造。这一时期云冈石窟大型窟营造基本结束，中型、小型石窟出现，中小窟龛制作最为活跃。第三章通过比较第11、12、13

窟外壁，第5、6窟周边和第21窟以西的西端诸窟的中小窟龛，探讨494年迁都前后、中小窟龛制作区域极速扩大之时，中小窟龛发生的变化。第四章以中小窟中尊像分布规则为着眼点，对造窟理念进行考察。第五章以天盖龛为中心，探讨云冈石窟内外天盖龛的展开及中小窟龛的工匠系统。

注：

［1］具体造像数量参考王恒《云冈石窟群》，见张焯主编《云冈石窟全集　第1卷　第1–4窟》（青岛出版社，2017年）。

［2］本书将具有前、主室的洞窟及高5m、宽7m、进深8m以上的单室窟称为大型窟（第1、2窟规模之上的石窟）；不满足大型窟的条件，但高2.5m、宽2.0m、进深2.5m以上的洞窟称为中型窟（第4–1、28窟之上）；未达以上标准的石窟称为小型窟。本书使用的数据来自水野清一、長廣敏雄『雲岡石窟—西曆五世紀における中國北部佛教窟院の考古學的調査報告—東方文化研究所調査　昭和十三年–昭和二十年』1～16卷、続補（京都大学人文科学研究所雲岡刊行会，1951～1975年，以下简称『雲岡』）及雲岡石窟文物保管所編『中国石窟　雲岡石窟』第1、2卷（平凡社，1989、1990年）中收录的内容总录。

［3］『雲岡』第2卷「雲岡金石録」收录。张焯《云冈石窟编年史》（文物出版社，2006年）326页。

［4］本书使用的石窟编号基本出自李雪芹《关于云冈石窟新编窟号的补充说明》（《文物》2001年第5期）图2、3。与『雲岡』编号的对应关系，可参考雲岡石窟文物保管所編『中国石窟　雲岡石窟』第1卷（平凡社，1989年）付録、雲岡石窟文物保管所編「雲岡石窟新編号対照表」。各窟内佛龛编号基本采用水野清一、長廣敏雄『雲岡』各卷所载编号。为了避免与石窟编号产生混乱，佛龛编号用〔　〕表示。

［5］岡崎文夫『魏晋南北朝通史　内編』（東洋文庫506，平凡社，

1989年）176 ~ 178頁。

［6］1980年在大兴安岭北部的内蒙古自治区鄂伦春自治旗被称为嘎仙洞的巨大石室中发现了北魏太平真君四年（443）的石刻。石刻是由太武帝派遣的中书侍郎李敞所刻的祝文。因此明确了该地正是《魏书》等文献中记载的鲜卑族故地。米文平《鲜卑石室的发现与初步研究》，《文物》1981年第2期。三﨑良章『五胡十六国：中国史上の民族大移動』（東方選書43，東方書店，2012年）135 ~ 139頁。

［7］塚本善隆『中國佛教史研究・北魏篇』（弘文堂書房，1942年）63 ~ 73頁。

［8］《魏书》卷114《释老志》（中华书局标点本，2011年）及魏收撰、塚本善隆訳注『魏書釈老志』（東洋文庫515，平凡社，1990年）。

［9］见注8，《魏书・释老志》。

［10］昙曜五窟的开凿年代除460年说之外，也有453年说。对于后者，张畅耕、员海瑞、辛长青在《云冈石窟研究三种》（《中国历史博物馆馆刊》1980年第00期）"试论昙曜五窟的开凿年代"一节中进行了详细的论述。就像文中论述的那样，昙曜五窟始开凿于复佛之后不久的可能性也无法否定。

［11］『雲岡』第13巻本文「曇曜と雲岡石窟」1頁。但石松日奈子指出，依据卢嘉锡主编《中国科学技术史　度量衡卷》（科学出版社，2001年），北魏中期一尺约28cm，计算70尺约19.6m。具体参考石松日奈子『北魏仏教造像史の研究』（ブリュッケ，2005年）第一章脚注6（26頁）。

［12］宿白「平城における国力の集中と〈雲岡様式〉の形成と発展」雲岡石窟文物保管所編「中国石窟　雲岡石窟』第1巻（平凡社，1989年）。

［13］『雲岡』第16巻「雲岡石窟造営次第」。

［14］宿白《云冈石窟分期试论》（《考古学报》1978年第1期）一文中，第2期始于465年；其后发表于1989年的文章（注12）184页中，提到为孝文帝即位的471年。

［15］長廣敏雄「雲岡石窟第9・第10双窟の特徵」雲岡石窟文物保管所編『中国石窟　雲岡石窟』第2卷（平凡社，1990年）。文中提出中期石窟的营造顺序为第7、8窟→第9、10窟→第11、12、13窟→第1、2窟→第5、6窟、第3窟，其中第1、2窟开始营造与第5、6窟开始营造之间的时间差较短。

［16］岡村秀典「雲岡石窟編年論」京都大学人文科学研究所・中国社会科学院考古研究所編著『雲岡石窟　第17卷　第1窟—第6窟　本文』（科学出版社東京，2017年）。

［17］長廣敏雄『雲岡石窟　中国文化史蹟』（世界文化社，1976年）41～44頁，長廣敏雄「宿白氏の雲岡石窟分期論を駁す」『東方學』第60輯（1980年）。

［18］丁明夷《关于云冈石窟分期的几个问题：兼与长广敏雄先生商榷》（《世界宗教研究》1981年第4期，86页）。丁明夷提出行幸龙门石窟有517年、526年、533年三次。按照长广氏的理解，517年最初行幸应是举行作为皇室敕愿窟的宾阳中洞的落成供养。但龙门石窟宾阳中洞的完成是在正光四年（523），这一阶段宾阳中洞并未完成。但根据《魏书・释老志》的记载，宾阳三洞（中洞、南洞、北洞）的营造经过如下：景明元年（500）巨大石窟的营造工程开始，至正始二年（505）需要变更计划，将营造工程转移至更低的崖面并缩小规模。其后将原计划营造的二窟增加一窟，变为三窟，施工一直持续至正光四年（523），并未提及三窟完成的时间。也就是说，宾阳三洞中唯一完成的宾阳中洞于505年在现址开始开凿，很有可能至517年已经完成。此外，温玉成根据对龙门石窟佛龛的详细分析，将宾阳中洞的完成时间定在515～517年。所以，可以认为行幸龙门石窟的记载中，很可能包含与石窟落成相关的。温玉成《龙门北朝小龛的类型、分期与洞窟排年》（龙门文物保管所、北京大学考古系编著《中国石窟　龙门石窟》第1卷，文物出版社，1991年）。宿白《〈大金西京武州山重修大石窟寺碑〉的发现与研究——与日本长广敏雄教授讨论有关云冈石窟的某些问题》（《北京大学学报（哲学社会科学版）》1982年2期）。

［19］宿白《“大金西京武州山重修大石窟寺碑”校注——新发现的大同云岗石窟寺历史材料的初步整理》（《北京大学学报（人文科学版）》1956年1期）及注18宿白论文。

［20］参考注19。宿白指出太和八年（484）司马金龙墓及钳耳庆时监作的永固陵（479～484）与第9、10窟使用的纹样等具有共通点，并将其作为第9、10窟应为崇教寺的依据。

［21］注2。

［22］長廣敏雄「雲岡石窟の謎」『佛教藝術』134号（每日新聞社，1981年）12頁。

［23］参考『雲岡』第2卷「雲岡金石録」及刘建军《云冈石窟考古新发现的相关问题讨论》（岡村秀典『北魏時代の平城と雲岡の歴史考古学的研究：平成17年度～平成19年度科学研究費補助金基盤研究B研究成果報告書』2008年）。

［24］『雲岡』第1卷図版104B。

［25］『雲岡』第13、14卷本文41页。

［26］注22。

［27］注12，宿白1989年论文。

［28］八木春生「雲岡石窟に見られる「籐座式柱頭」についての一考察」『雲岡石窟文様論』（法藏館，2000年。初刊于1991年）。

［29］八木春生「雲岡石窟第三期諸窟についての一考察」『中国仏教美術と漢民族化—北魏時代後期を中心として』（法藏館，2004年。初刊于2002年）。

［30］王雁卿《云冈石窟第20窟立佛与佛龛》（《敦煌研究》2005年第5期），王恒《云冈石窟盝形龛的演变》（《山西大同大学学报　社会科学版》第22卷第2期，2008年），王雁卿、马志强《云冈石窟的宝盖龛和宝盖》（《北朝研究》第7辑，科学出版社，2010年），马志强、王雁卿《云冈石窟尖拱龛形制探讨》（《沧桑》2011年第5期）。

第一章　昙曜五窟的开凿期佛龛

——佛龛制作之始

前　言

本章旨在阐明云冈石窟出现独立发愿造像（佛龛）的时间及具体情形，所以首先需要关注的就是云冈石窟中最早营造的昙曜五窟中的造像。

于460年前后开始营造的昙曜五窟，从东依次编号为第16、17、18、19、20窟。五座石窟是为北魏建国以来的五位皇帝所造的大像窟[1]，一般认为，与其他三窟相比，东侧的第16、17窟营造稍迟。这些洞窟中雕刻有巨大的佛像，并且壁面以大小不一的佛龛填充。目前所见昙曜五窟壁面杂乱，是制作于不同时期的佛龛相互聚合的结果，与第2期各窟布局规整的壁面截然不同。对昙曜五窟原始壁面结构或佛龛的理解，往往基于与第2期各窟的对比，并未对壁面佛龛进行足够分析就单纯地认为是追刻，与窟内原始设计无关。但是，与第2期各窟造像相比，昙曜五窟部分佛龛的造像与窟内的尊像有更多样式上的共通点，将其一概称为追刻，并与石窟造像完全分离，这并不合理。为理解始于460年的昙曜五窟中造像活动的整体情况，必须明确：佛龛中包含哪些石窟开凿当时的造像，其中是否有预先规划的佛龛，如果有的话，这些佛龛与石窟基本造像（主尊、胁侍、壁面上层的千佛等）又是怎样的关系。

下文将昙曜五窟开凿期（各石窟中基本造像的制作期）制作的

佛龛称为“开凿期佛龛”。若能从壁面的大量佛龛中区分出开凿期佛龛，就不仅可一定程度上了解雕凿追刻龛前石窟空间的情况，而且能正确理解散布于云冈石窟的佛龛的制作时间，为进一步探讨中小窟龛的展开打下基础。昙曜五窟开凿期佛龛的判断，主要关注与窟内有计划布局的基本造像之间的打破关系，以及有无样式上的共通点，标准会在下节详述。下文首先明确很有可能是与基本造像并行制作的开凿期佛龛，其次通过开凿期佛龛形式上的变化来推测昙曜五窟（第16、17、18、19、20窟）的营造顺序，明确第18窟开凿期佛龛的特殊性，并且探讨带供养人像的佛龛出现时大型窟与佛龛的关系。

一　研究背景、各定义

1. 研究史与课题

水野清一、长广敏雄为昙曜五窟中佛龛的研究奠定了重要基础[2]。在《云冈》正文及图版解说中，二位学者多次提到佛龛之间的打破关系或造像样式的高度相似。较多追刻龛已被指出，没有直接提及的造像，也指出了可作为判断标准的多项指标。对于昙曜五窟中的佛龛，二位学者较早注意到第20窟的佛龛包含“并非追刻的[3]”二佛并坐像龛，第18窟西、北、东壁上层夹着主尊排列的大龛很有可能“补足了该窟诸尊的意义[4]”。二位学者在提及其他洞窟佛龛的制作时间时，用部分佛龛是“第一次的作品”或“初期样式”等进行说明，但实际上并未明言与石窟基本造像是否并行制作，只暗示了这些佛龛有基于石窟原始设计雕刻的可能性，保持了一贯的慎重立场。

长广氏将昙曜五窟及第11、13窟壁面的“无秩序”雕刻，以及于下方“表现出供养人像的小龛”，称为“APN”（apart-niche，公寓式小龛）[5]。这一新创术语意指“相互无关的供养人、发愿人所造的小龛”，用以区别像第2期各窟内明显基于统一设计而制作的佛龛和其他佛龛。长广氏基于对APN的分析，明确了供养人列像中央为香炉的“A类”早于同位置为方形铭区的“B类”，明窗及门口均被B类佛龛占据，昙曜五窟中迁都前后佛龛中的供养人像多为身着胡服的形象，表明孝文帝服制改革从开始到渗透进人群，并最终反映到造像，需要一定的时间[6]。并且，长广氏认为昙曜五窟及第2期诸窟中的APN，全部是独立造像活动的产物，与石窟自身的营造相比整体稍迟[7]。

中国方面，杭侃在探讨第20窟西壁坍塌时间时，认为窟内部分佛龛从样式上看应是第2期的作品[8]。之后，王雁卿提出不同看法[9]，着重分析第20窟佛龛与东、西壁立佛背光之间的打破关系，支持水野、长广二位学者提出的观点，即佛龛的完成早于佛立像背光的“完成”[10]。

综上所述，围绕佛龛与大窟的关系，虽然已有部分重要观点提出，但仍有探讨的余地。现在需要做的是对佛龛进行全面分析。要再次细致观察第20窟中佛龛与主要造像之间的打破关系，是否也存在于其他洞窟。应该将这些早期佛龛视为与石窟原始设计完全无关的造像活动，还是有些许关联，是与如何解读昙曜五窟密切相关的问题[11]。

2. 研究方法与开凿期佛龛的条件

本章主要通过以下各项探讨开凿期佛龛的有无。

（1）打破关系

在佛龛与石窟开凿时的基本造像（主尊、胁侍、壁面上层的千佛等）相邻的情况下，可以观察到打破关系。因一方将另一方造型的一部分破坏，或是边界存在明显的高低差等，通过观察相邻造像的关系，可以了解完成的先后关系或二者是否有可能为同时计划的造像。若佛龛的完成早于基本造像，则既往被认为是追刻的佛龛中，也有部分与石窟开凿时的基本造像并行制作，或是作为构成壁面的要素包含在原始设计中。

（2）样式特征

没有打破关系这种明确物理证据，或者比较有间隔的造像时，应该注重样式和形式。为明确各石窟开凿期制作的佛龛，参考的基准作品是各窟的主尊、胁侍等大像（图1-1），以及于其附属的背

第 20 窟　第 19 窟

第 19-1 窟　第 18 窟　第 17 窟

图1-1　昙曜五窟主尊头部比较图

光等处雕刻的天人、化佛、千佛[12]等小像（图1–2）。基准作品的样式需要综合各窟中大、小像的特征，但二者的性质不同。一方面，为了使五窟成为一个整体，作为昙曜五窟中心的大像有一定程度的统一，如具有饱满的身体表现、“极度单纯化仅由线与面[13]”构成的面部等特征，这作为“云冈样式”的一般印象是共通的。另一方面，小像（天人、化佛、千佛等）的局部与大像具有同样特征，但不如大像一样追求高度的统一。这些细节可以反映出直接参与造像活动的工匠（集团）的雕刻习惯，各窟存在差异[14]。本章主要研究的佛龛基本上都属于这种小像。

第20窟开凿期基准作品的倾向

· 嘴较小，脸颊与下颚饱满。
· 颈部短，肩宽，手臂及躯体较长。
· 佛坐像的膝盖表现得较圆、较厚。
· 衣纹为不规则的刻线。
· 躯干部分较薄、表面扁平。

图1–2　第20窟基准作品的特征

昙曜五窟的基准作品与第2期造像的差别，最明显地表现在嘴角及脸颊的造型上。第1期，嘴角略上扬，表现出古拙的微笑；第2期以后，配合嘴角，脸颊、眼睛一连的动作使表情更加柔和（图1–3）。身体表现方面，第1期的头部与身体比例不平衡、较生

图1–3　第7窟主室西壁第3层南龛

硬，第2期造像更接近现实的人体。衣纹方面，第17窟以降逐渐规整，使用最低程度的浅刻线表现的倾向增强。进入第2期后，佛龛进深增加，与之相伴，龛像也雕刻成接近圆雕状。此外，雕刻于昙曜五窟明窗、门口的佛龛，据样式及形式看均为追刻[15]，其中包含第17窟明窗东侧太和十三年（489）铭龛（图0–9）[16]。

（3）形式特征

追刻像最明显的特征是袈裟等着衣方式与中国风格衣物近似（造像的汉化，图1–4）。这种形式由通肩及被称为凉州式偏袒右肩的西方服制变化而来，受到孝文帝于太和十年（486）开始的服制改革的影响[17]。第2期以后出现的细节形式，水野、长广二位已有较多论述，此外，八木春生围绕籐座式柱头及拱端的型式变迁展开过论述[18]。下文适当参考了各位学者的研究成果。

图1-4　第19窟门口东佛龛〔3〕

3. 探讨对象

昙曜五窟中现存总计407座佛龛[19]。其中，明窗及门口的佛龛、汉化造像龛、严重风化的佛龛、未完成龛，均未列入考察范围。此外，主尊高不足50厘米的佛龛在石窟空间中的重要性较低，且一般风化严重，基本也排除在外。但是，在说明与大型佛龛的打破关系时，部分小龛必须提及，所以列为探讨对象的佛龛共计83座。以下用“〔 〕”内的数字表示佛龛编号。

二　开凿期佛龛的位置（1）——第20、19、18窟

1. 第20窟

石窟主尊为高13.7米的佛坐像。左右排列着胁侍菩萨立像、佛立像，由于崩落，南壁破损、风化严重（图1–5）。现存壁面的大部分被主尊及佛立像的背光占据，而作为探讨对象的七座佛龛〔1、2、9、10、11、12、13〕，仿佛为了填补背光外部仅有的空间一样[20]。

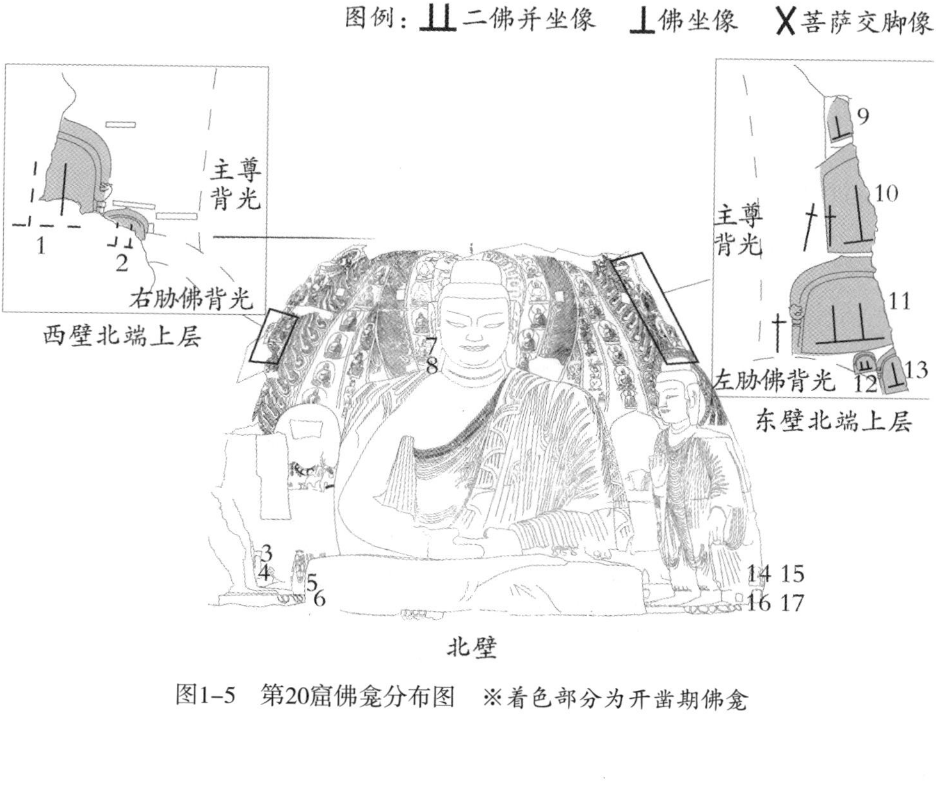

图1–5　第20窟佛龛分布图　※着色部分为开凿期佛龛

（1）打破关系

就像王雁卿详细论述的那样，佛龛〔2〕拱梁突出于背光的半忍冬纹[21]（图1-6上）。若头光完成后再追刻这个小龛的话，龛拱梁就应位于半忍冬纹凹陷最低处（以下称为“地”）所在平面以下。同样，东壁的佛龛〔12〕与佛立像背光内半忍冬纹之间也存在这种关系（图1-6下）。也就是说，两座佛龛开始制作的时间均早于佛立像背光的完成。

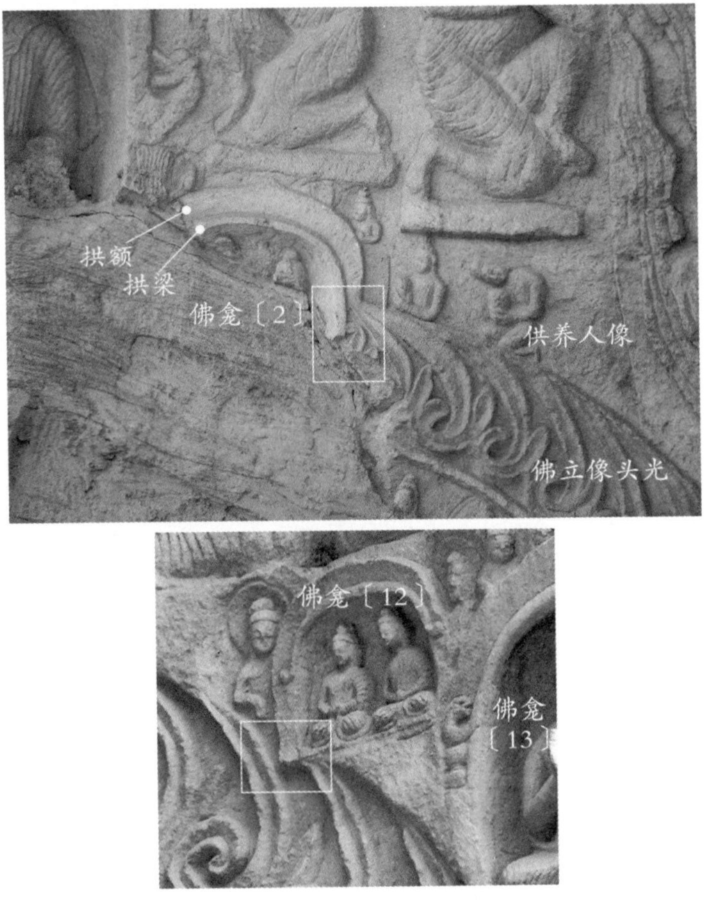

图1-6　第20窟佛龛〔2、12〕与东、西壁佛立像头光的交界部分

接下来看石窟主尊背光与其外周供养天、佛龛〔1〕之间的关系（彩图2）。一方面，佛龛〔1〕旁跪坐供养天周围的地上，分布着与其大小相同、背部相接的跪坐供养天，并且与供养天视线方向主尊背光外缘部分火焰纹带的“地”之间没有高低差。另一方面，火焰纹表面（从“地”突出的部分）的高度低于外侧跪坐供养天身体的高度[22]。由此可以看出，佛龛〔1〕与朝向主尊的供养天为同时期的连续雕刻，与佛龛〔2〕、〔12〕一样，均可视为开凿期佛龛。

（2）样式

佛龛〔1、2、9、10、11、12、13〕及其附属的供养天等雕刻（图1-7），与主尊背光内部的供养天及化佛等基本造像（图1-2）具有同样的特征，如头部呈方圆形，颈部短，肩膀较宽而扁平，并且躯体较长等[23]。

图1-7　第20窟东壁佛龛〔9~13〕

综上所述，第20窟中可以判断为开凿期佛龛的有佛龛〔1、2、9、10、11、12、13〕。其中，佛龛〔2、9、13〕带有供养人像。

2. 第19窟

第19窟位于第20窟以东，是昙曜五窟中最大的石窟，左右分别是附属洞窟第19-1窟、第19-2窟。石窟主尊为高16.8米的佛坐像，南壁上层东西角刻有佛立像（西像一般认为是释迦与其子罗睺罗）（图1-8）。壁面大部分被千佛龛覆盖，其他龛基本雕刻于壁面下层门口周边。探讨对象为佛龛〔3、7〕[24]。

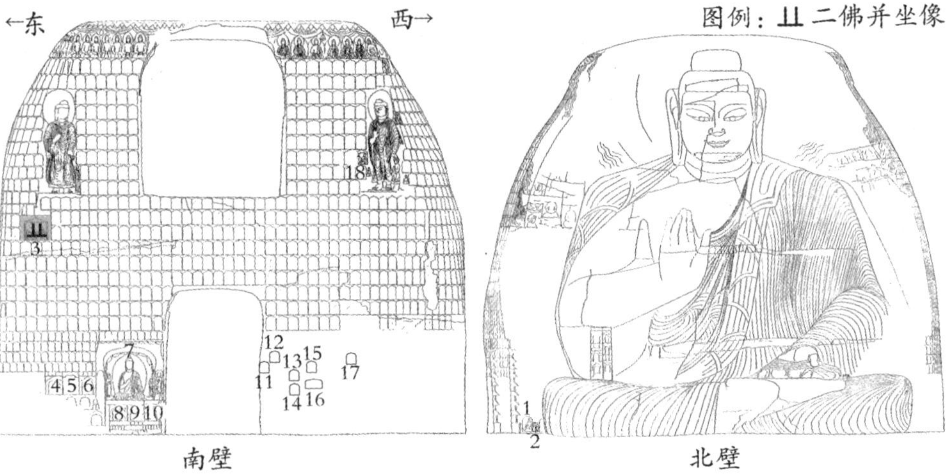

图1-8　第19窟佛龛分布图　　※着色部分为开凿期佛龛

（1）打破关系

佛龛〔3〕外周雕刻出方形的浅凹陷，尖拱龛周围雕刻出供养天等图像（图1-9）。凹陷造成了与周围千佛之间的高低差，发挥着区别佛龛与周围空间的分界线作用。需要注意的是，其上部及左右与千佛之间存在不自然的缝隙。门口上部以上位置的千佛，应是基于最初设计而雕刻的[25]，很明显地避让了该龛。可以看出，佛龛〔3〕比周围千佛完成得早，应是开凿期佛龛。

图1–9　第19窟佛龛〔3〕整体及右像头部

（2）样式与形式

与本窟基本造像（图1–10）相比，佛龛〔3〕纵长的头部、曲线形的发际线、细长眼及带有紧张感的嘴角与部分千佛一致，身体

图1–10　第19窟（上行）及第19–1窟（下行）基准作品的特征

表现也有同样的倾向。而门口一侧的佛龛〔7〕，并无第1期造像特有的古拙感，其面相、衣纹带有细腻柔和的感觉（图1-11）；并且主尊背光素纹，佛龛周围供养天的着衣方式采用了第11、13窟各龛以降常用的通肩形式[26]（图1-12），可以认为佛龛〔7〕是480年以后制作的[27]。

综上，第19窟只有佛龛〔3〕为开凿期佛龛，该龛无供养人像。

3. 第19-1窟

第19-1窟位于第19窟东侧，规模略小，门口朝向西南。主尊为佛倚坐像，左、右壁为胁侍菩萨立像。壁面上层亦雕刻千佛，此外则以佛龛所占面积较多（图1-13）。探讨对象为佛龛

图1-11　第19窟佛龛〔7〕

A. 第11窟西壁佛龛〔7〕　　B. 第19窟佛龛〔7〕

图1-12　供养天的着衣形式

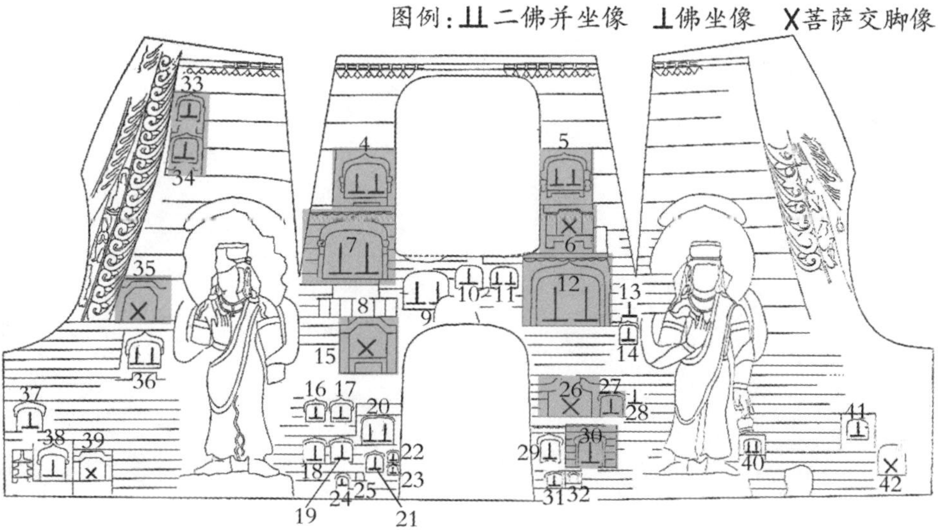

图1-13　第19-1窟佛龛分布图　　※着色部分为开凿期佛龛

〔4、5、6、7、12、15、26、27、30、33、34、35、36、37、38、39〕，共16龛[28]。

（1）打破关系

由于前壁佛龛〔5、6〕供养天等的“地”比周围千佛的“地”更为突出，佛龛〔12〕上方的飞天比其上的千佛突出，可以看出这些龛雕刻于千佛完成以前（图1-14、图1-15）。隔着明窗东侧的佛龛〔4〕与周围千佛之间，也可观察到同样的关系。佛龛〔33、34〕的“地”，亦比周围千佛突出[29]。佛龛〔35〕虽未完成，但其左侧千佛的排列很明显地因其存在而中断，所以佛龛〔35〕的制作亦应始于开凿期[30]。

图1-14　第19-1窟前壁上层佛龛〔5、6、12〕与千佛

图1-15　第19-1窟佛龛〔5〕与千佛列像的交界部分

（2）样式与形式

与该窟基本造像（图1–10）相比，佛龛〔26、27〕[31]的面相、较身躯更细的手臂等特征与千佛一致（图1–16）。因较难单纯地比较佛龛〔7、15〕与千佛（图1–16、图1–17），这就需要注意其他部分，如佛龛〔15〕菩萨交脚像足尖的朝向较有特征：足背朝向内侧，接触地面的脚趾有较大程度的弯曲。这一特征在佛龛〔26、35〕中同样存在。云冈石窟的菩萨交脚像在第17、16窟以降，逐渐变为足背朝向正面、直至趾尖大致呈一直线伸展的形式（图1–16）。佛龛〔7〕使用了与佛龛〔12〕极为接近的装饰，并且像容也近似[32]，前文基于与千佛之间的打破关系，已将佛龛〔12〕定为开凿期佛龛。二龛均有以下特征：在佛龛空间的最上部排列飞天，其下为弧状帷幕，尖拱龛周围为跪坐合掌的供养天，胁侍均为比丘像。前壁下层的佛龛〔30〕较为特殊，使用了在佛龛周

佛龛〔15〕　　佛龛〔26〕　　第 7 窟南壁最上层西龛

图1–16　菩萨交脚像比较图

佛龛〔7〕

佛龛〔12〕

图1–17　第19–1窟佛龛〔7、12〕

围表现千佛的形式（图1–18）。龛虽较浅，但佛坐像胸部较为饱满、肩膀稍向后的姿态等与佛龛〔7〕及上层千佛等一致。由于并未雕刻拱端的装饰及胁侍等，与周围佛龛存在一些形式上的区别，可以认为在该窟开凿期佛龛中该龛制作稍迟。

佛龛〔36〕左像的弧状眉、眼尾下垂的杏仁形眼、柔软且饱满的脸颊，与上层千佛等相比，更接近第7、8窟各像（图1–19）。即便周围的供养天等仍是古式，佛龛实际的制作年代也许无法迟至此时（云冈第2期——译者注），但与千佛等有较多共通点的其他佛龛和佛龛〔36〕之间仍可画出一条明显的界线。此外，壁面最下层的佛龛〔37、38、39〕[33]，从弧状眉、上扬的嘴角、头部与身体比例平衡、整齐的衣纹等特征来看，应是第2期的追刻（图1–20）。

综上，第19–1窟中佛龛〔4、5、6、7、12、15、26、27、30、33、34、35〕为开凿期佛龛。其中佛龛〔7、15、26、27〕带有供养人像。

图1–18　第19–1窟佛龛〔30〕

第 19–1 窟佛龛〔36〕左像　　　　第 7 窟主室东壁第 3 层南龛

图1–19　佛坐像样式比较

图1-20　第19-1窟佛龛〔38、39〕

4. 第19-2窟

第19-2窟位于第19窟西侧，与第19-1窟为一组。门口朝向东南，外壁（右壁与前壁的一半）大部分崩落。现存的主尊佛倚坐像及其背光、左胁侍菩萨立像的时代要迟至着衣形式已经汉化的时代（图0-19、图1-21）。作为探讨对象的佛龛〔9、14、15〕，被追刻的千佛包围。由于该窟没有可以作为基准的基本造像，所以通过与同时开凿的第19及19-1窟的基本造像进行比较，来探讨开凿期佛龛的有无。

前壁佛龛〔9〕（图1-22）造像具有额头扁平、直线眉、笔直的鼻子及细长的眼睛，并且五官集中在面部中央等特征，与第19窟及第19-1窟的千佛等相同（图1-10）。此外，从佛龛形式来看，

图例：ㅛ二佛并坐像　⊥佛坐像　X菩萨交脚像

图1-21　第19-2窟佛龛分布图　　※着色部分为开凿期佛龛

图1-22　第19-2窟佛龛〔9〕

佛龛周围布置数量众多的供养天、外周上缘围以帷幕等特征，与第19–1窟佛龛〔7〕等相同，可以认作同时期的作品。

佛龛〔14〕佛像肉髻底面较宽、脸颊柔软地隆起、嘴角带有柔和微笑等特征（图1–23），与第19及19–1窟基本造像及其他开凿期佛龛不同。并且，佛龛周围供养天的通肩着衣方式，在第11、12、13窟以降成为主流[34]（图1–12中的A）。与佛龛〔14〕相比，雕刻于下部的佛龛〔15〕的制作时间应更接近基本造像（图1–23），但共同点不如佛龛〔9〕多[35]。

综上，第19–2窟中只有佛龛〔9〕为开凿期佛龛[36]。该龛下部刻有供养人像。

佛龛〔14〕

佛龛〔15〕

图1–23　第19–2窟佛龛〔14、15〕

5. 第18窟

第18窟位于第19–1窟东部。主尊为高15.5米的佛立像，左右为胁侍菩萨立像及佛立像。在胁侍菩萨上方雕刻出十大弟子像及供养比丘像（图1–24），这较为罕见。探讨对象为佛龛〔2、3、4、5、6、10、12、13、14、19、20、21、22、24、25、28、32、33、

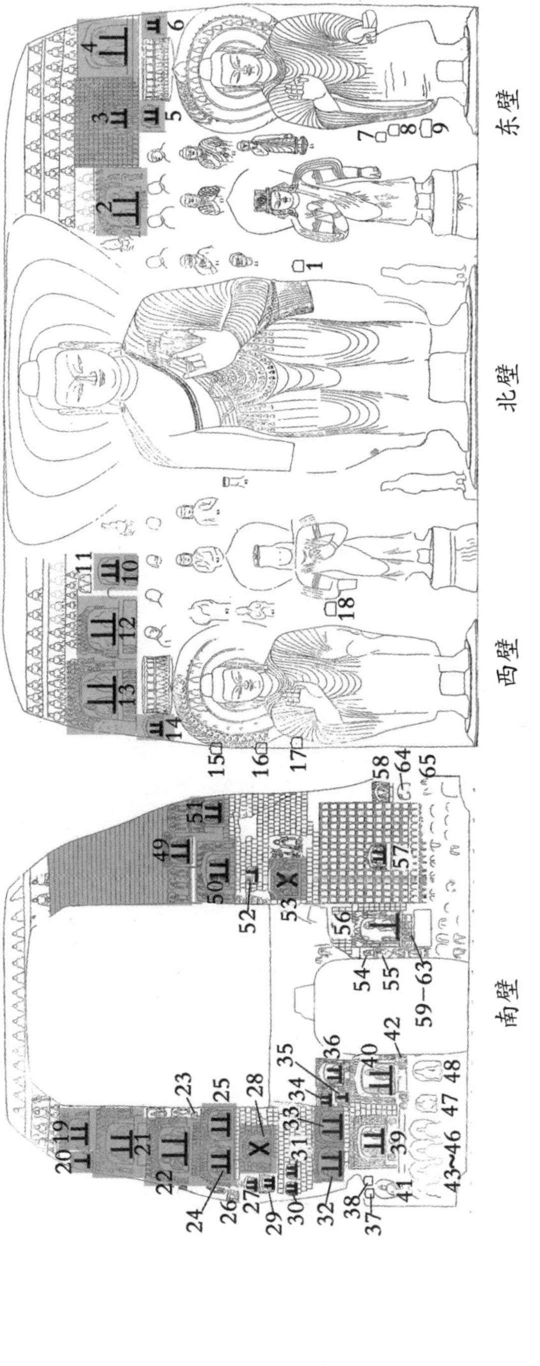

图1-24　第18窟佛龛分布图　※着色部分为开凿期佛龛

35、39、40、49、50、51、53、56、57〕，共27龛，雕刻于南壁整体及其他壁面的上层[37]。

（1）打破关系

首先需要注意的是，北壁佛龛〔2、3、5、10、12〕与雕刻于其下的供养比丘像的关系。佛龛〔2〕下部的供养人像被供养比丘像头光削掉了一部分[38]，佛龛〔3、5〕与比丘像之间产生了不自然的高低差（图1-25）。至于佛龛〔10、12〕与比丘像的关系，肉眼可见佛龛突出于比丘像的“地”。沿着佛龛底边，壁面基本被剔成一条直线，利用产生的曲面雕刻出比丘像的头光及头部。所以，在供养比丘像完成之前，这些龛中的一部分已经完成或已被预留。

图1-25　第18窟佛龛〔3、5、10、12〕与供养比丘像之间的打破关系

其次，看南壁上层佛龛与千佛的关系。上层东侧上数第3行千佛列（图1-26），自东壁到明窗宽度越来越窄，佛像被不自然地缩小。下方为佛龛〔19〕，千佛与佛龛〔19〕互不破坏。也就是说，第3行千佛的宽度被已完成的佛龛〔19〕所制约[39]。此外，明窗西侧佛龛〔49〕的上端，附属于该龛的小千佛与自壁面最上层起第2行千佛列像之间残留着空白壁面（图1-27）。此空白出现的原因

图1-26　第18窟佛龛〔19〕与千佛

图1-27　第18窟佛龛〔49〕与千佛

很可能是，原本计划在佛龛〔49〕上部同样雕刻3行千佛，预留空间后制作了佛龛〔49〕，但雕刻出第2行千佛之后，剩余空间不足以雕刻第3行。也就是说，南壁在计划雕刻3行千佛的前提下，预先制作了最上层的两座佛龛，可以理解为千佛与佛龛同时制作。

（2）样式与形式

佛龛〔4、6、13、14、20、21、22、24、25、28、32、33、50、51、53〕与该窟基本造像（图1–28）相比，具有同样的特征[40]（图1–29）。这些像肩膀宽阔，双臂与躯干之间没有多少间隙，身体外形呈立方体般的块状，胸部隆起。与第20、19窟造像相比，眉毛的曲线更长更缓，嘴部较小。其中，〔4、13〕等大型佛龛中，这种倾向更为显著；相对小型的造像有手臂变细的倾向，但整体的印象与面相表现等是相同的。这些龛大多在周围胁侍、供养天等的外侧雕刻出凹陷，用作与周围佛龛的边界，其外周呈扭曲的方形（图1–29）。综上可以认为，上述各龛与千佛等为同时期制作的开凿期佛龛[41]。

第18窟开凿期基准作品的倾向

· 眉以弧线表现。
· 佛坐像的嘴较小。
· 脸颊与下颚饱满。
· 头部呈方圆形或卵形。
· 颈部短、肩宽。
· 躯干部分较薄，但胸部较厚。
· 衣纹为不规则的刻线。

图1–28　第18窟基准作品的特征

佛龛〔2〕

佛龛〔4〕

佛龛〔13〕

佛龛〔21〕

图1-29　第18窟佛龛〔2、4、13、21〕

南壁下层佛龛〔35、39、40、56、57〕的身体表现，均具有与上述各龛不同的特征。南壁东侧下层佛龛〔39、40〕手臂较细，手肘虽然下沉，但与躯干之间产生了空隙（图1-30、图1-31）。这与之前提到的同等规模的佛龛〔21〕等手臂与躯干处呈现的立方体造型明显不同。南壁西侧的二佛并坐像龛〔57〕也具有同样特征[42]，

图1-30　第18窟南壁下层东侧

佛龛〔39〕　佛龛〔40〕　佛龛〔56〕

图1-31　第18窟佛龛〔39、40、56〕

而佛龛〔56〕的身体更为纤细（图1–31）。下层龛与上层龛及千佛之间并无多少共同点，即使实际制作时间并无较大间隔[43]，仍需区别对待。位于佛龛〔40〕上方的佛龛〔35〕，采用了在楣拱额下方设置佛坐像的新形式。该龛主尊与右胁侍菩萨之间柱子上的刻线一直延伸到龛下方，与佛龛〔40〕的边框相连（图1–32），二龛应属同一时期制作[44]。

图1–32　第18窟连接佛龛〔35〕与〔40〕的刻线

综上，第18窟中，佛龛〔2、3、4、5、6、10、12、13、14、19、20、21、22、24、25、28、32、33、49、50、51、53〕应为开凿期佛龛[45]。其中，佛龛〔2、3、4、6、10、12、13、14、19、22、24〕带有供养人像。

三 开凿期佛龛的位置（2）——第17、16窟

第17窟与第16窟虽然在完成度上存在差别，但均未完成。第17窟主尊在足部未完成的状态下放弃施工，而第16窟主尊整体被认为是后来完成的[46]。

1. 第17窟

第17窟主尊为高15.5米的菩萨交脚像。东、西壁各开1大龛，东壁龛内为佛坐像、西壁为佛立像（图1-33）。探讨对象为佛龛〔2、3、4、5、8、9、18、19、25、31、32、33、34、35、38、40、41、42、43、44、54、59、60、61、62、69、72〕，共27龛[47]，分布在东、西壁中层以上及南壁。

（1）打破关系

先看周壁上层龛与周围千佛的关系。东壁佛龛〔2〕周围的千佛是连续的，与东壁上层千佛同时制作。而下部的佛龛〔4〕上边缘浮雕的帷幕突出于上方千佛的“地”（图1-34）。可以看出，佛龛〔4〕并非削掉已完成的千佛再雕刻，而是与千佛同时或早于千佛雕刻。南壁佛龛〔31、59、60〕与上方的千佛[48]（图1-35）、西壁佛龛〔18〕[49]与周围的千佛，均属同样关系。挨着主尊背光的佛龛〔19〕的外缘被主尊背光的火焰纹打破，冈村秀典已经指出该龛很有可能先行完成[50]。

此外，南壁门口左右的佛龛〔38、62〕及其上方的佛龛〔

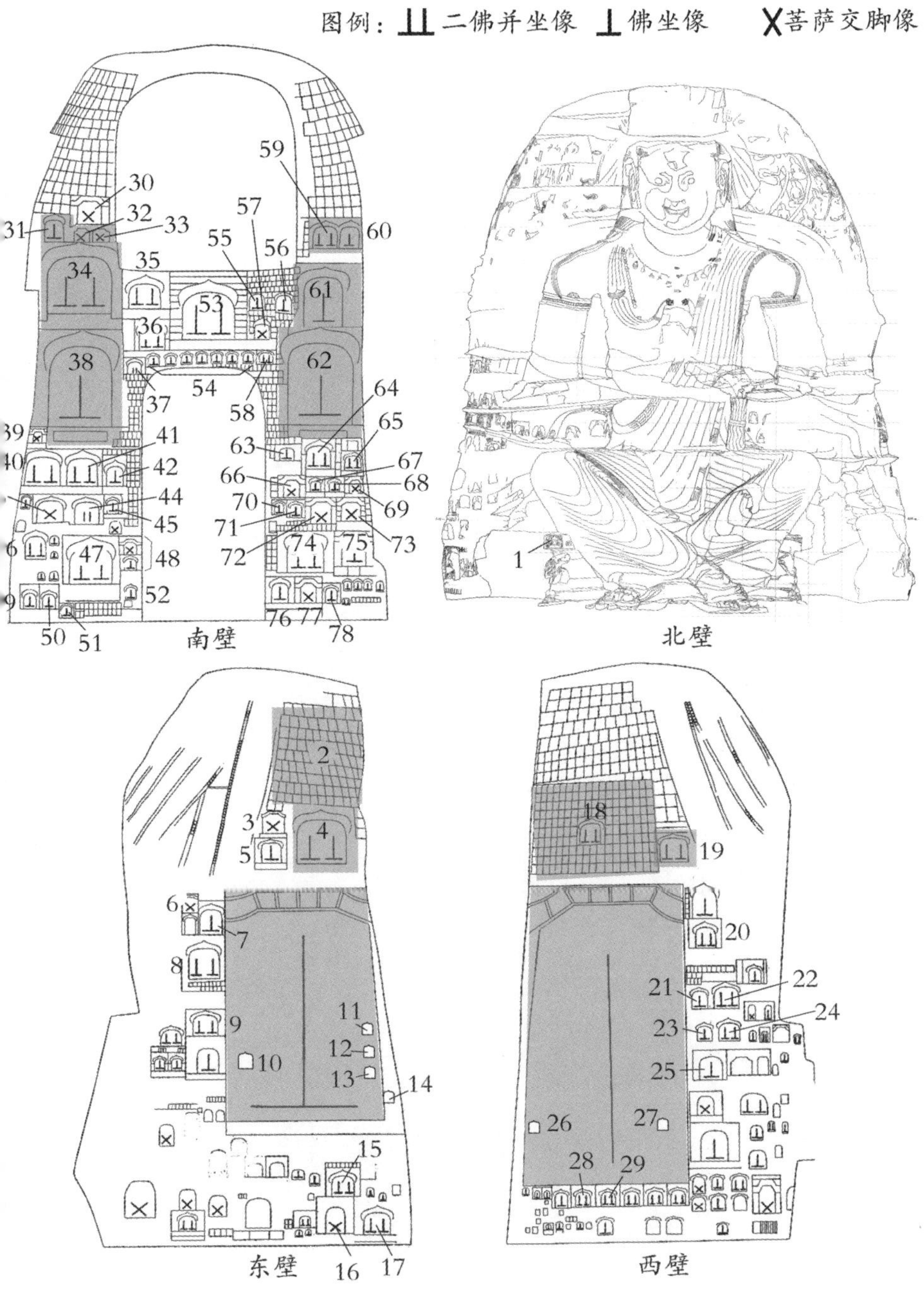

图1–33　第17窟佛龛分布图　　※着色部分为开凿期佛龛

图1-34　第17窟东壁佛龛〔4〕整体及局部

图1-35　第17窟佛龛〔59、60〕与千佛

34、61〕，均与东、西壁大龛相接。稻本泰生已指出，从边界的打破关系来看，南壁4龛的完成早于东、西壁大龛的装饰[51]（图1–36）。

图1–36　第17窟佛龛〔38〕

（2）样式与形式

与第18、19、20窟的千佛相比，该窟千佛身体的进深增加，下颚与脸颊更具立体感，呈柔和的圆形（图1–37）。也许因为雕刻于空间大小一致的佛龛内，所以千佛造型统一，面部宽度较窄但进深增加，目鼻集中在面部中央，脖颈较其他窟的千佛长。佛龛〔4、18、34、61〕造像的小口、饱满的下颚、较长的脖颈、头部与身体的比例等，与壁面上层的千佛共通（图1–37、图1–38）。此外，与

第 17 窟开凿期基准作品的倾向

· 嘴较小，下颚饱满。
· 头部呈卵形或方圆形。
· 肩宽，肩部到胸部略呈圆形。
· 衣纹线规整，等间隔雕刻。

图1-37　第17窟开凿期基准作品的特征

图1-38　第17窟佛龛〔61〕

第19-1窟佛龛〔15、26〕（图1-16）等一样，南壁上层的菩萨交脚像龛〔32、33〕[55]的主尊足背向内、接触地面的脚趾弯曲，面部较圆、胸部饱满，应是紧接着下方的佛龛〔34〕而雕刻的。

南壁门口上部的七佛小龛〔54〕，其造像的头部与身体相比较大较圆、头发厚、脖颈短、手臂与躯干的宽度比较千佛的大（图1-37、图1-39A），相对于该窟的千佛，更接近于第16窟或第9窟前室列柱等位置的千佛（图1-39B、C），故制作时间可能稍迟[53]。明窗和门口之间还有佛龛〔35〕，其主尊圆形的面部，眉、目、鼻的雕法及表现方式与第8窟等造像酷似（图1-40）。南

A. 第 17 窟佛龛〔54〕东起第 2 龛

B. 第 16 窟千佛

C. 第 9 窟前室列柱的千佛

图1-39　第17窟佛龛〔54〕与其他窟千佛的比较

A. 第 17 窟佛龛〔35〕

B. 佛龛〔35〕左像

C. 第 8 窟南壁明窗西侧天人像

图1-40　第17窟佛龛〔35〕与第8窟造像的比较

壁东侧下层集中分布着佛龛〔40、41、42、43、44〕（图1-41），其中佛龛〔40、41、42〕造像均肩部较宽、胸部饱满。从细节形式来看，佛龛〔42〕尖拱额拱端没有任何装饰，与大部分开凿期佛龛不同；并且像佛龛〔40、41〕这样在龛左右纵向排列供养天的形式，在第13窟发现较多（图1-42）[54]。与上部的2龛相比，佛龛〔43、44〕的造像手脚更细、动作也自然，应更迟一些。南壁

图1–41　第17窟南壁下层东侧

图1–42　第13窟东壁第4层第1、2龛

西侧下层佛龛〔72〕被着衣形式已经汉化的佛龛〔67、68、73〕包围（图1–43），再加上相邻的佛龛〔69〕，五龛排列整齐，虽然造像服制不同，但龛周围的装饰均为浅浮雕，且没有能反映出时间差的明显高低差，所以五龛的制作年代很有可能迟至5世纪80年代后半。再来看菩萨交脚像龛〔69、72〕楣拱额的形式，楣拱额的中央到两翼之间大幅度弯曲，同形式的楣拱额在该窟中还见于东壁上层佛龛〔3〕[55]（图1–44）。

东壁上层佛龛〔3、5〕及其下部的佛龛〔9〕、西壁佛龛〔25〕，

图1–43　第17窟南壁下层西侧

与上层千佛等相比，嘴角到脸颊的表情更显丰富，制作时间应稍迟（图1–44）。佛龛〔5〕与〔25〕尖拱龛内有一对近似圆雕的飞天[56]。位于东壁佛龛〔9〕上部的佛龛〔8〕，造像的高圆肉髻及面貌，与太和十三年（489）铭龛等近似（图0–9、图1–45）。

佛龛〔3〕

佛龛〔5〕

佛龛〔25〕

图1–44　第17窟佛龛〔3、5、25〕

图1–45　第17窟佛龛〔8〕

综上，第17窟的开凿期佛龛为东、西壁大龛及佛龛〔2、4、18、19、31、32、33、34、38、59、60、61、62〕。其中，仅佛龛〔31、38、62〕带有除天人以外的供养人像。

2. 第16窟

与第19–2窟一样，第16窟中途放弃了营造，主尊佛立像（像高13.5米）在后来才完成。上层的千佛及东、西、南壁中层基本水平排列的七龛，被认为“显示出云冈初期的样式”，“中层以上的壁面应已经完成”[57]。所以，该窟以千佛为基本造像，除东、西、南壁的7龛外，探讨对象仅有佛龛〔3〕[58]（图1–46）。

佛龛〔3〕位于东壁大龛与南壁东龛之间。从造像的大小来看，仅与佛龛上部相接的千佛，其规模小于周围千佛（图1–47画线部分），且佛龛上边缘的帷幕突出于其上千佛的“地”[59]。从这些方面来看，上层千佛很明显地根据佛龛〔3〕的位置调整了大小。此外，佛龛〔3〕的造像，脸颊到下颚较为饱满，嘴较小，肩较宽，颈部到肩头呈斜线状，这些特征都与上层千佛共通（图1–48）。

综上，第16窟中的开凿期佛龛为周壁七大龛及佛龛〔3〕。其中5龛带有天人以外的供养人像，分别是南壁中央东、西龛，南壁东、西龛及东壁大龛。

四　从开凿期佛龛来看昙曜五窟的营造

以上对昙曜五窟中的83座佛龛进行了探讨，各窟共确认开凿期佛龛57座，若加上第17、16窟的各大龛，则共66座。下文将通过开凿期佛龛的特征、变化及佛龛的雕刻位置等，明确较早开始制作佛龛的洞窟，并将其作为推测大窟营造先后关系的线索。

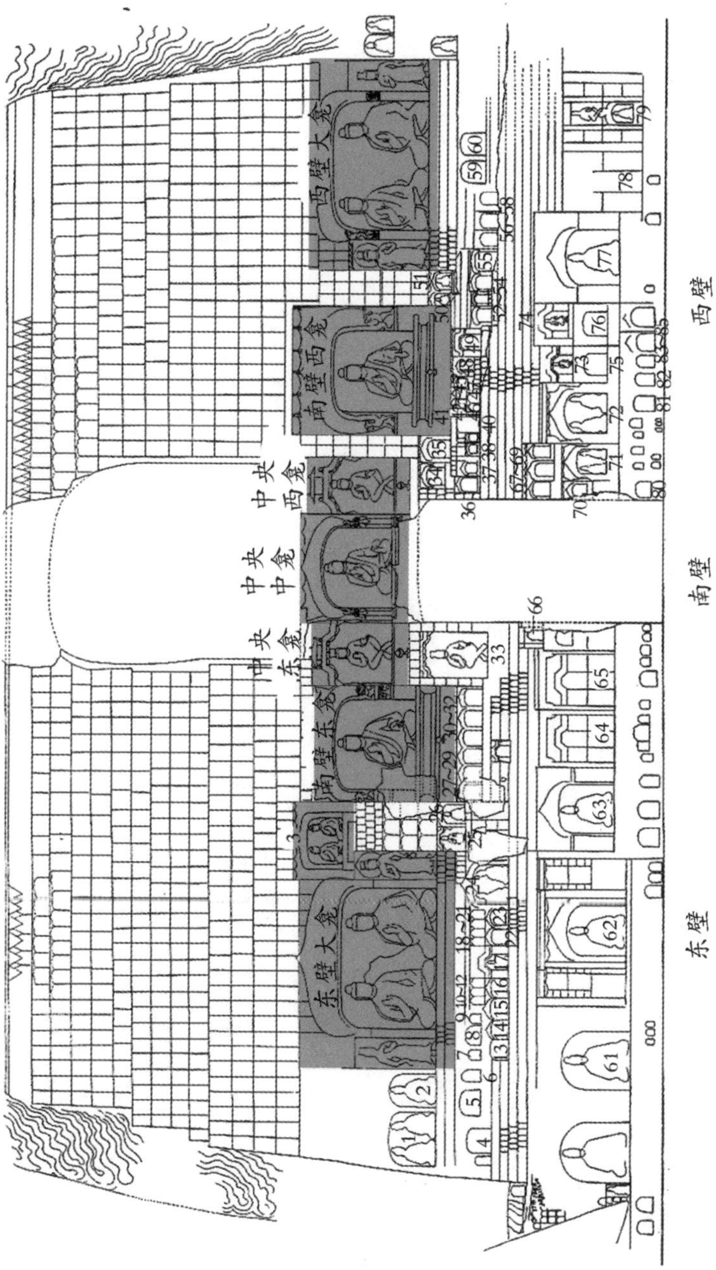

图1-46　第16窟佛龛分布图　　※着色部分为开凿期佛龛

图1–47　第16窟佛龛〔3〕与周围千佛

第 16 窟开凿期基准作品的倾向
· 嘴较小，脸颊与下颚饱满。
· 肩宽，躯干部厚，但手臂细。
· 衣纹线规整，等间隔雕刻。

图1–48　第16窟开凿期基准作品的特征

1. 开凿期佛龛的特征——佛龛周围边框的出现

这里关注的是佛龛周围边框的有无。佛龛是否或怎样被边框包围，这一问题直接关联着制作者对佛龛的理解，也是与佛龛装饰方式变化相关的重要因素。

首先要举出第17窟明窗东侧的太和十三年（489）铭龛，这是第2期以后追刻龛的典型（图0-9）。该龛四周被浅刻直线包围，对内部与周围进行了明确的分割。其次，观察周围同时期雕刻的佛龛，在上下左右布置不同佛龛时，往往留有一定的空隙[60]。若将这种与周围完全独立的佛龛视为完成形式，就可以看出从昙曜五窟的开凿期佛龛到此时的阶段性变化。大体上分，有两种形式：第一是佛龛周围没有分界“线”，仅通过佛龛周围天人的朝向勉强与邻龛相区别（彩图2、图1-7）；第二是佛龛四周的一部分或整体用歪曲的刻线包围，或是通过高低差，有意地或偶然地进行分界（图1-14）。十分有趣的是，前者仅见于第20窟，后者在该窟以外的开凿期佛龛中广泛存在。开凿期佛龛中时间稍迟的第16窟南壁中央三龛，佛龛外周虽然修整为方形，但多个佛龛仍密集排列（图1-49）。通过以上分析可以看出对分界进行处理，将佛龛变为一个个单独的方形空间而使之个体化的过程，所以分界最为含糊的第20窟开凿期佛龛是昙曜五窟中最原始的形式。也就是说，在昙曜五窟中，第20窟最早开始在壁面雕刻佛龛[61]。

图1-49　第16窟南壁中央3龛

2. 开凿期佛龛的特征——与多佛题材的组合

开凿期佛龛中已出现佛龛周围被千佛包围的形式（彩图3、图1–18、图1–27、图1–50），这种形式仅见于第19–1、18及17窟。第19–1窟中为雕刻于壁面下层的佛坐像龛〔30〕，第18、17窟的各例（二佛并坐像）均雕刻于上层。从造像的身体表现来看，第18窟的二例（佛龛〔3、49〕）最具原始特征，所以该形式始现于第18窟的二佛并坐像龛的可能性较大[62]。与二佛并坐像相组合的千佛，一般认为是《妙法莲华经·见宝塔品》中释迦佛与多宝佛会面时召集而来的十方分身的诸佛[63]。

有趣的是，多佛题材在同时期的其他位置也已出现，即尖拱额中雕刻的化佛[64]。第18、17、16窟的开凿期佛龛已经采用，所以也应始于第18窟。化佛的数量在第18窟中为9～13尊不等[65]

图1–50　第17窟佛龛〔18〕

（图1–27、图1–29），在第17、16窟中统一为7尊[66]（图1–47、图1–49）。也就是说，参与第17、16窟造像的工匠将第18窟中出现的多佛变为了过去七佛[67]。此外，这一形式在第18、17窟中仅出现于二佛并坐像龛，但在第16窟中进一步出现于坐佛像龛中。综上，第18窟的二佛并坐像龛同时出现了两种多佛题材，并且很有可能均象征着十方分身的诸佛。

3. 开凿期佛龛的雕刻位置

从开凿期佛龛的雕刻位置可以看出佛龛与石窟空间关系的变化。第20窟（图1–5）南壁已经崩塌，但壁面大半被石窟主尊及胁侍等大像的背光占据，能够雕刻佛龛的空间本来就比较局促，因此只能配合着主尊与东、西壁佛立像背光之间的间隙来雕刻或大或小的佛龛。与其说是有意的布局，不如说是为了填补空白。第19窟壁面整体雕刻千佛，其中也混杂着一座开凿期佛龛（图1–8）。两座胁窟（第19–1、19–2窟）中，佛龛于前壁随意雕刻，尺寸多样，多数佛龛的布局基本没有任何规则（图1–13、图1–21）。

与之相对，第17窟于东、西壁巨大的佛龛中雕刻出相当于石窟主尊胁侍的佛坐像、佛立像，南壁门口左右雕刻出一对佛坐像大龛（图1–33）。虽然仅限于大龛，但很可能已经将佛龛纳入石窟壁面装饰的原始计划中，这一点非常值得注意，尤其是将胁侍佛置于佛龛中。此外，第16窟的七大龛，以南壁中央的佛坐像龛为中心，左右呈对称水平分布（图1–46）。也就是说，第17、16窟开始营造主要造像时，在相对大型佛龛的布局方面，或者说怎样以佛龛装饰壁面方面，已经存在一定的计划。与第20、19窟相比，第17、16窟对佛龛及壁面的理解大为不同。

综合比较以上洞窟，第18窟开凿期佛龛的雕刻位置比较特殊（图1–24）。第18窟不仅雕刻了五窟中最多的佛龛，并且位于明窗下端以上的比较大型的佛龛均于开凿期制作；龛的主尊均为二佛并坐像，并且西、北、东三壁上层的大型二佛并坐像龛〔2、3、4、10、12、13〕的底边位置基本一致[68]。该窟平面近似椭圆形，实际上窟内排列的二佛并坐像就像环状包围着主尊。此外，该窟有着五窟之中尺寸最大的明窗，从窟外可以轻松看到窟内，特别是壁面上层（图1–51）。从这些方面来看，很难想象第18窟开凿期佛龛与基本造像在计划上完全无关。所以，第18窟开凿期佛龛的布局，呈现出介于完全没有规则的第20、19窟与有明确左右对称意识的第17、16窟的中间状态。也就是说，对窟内庄严原始设计的理解，很有可能以第18窟为界发生了阶段性的变化。

图1–51　第18窟外观

4. 开凿期佛龛的制作与昙曜五窟的营造次序

一般认为，昙曜五窟的营造分为前后两期，即第20、19、18窟与第17、16窟[69]。综合考虑开凿期佛龛的特征及石窟内的布局等情况，第20窟的开凿期佛龛显示处于最早的阶段，其次是第19窟，再次是第18窟，最后是第17、16窟，可以认为自西向东依次开始制作佛龛。在这一过程中，第18窟是重要的转折点：①第18窟开始采用千佛与二佛并坐像的组合形式，②第18窟出现了并非单纯作为壁面填充手段的佛龛布局。虽然只有一部分，但开始在意识到观众视角的基础上将佛龛纳入装饰之中，营造者对石窟空间的理解发生了变化。这些特征在第17、16窟中进一步发展。

就像基本造像的背光与千佛等之间的打破关系所揭示的，在各窟壁面装饰完成前，开凿期佛龛已经开始制作。在较多情况下，开凿期佛龛与基本造像背光的化佛及周壁上层的千佛等，在样式上也有相同的特征要素，而这些特征要素各窟各不相同（图1–2、图1–10、图1–28、图1–37、图1–48）。特征要素指的是衣纹的雕刻方法、面相表现、头部与身体的比例、脖颈的长度等。从这些情况来看，从事千佛等周壁装饰工程的工匠集团与制作各窟开凿期佛龛的工匠集团之间应有密切的关系。壁面上层的千佛，从其众多的数量来看，应与天盖及天井的飞天等一样，都包含在石窟原始设计中。若开凿期佛龛与千佛为同时制作，则上文基于佛龛特征而得出的开始制作佛龛的顺序，很有可能与各窟大型造像大致制作完成的时间密切相关[70]。

五　昙曜五窟与带供养人像的佛龛

与其他佛龛不同，部分开凿期佛龛带有供养人像（所谓“APN”）

（表1–1），明显是独立发愿营造的。下文通过分析带供养人像的佛龛在石窟中的位置及其是怎样被雕刻的，来探讨独立发愿造像与石窟原始设计之间的关系。

表1–1　昙曜五窟中开凿期佛龛与带供养人像的佛龛

	开凿期佛龛	带有胡服、僧形供养人像的开凿期佛龛
第 20 窟	佛龛〔1、2、9、10、11、12、13〕	佛龛〔2、9、13〕
第 19 窟	佛龛〔3〕	无
第 19–1 窟	佛龛〔4、5、6、7、12、15、26、27、30、33、34、35〕	佛龛〔7、15、26、27〕
第 19–2 窟	佛龛〔9〕	佛龛〔9〕
第 18 窟	佛龛〔2、3、4、5、6、10、12、13、14、19、20、21、22、24、25、28、32、33、49、50、51、53〕	佛龛〔2、3、4、6、10、12、13、14、19、22、24〕
第 17 窟	东、西壁大龛，佛龛〔2、4、18、19、31、32、33、34、38、59、60、61、62〕	佛龛〔31、38、62〕
第 16 窟	七大龛、佛龛〔3〕	南壁中央东、西龛，南壁东、西龛，东壁大龛

1. 第20、19窟

第20窟中带供养人像的佛龛均为开凿期佛龛中的小型龛，三龛中有二龛为二佛并坐像龛。身着胡服的小型世俗形供养人像（图1–6、图1–7）出现在龛下部或龛两胁，位置不定，不注意的话，从地面上看不到。从这些特征可以了解到，第20窟开凿期佛龛中带供养人像的佛龛重要性相对较低，并不在意是否可以被看到，或者看起来如此。在以二佛并坐像龛填补壁面空白的工程中，带供养人像的佛龛被混在角落。

壁面被千佛覆盖的第19窟中，没有带供养人像的开凿期佛龛。第19–1窟中，开凿期佛龛下部基本都设有雕刻供养人像的空间，并线刻出四脚座（图1–14）。但其中刻出供养人的仅有南壁中层以下4龛，其中主尊为菩萨交脚像的有2龛，主尊为二佛并坐像与佛坐像的各1龛。窟中相对小型的龛也较多，很难想象是经过布局设计的。供养人为世俗形，部分由比丘先导。同样，第19–2窟已经完成的开凿期佛龛中，带供养人像的仅有壁面下层的1龛（二佛并坐像龛），有计划布局的可能性很低。

以上4窟中带供养人像佛龛的制作，即使与千佛及周壁其他装饰在时间上并行，也缺乏计划性。可能这一阶段有意识对周壁进行庄严是为了减少空白，所以雕刻千佛还是雕刻（比千佛略大的）佛龛，并不会成为什么大问题。

2. 第18窟

第18窟中带供养人像的开凿期佛龛共11座，均为二佛并坐像龛。就像上文所述，开凿期佛龛排列在主尊周围壁面的上层，均带有供养人像，且大多数的供养人由比丘先导。虽然南壁门口上端以上集中分布着开凿期佛龛，但带供养人像佛龛的位置与并列在东、西、北壁的龛下端并不一致，且没有明确的规则。也就是说，该窟有计划布局的仅有主尊周围带供养人像的佛龛，其他佛龛很有可能是追随这些龛，在剩余的壁面上连续雕刻。

3. 第17、16窟

第17窟中带世俗形供养人像的开凿期佛龛，仅有南壁门口左右大龛〔38、62〕与上层小龛〔31〕。佛龛〔31、38〕的供养人由比丘先导。此外，东壁佛坐像大龛下部也设有宝坛，但雕刻的是头上带有宝冠的供养天（图1–52）[71]。门口左右大龛的佛龛装饰形式相同，可以明确是左右对称布局。2龛与东、西壁大龛的制作时间重叠[72]，很有可能与东、西壁大龛一样，在石窟开始营造时已被设计。佛龛〔31〕与不带供养人像的其他开凿期佛龛，很有可能是追随着这些大龛而营造的。

图1–52　第17窟东壁大龛宝坛南侧

第16窟的7大龛中有5龛带有供养人像。长广敏雄已经指出，其中东壁的二佛并坐像龛最初雕刻的供养人像，被追刻的小千佛削掉[73]（图1–53）。同样，西壁的二佛并坐像龛下部，也被同形式的小千佛填满，此处本来有可能与东壁一样雕刻有供养人。供养人由比丘先导，此外也存在仅雕刻僧形供养人的佛龛。大龛水平排列在壁面中层，以门口上方的佛坐像为中心，菩萨交脚像与二佛并坐像等左右对称布局。这种布局不知道是石窟营造中断重启后确定的，还是说当初的原始设计就构想好了。但由周壁上层的千佛配合大龛调整了尺寸可知，这些带供养人像大龛的制作与千佛的制作是

图1-53 第16窟东壁大龛宝坛部分

一体的大工程。从细节表现来看，第19-1、19-2、18、17窟中常见的四脚座基本消失，出现龛下部设长方形空间直接雕刻供养人像的形式。

4. 石窟的原始设计与佛龛

上文特别提取出开凿期佛龛中带世俗形及僧形供养人像的佛龛，并明确在各窟中的布局特征。其结果，带供养人像的开凿期佛龛，从位于千佛制作的延长线上、突发的独立制作、布局意识稀薄的状态，向数个佛龛于水平方向布局这种有计划、集团性的倾向转变。有趣的是显示出明确计划性的第17、16窟的佛龛布局法。第17窟主要布置在南壁门口左、右，而第16窟南壁以中央为中心左右对称布局，带供养人像佛龛的中心均位于南壁中央。面对北壁主尊排列造像这一构图，与天子南面及与其相对的臣子北面的姿态相重叠[74]。此外，第16窟在西侧布置带僧形供养人的佛龛（南壁中央西龛及南壁西龛，图1-46、图1-49），东侧布置带世俗形供养人的佛龛，可以看出除佛龛主尊及外形，其他部分也有左右对称的意识。

在第19窟两胁窟以降，供养人像基本确定了以比丘为先导的列像形式。昙曜五窟开凿时佛教教团的具体情况虽不明确，但至少这时北魏将道人统更名为沙门统，设置了宗教领袖的职务，而这正是昙曜所任之职。在沙门统的统率之下，僧侣对世俗形供养人进行指导，其后随着年代的推进变得更为盛行，可以说这种形式反映出更为集团化的民众造像活动的初期状态[75]。也就是说，第19-1窟以降，带供养人像佛龛的制作一定程度上是集团活动，是与国家相关的活动。这应该也正是第20窟中所见的私人性质的隐蔽造像逐渐在石窟内得到允许，并最终成为重要构成要素的理由。

在带供养人像佛龛的变化过程中，第18窟显示出过渡的特征。与后续的第17、16窟不同，第18窟带有供养人像的主要佛龛以北壁主尊为中心布局。并且佛龛的装饰方法等并不统一，独立造像的风格强烈。但佛龛主尊均为二佛并坐像，因此不能否认其中带有一定的计划性。在昙曜五窟中，这样的洞窟仅有第18窟，所以最后想要探讨一下，第18窟中大量雕刻带供养人像的二佛并坐像，并按照一定规则布局的理由。

5. 第18窟的营造理念

第18窟的转变很可能与窟中大量雕刻的二佛并坐像的典据——《法华经》有关。首先，窟中大型二佛并坐像龛位于东、西、北壁的高处。《妙法莲华经·见宝塔品》有如下描述："尔时大众。见二如来在七宝塔中狮子座上结跏趺坐。各作是念。佛座高远。唯愿如来以神通力。令我等辈俱处虚空。即时释迦牟尼佛。以神通力接诸大众皆在虚空。[76]"释迦与多宝佛一起坐于停留在空中的七宝塔内，并以神通力将会众接引至虚空中，这些描写与布置于高处的、带有供养人像的二佛并坐像构图相符[77]。

其次，前文提到第18窟中出现了数个二佛并坐像龛与千佛相组合的新形式，但窟中的多佛表现不止如此。主尊佛立像袈裟表面雕刻出大量小佛像（图1–54），这种特殊的造型非常引人注目，难以找到直接影响了中国的先行作品[78]，但更有趣的是其体现出与佛龛之间的造型呼应。至少，参与第18窟营造的工匠集团均对“千佛”有非常强烈的关注。当然，关注千佛的不止第18窟，但主尊身上的千佛并非单纯的千佛，还显示了从莲花化生为佛这一变化

图1–54　第18窟主尊佛立像

过程，并且出现在佛像着衣之上，是十分特殊的图像[79]。借由莲花化生这一净土中生命诞生的图像[80]与象征佛法永续的千佛的组合，从整体上作为象征佛不灭的图像发挥着作用。这一点正与《妙法莲华经・如来寿量品》中释迦明确佛寿命的永久相一致[81]。所以，该窟的主尊佛立像为释迦像的可能性很高。

以上所见第18窟的两个特征，均可用《法华经》来解释。虽不是严密地将经典的描述图像化，但选择强调释迦永恒性的图像、为显示释迦所说（《法华经》）正确性并应释迦神通力而出现的多宝佛，应带有一定的内涵。昙曜五窟的大佛像本来就有皇帝像这一面，同时可以看出，强调佛的永恒性及高声宣扬其教诲的正当性这一图式，受到世俗社会的喜爱。第18窟在拥有永久寿命的释迦周围排列证明其教义正当性的多宝佛和供养人，可将其解读为赞颂皇帝的臣子像，为民众发愿造像深入作为国家事业营造的大型窟提供了正当理由。

结　语

上文明确了昙曜五窟中的开凿期佛龛，在分析其制作先后关系的基础上，通过带供养人像佛龛的分布情况等，对独立发愿制作的佛龛在石窟空间上的变化进行了探讨。明确了昙曜五窟在营造大佛这一国家造像活动进行之时，民众发愿造像（佛龛）从最初期就与之并行。在第20窟这一阶段，佛龛的形式及装饰方法等均未定型，不过是在填充壁面的佛龛旁雕刻出小型供养人。第19–1窟以降，列像形式的供养人像定型化，与之相伴，佛龛的营造也开始繁盛。当时对这种看似个人性质的造像表现出宽容，究其原因，首先可能是因为周壁庄严没有严密的计划，最重要的是以佛像填满壁面，千佛中包含一些其他的像也不是什么大问题。此外也需要考虑到，由比丘先导的供养人的身影，显示出集团发愿造像的制作并不仅仅是私人行为，更是带有一定社会性的活动，所以才有被允许的可能性。在第18窟，情况发生了较大的改变，窟中包含独立发愿造像在内的佛龛开始与石窟基本造像产生紧密的关联，并积极地加入壁面装饰。在接下来的第17、16窟中，装饰壁面的意识比以往更明确地显现出来。第17窟中，作为石窟基本造像的胁侍佛被收入巨大的佛龛中，就像与之相呼应一样，南壁门口左右布置着独立发愿佛龛；但周围仍存在数个同时期、无计划的佛龛，装饰计划仍残留着前阶段的粗糙性。第16窟中，壁面上层以千佛填充、中层布置独立发愿大龛的意图明确。可以说，在带有南面皇帝像这一印象的大佛之前排列作为臣下的民众发愿造像，这一构想至此已经实现，佛龛作为重要元素被纳入国家营造石窟的壁面庄严中。就如上文所分析的，围绕佛龛与石窟，昙曜五窟自西向东分阶段产生了一连串变化，表明接下来的第2期各窟绝不是突然出现的。从这个意义上看，堪称转折点的第18窟及接下来的第17、16窟，作为第2期各窟的前一阶段，显得尤为重要。

此外，不论供养人像的有无，第18窟以前的开凿期佛龛多为二佛并坐像，说明在复佛后不久的5世纪60年代初，该像是多么受重视。可以想象，《法华经》是这一时期从事造像活动之人最重要的依据[82]。《妙法莲华经·方便品》中“若人为佛故，建立诸形像，刻雕成众相，皆已成佛道”[83]，宣扬雕刻佛像或供养佛像等均可成佛，也就是说，《法华经》包含鼓舞参与营造石窟这项大工程之人的内容。可以认为，二佛并坐像这一题材象征着《法华经》的同时，在国家性质较强的北魏佛教脉络中也不会引发矛盾，并且起到了连接大型窟与独立发愿佛龛的作用。

注：

［1］関野貞・常盤大定『中国佛教史蹟　評解二』（仏教史蹟研究会、1926年）27～28頁。

［2］水野清一・長廣敏雄『雲岡石窟—西暦五世紀における中國北部佛教窟院の考古學的調査報告—東方文化研究所調查　昭和十三年–昭和二十年』1～16卷、続補（京都大学人文科学研究所雲岡刊行会、1951～1975年、以下简称『雲岡』）。

［3］『雲岡』第14卷図版46解説。

［4］『雲岡』第12卷本文34頁。

［5］長廣敏雄「雲岡石窟の謎」『佛教藝術』134号（每日新聞社、1981年）。需要注意的是，该文把不带供养人像的佛龛列在考察对象之外。

［6］见注5長廣氏论文。《魏书》卷七《高祖纪》中与孝文帝服制改革有关的记录最早为太和十年（486），太和十八年（494）在洛阳宣布服制改革。但就像其后雕刻的第11窟明窗东太和十九年（495）铭龛的供养人像一样，仍有部分龛未穿着中国风格衣物，依然身着胡服。

［7］此外，石松日奈子认为“初期的昙曜五窟中不见供养人像”，并提出云冈石窟第2期出现胡服供养人像与沙门统昙曜的下台有关。「雲岡中期石窟新論—沙門統曇曜の失脚と胡服供養者像の出現—」『MUSEUM』587号（東京国立博物館、2003年）32頁。

［8］杭侃《云冈第20窟西壁坍塌的时间与昙曜五窟最初的布局设计》，《文物》1994年第10期。

［9］王雁卿《云冈石窟第20窟立佛与佛龛》，《敦煌研究》2005年第5期。

［10］见注9，王氏提出第20窟的早期佛龛制作于460～465年（与左、右胁侍佛立像同时制作）。

［11］笔者在2014年以「雲岡石窟曇曜五窟開鑿期の仏龕について」为

题，将本章的基础内容发表于『佛教藝術』332号（每日新聞社）。其后，王雁卿发表了《云冈石窟昙曜五窟早期圆拱龛探讨》（《云冈石窟研究院院刊》2016年总4期），稲本泰生在京都大学人文科学研究所、中国社会科学院考古研究所編『雲岡石窟』第19及20卷（科学出版社，東京，2017年，以下简称『雲岡［新報告］』）各窟的序论中对第16～19窟的营造过程进行了更为精密的论述，冈村秀典在同书第20卷第20窟序论中对该窟的营造过程进行了精密的论述。冈村氏还发表了「雲岡石窟の初期造像—曇曜五窟の仏龕を中心として—」『東方學報』京都第93冊（2018年）。本章也适当参考了这些最新的研究。

［12］但千佛中也明显包含有追刻。追刻的千佛总体上较小，尺寸、像容一致，从外壁一直延伸至明窗、门口及窟内，各窟无变化。这种千佛的追刻时期可以认为是迁都（494年）前后或以后。

［13］長廣敏雄『雲岡と龍門』（中央公論美術出版、1964年）39頁。

［14］『雲岡』第13・14卷本文43頁。各窟小像的特征见“开凿期基准作品的倾向”图中所示。

［15］『雲岡』第13・14卷本文13～15、22、26頁，第12卷17～19、28～29頁，第11卷34～36頁。

［16］『雲岡』第12卷図版12～21。

［17］关于北魏造像中佛像着衣形式汉化的背景，有北朝创出说与南朝起源说等。代表性论考列举如下：

・長廣敏雄「雲岡石窟に於ける仏像の服制について」『東方學報』京都第15冊第4分（1947年）。

・杨泓《试论南北朝前期佛像服饰的主要变化》，《考古》1963年第6期。

・小杉一雄『中国仏教美術史の研究』（新樹社、1980年）152～174頁。

・岡田健・石松日奈子「中国南北朝時代の如来像着衣の研究（上・下）」『美術研究』356・357号（東京国立文化財研究所、1993年）。

·岩井共二「中国南北朝時代における裳懸座の展開」『佛教藝術』212号（毎日新聞社、1994年）。

［18］八木春生「雲岡石窟に見られる「籐座式柱頭」についての一考察」『佛教藝術』197号（毎日新聞社、1991年）。

［19］各窟佛龛的编号有些直接使用水野、长广的编号，含有未编号龛的第20、19、18、17窟笔者进行了新的编号，并附图。

［20］『雲岡』第14卷図版20、37～41、46～49。

［21］『雲岡』第14卷図版49。

［22］『雲岡』第14卷図版47B。

［23］其中佛龛〔11〕二佛的状态比较良好，雕刻手法也很规整，衣纹的雕法及佛龛的装饰、周围菩萨及天人像的特征等与基本造像及其他开凿期佛龛一致。

［24］『雲岡』第13卷図版16、25～27。

［25］『雲岡』第13·14卷本文40页。

［26］片山寛明《供養天像の変遷からみた雲岡石窟の編年》《Miho Museum研究紀要》（1）（秀明文化財団，1997年）12～18页。

［27］『雲岡』第13卷図版25～27解説。

［28］『雲岡』第13卷図版71、72、74～83、87、89～91，中国石窟雕塑全集编辑委员会编《中国美术分类全集　中国石窟雕塑全集　第3卷云冈》（重庆出版社，2001年。以下简称《美术分类全集3》）图版219、220。

［29］笔者通过实地考察进一步确认了判断两龛为初期作品的王氏及稻本氏见解（注11）的正确性。于是就像二位的论述，雕刻手法和形式上有较多共通点的前壁小龛〔16～23〕等，也很有可能是同时期的作品（因为包含了特别小的龛及未完成龛，所以并不在本文探讨范围之内）。『雲岡』第13卷図版77A·B。

［30］『雲岡』第13卷図版87。

［31］『雲岡』第13卷図版79、80。

［32］『雲岡』第13卷図版78解説。

［33］『雲岡』第13卷図版89～91及解説。

［34］见注26。

［35］但佛龛左右为倚坐比丘像及佛龛外周上部垂着帷幕等特征，在第19–1窟佛龛〔7〕及接下来要讨论的第18窟中也有数例，实际的制作年代与佛龛〔9〕应该并没有特别大的差距。

［36］王雁卿还认为佛龛〔15〕及大部分前壁的小龛为第1期，稻本氏基本将着衣形式尚未汉化的龛均视为"第一阶段"（参考注11）。由于未完成像较多，本章并未进行探讨，但前壁佛龛〔2～7、10～12〕的制作年代很可能包含在第1期。

［37］『雲岡』第12卷図版91～102、127。

［38］『雲岡』第12卷図版128上端。

［39］张焯主编《云冈石窟全集》第15卷：第18窟（青岛出版社，2017年。以下简称《全集》）图版199。冈村氏在2018年的论文（注11，309页）中指出了千佛列行数的不定（2～4行）等情况，并提出该窟千佛及十大弟子像上方的供养比丘像严格地说可能并不包含在原始设计中。确实，哪种程度可以称为"设计"是值得慎重探讨的问题。但8尊供养比丘像并未损坏十大弟子像，反而起到了调和作用。并且很难想象，天井的飞天等与周壁最上层的天盖、最上层的千佛是突发制作的。现在可以确认上方3行千佛在样式上并没有大的差别，可以明确是连续的制作。再加上后文中将会提到该窟造像从整体上偏好使用多佛题材这种特殊的状况，营造之初对于千佛存在一定计划的可能性更高。

［40］但其中佛龛〔32、33〕的手臂稍细，可能稍迟制作。『雲岡』第12卷図版95。

［41］菩萨交脚像龛〔28、53〕楣拱额的内部交替排列着飞天与莲花化生。本窟东、西壁佛立像天盖侧面也采用了同样的装饰法。并且莲瓣前端尖锐

向外侧翘起、飞天的身体U字形弯曲呈飞翔状，也与佛立像天盖内装饰一致。菩萨交脚像的足背也与第19-1窟佛龛〔15、26〕一样朝向内侧。『雲岡』第12卷図版95、100、102、109。

［42］『雲岡』第12卷図版94。

［43］南壁下层佛龛中面部无存的像较多，但通过『雲岡［新報告］』第20卷Fig.20-9-D、E可确认造像的面部。就像水野、長廣二位学者所论述的那样，这些龛的实际制作时间与上层龛大概一致（『雲岡』第12卷本文32页）。冈村氏在2018年的论文20～21页（注11）中提到，佛龛〔39、40〕（冈村氏使用的是『雲岡』编号，依次为第17、23龛）“可能为前2期，即使稍迟也应是前3期”，佛龛〔35、56〕（按『雲岡』依次为第21、48龛）为前3期。按照冈村氏的编年，前2期为467～471年、前3期为471～476年。需要注意的是，佛龛〔56〕龛内上边左右残留有“一对”像透雕一样的飞天的痕迹。就像稻本氏（注11）在第16窟序论132页指出的那样，“龛内上缘沿着拱额布置相对飞天的形式”始创于第17窟。但是飞天的数量为2身、接近圆雕的形式是进一步发展的结果，在第11、13窟中流行。该像就像冈村氏详述的那样，佛坐像的躯干较细并且佛龛周围的供养天等尚保留着古式，比第11、13窟各龛稍早的可能性很高，但实际上是否可以追溯至476年以前尚难以判断。

［44］『雲岡』第12卷図版93。

［45］此外，就像向井佑介所指出小龛〔27〕（『雲岡』为第11龛）等南壁东端的部分小龛也应为同时期制作。「雲岡石窟の仏塔意匠」『雲岡［新報告］第19卷　第11窟-第16窟　本文』（科学出版社，東京、2017年）5～7頁。『雲岡［新報告］』第20卷図版46。

［46］『雲岡』第12卷図版69、70解説及第11卷本文41、43～44頁。水野、長廣二位认为第16窟主尊曾经完成，但施工进展到一定程度时中断，其后基于某些理由进行了改造。此外，冈村氏认为第16窟造像中止的背景很可能是伴随着第7・8窟造像的开始，工匠进行了转移。具体参考注11冈村氏2018年论

文286页。

［47］『雲岡』第12巻図版25～43、54、55。

［48］佛龛〔31、59、60〕上端与千佛相接。佛龛〔59、60〕尖拱额上部的空白及供养天头部比分界处千佛的地更高，二龛并非破坏千佛而造。《全集》第14卷：第17窟，图版259、260。

［49］『雲岡［新報告］』第20巻図版26。佛龛〔18〕周围被千佛包围，这些千佛与更上层及北端千佛的样式相同但大小不同，应归属于佛龛〔18〕。其与上层千佛之间没有破坏痕迹，但产生了不自然的空隙，不可能比千佛制作得更迟。

［50］冈村氏2018年论文298页（注11）。此外，王氏（注11）通过与周围千佛的关系判断佛龛〔19〕为第1期制作。

［51］稲本氏（注11）第17窟総説83、84頁。本文中佛龛〔34、38、61、62〕在该书中分别编号为（7）（15）（14）（19）。

［52］《全集》第14卷：第17窟，图版266。

［53］《全集》第14卷：第17窟，图版223～228、243。水野、長廣二位认为这个七佛小龛是与主尊菩萨交脚像（弥勒菩萨）相呼应的过去七佛，雕刻较早。『雲岡』第12巻本文20～22頁。此外，曽布川寛也曾积极地推进这一观点（「雲岡石窟再考」『東方學報』京都第83冊［2008年］16頁）。但冈村秀典在2018年的论文（注11）33页中提出这个列龛的制作应比主尊迟的看法，“全长不足3m的小型列龛，很难想象在开窟当初就进行了设计”。

［54］宝坛部分设方形铭区，也是第11、13窟使用的形式。

［55］壁面整体被佛龛覆盖并带有太和七年（483）铭龛或太和十九年（495）铭龛的第11窟、第13窟，基本上与第7・8、9・10窟一样，楣拱额中央与两翼之间呈棱形的较多。但第11窟西壁上层佛龛〔3〕及第13窟南壁最上层西龛等中央与两翼之间使用了弯曲的形式，可以看出与第17窟佛龛〔69、72〕等之间有着密切的关系。『雲岡』第8巻図版44、第10巻図版11。此外，除该

窟东、西壁大龛的楣拱额外，第18窟的楣拱额也带有同样的特征，但刻线较为凌乱。

［56］注43。

［57］『雲岡』第11卷本文43～44頁及註46。

［58］王雁卿将7大龛中东、西壁大龛之外的各龛均判断为第2期（注11）。稻本氏（注11，第16窟総説133頁）提到制作了7大龛的第1次施工的时间至少延续至5世纪70年代中旬，并明确7龛中左、右壁二佛并坐像大龛为最初营造（同书128頁）。与此同时也通过佛龛〔3〕与南壁东龛之间的分界，说明二者为同时制作。此外，冈村氏2018年论文290～288页（注11）提到7大龛等与上层千佛同时于前3期（471～476）着手施工，南壁的东、西龛稍迟，在中1期（476～5世纪80年代前半）已经完成。

［59］《美术分类全集3》图版188。

［60］『雲岡』第12卷図版8、第8卷図版26、44。

［61］八木春生通过分析昙曜五窟籐座式柱头的型式（注18），指出第20窟佛龛〔1、11〕（开凿期佛龛）籐座式柱头的型式在昙曜五窟之外的石窟不曾出现，显示出其处于未完成的阶段。还指出反映出犍陀罗美术影响的、承托着坐垫的籐座表现，出现于第18窟佛龛〔53〕。

［62］佛坐像龛与千佛的组合，除19–1窟佛龛〔30〕之外，还有第17窟南壁东大龛〔38〕（图1–36）。后者将千佛布置于佛坐像龛内侧壁，是佛坐像龛外周填充千佛这一形式的前一阶段。『雲岡』第12卷，図版29～32。

［63］『大正新脩大蔵経』（以下简称大正藏）第9卷，32頁下。

［64］水野、長廣二位认为这种形式是“中国独特的尖拱额”。「雲岡石窟装飾の意義」『雲岡』第4卷2頁。

［65］『雲岡』第12卷図版91、92。

［66］『雲岡』第12卷図版25。

［67］但第7・8窟等第2期洞窟的大型佛龛再次使用了尖拱额内布置7尊

以上化佛的形式。虽可以认为与佛龛的大小等物理原因有关，但也说明过去七佛的表现在第17、16窟以降并未定型化。

［68］南壁上层的大龛均为二佛并坐像龛，但与其他三壁相比，布局略显不规则。

［69］宿白《云冈石窟分期试论》，《考古学报》1978年第1期。

［70］昙曜五窟中规模最大且唯一带有胁窟的第19窟，修整石窟空间的工程一定会比其他洞窟所需时间长。可以认为造像开始于空间基本成形后，所以主要造像的完成顺序与石窟营造完工的前后关系很可能会不一致。

［71］宝坛中不是世俗形供养人而是供养天的情况，也见于第16窟佛龛〔3〕。

［72］见注51。

［73］见注5長廣氏论文19～20页及『雲岡』第11巻図版110解説。

［74］昙曜五窟的大佛像也带有皇帝像的含义。并且，《易经》说卦传“圣人南面而听天下”。本田済『易』下巻（朝日新聞社、1978年）354～355頁。

［75］佐藤智水整理并分析了北朝时期数量庞大的造像铭，探讨了民众造像活动的情况。其研究明确了造像记中对皇帝祈愿的语句出现在475年以后，邑义等团体造像的激增在500年以后。『北魏仏教史論考』（岡山大学文学部、1998年）。

［76］大正蔵第9巻，33頁下。

［77］关于这点，久野美树已在「二仏並坐像考」（『MUSEUM』第446号［東京国立博物館、1998年］8頁）中提出，云冈第11窟南壁上层东部带有二佛并坐像的塔形浮雕最下部雕刻的供养人像是听闻众。此外，通过二佛并坐像下部的山岳来表现位于空中，还可举出敦煌莫高窟第285窟南壁壁画（西魏）等例。

［78］第18窟主尊的尊格有卢舍那佛、释迦佛、定光佛等说法。代表性的先行研究列举如下：

・卢舍那佛说：松本榮一『燉煌畫の研究』（東方文化学院東京研究所、1937年）291～315頁，吉村怜「盧舍那法界人中像の研究」『美術研究』第203号（東京国立文化財研究所、1959年），「曇曜五窟論」『佛教藝術』73号（1969年），「盧舎那法界人中像再論―華厳教主盧舎那仏と宇宙主的釈迦仏」『佛教藝術』242号（1999年）。此外，常盤大定指出“有可能是《华严经》的卢舍那佛，或是《梵网经》的大中小释迦”（『中国佛教の研究』［春秋社、1938年］513頁），水野清一“暂时避免下结论”，认为能够确定是卢舍那佛的实例无法上溯至500年，无法明确在这以前中国是否制作。（「いはゆる華嚴教主盧遮那佛の立像について」『東方學報』京都第18冊、1950年）。

・释迦佛说：水野清一・長廣敏雄『雲岡』第12巻40頁；宿白《云冈石窟分期试论》，《考古学报》1978年第1期；丁明夷《关于云冈石窟分期的几个问题——兼与长广敏雄先生商榷》，《世界宗教研究》1981年第4集；Angela Falco Howard，*The Imagery of the Cosmological Buddha*，Leiden，1986；宮治昭「宇宙主としての釈迦仏―インドから中央アジア・中国へ―」（立川武蔵編『曼荼羅と輪廻―その思想と美術』佼成出版社、1993年）；石松日奈子『北魏仏教造像史の研究』（ブリュッケ、2005年）；大原嘉豊「「法界佛像」に闢する考察」（曽布川寛編『中国美術の図像学』京都大学人文科学研究所、2006年）；曽布川寛「雲岡石窟再考」『東方學報』京都第83冊（2008年）。

・定光佛说：小森陽子「雲岡石窟曇曜五窟論―第一八窟本尊定光仏説の提起―」『佛教藝術』266号（2003年，初刊《艺术史研究》第3辑［中山大学出版社，2001年］）。

［79］详细可参考吉村怜1959年论文（注78）。

［80］吉村怜「雲岡における蓮華化生の表現」『美術史』37号（美術史学会、1960年）31頁。

［81］大正藏第9卷，42頁下。

［82］塚本善隆认为，《法华经》在北魏时期作为中国佛教界指导佛典的同时，具有大众性、受到广泛信仰的原因之一是“描述了大量佛示现的奇迹”。塚本善隆『中國佛教史研究・北魏篇』（弘文堂書房、1942年）522頁。

［83］大正藏第9卷、8頁下。

第二章　第5窟与佛龛

——佛龛制作的推广

前　言

云冈石窟第5窟与第6窟为一组窟，均是第2期极为重要的洞窟[1]（图2-1）。二窟中佛像的着衣形式向模仿中国风格服装的新形式

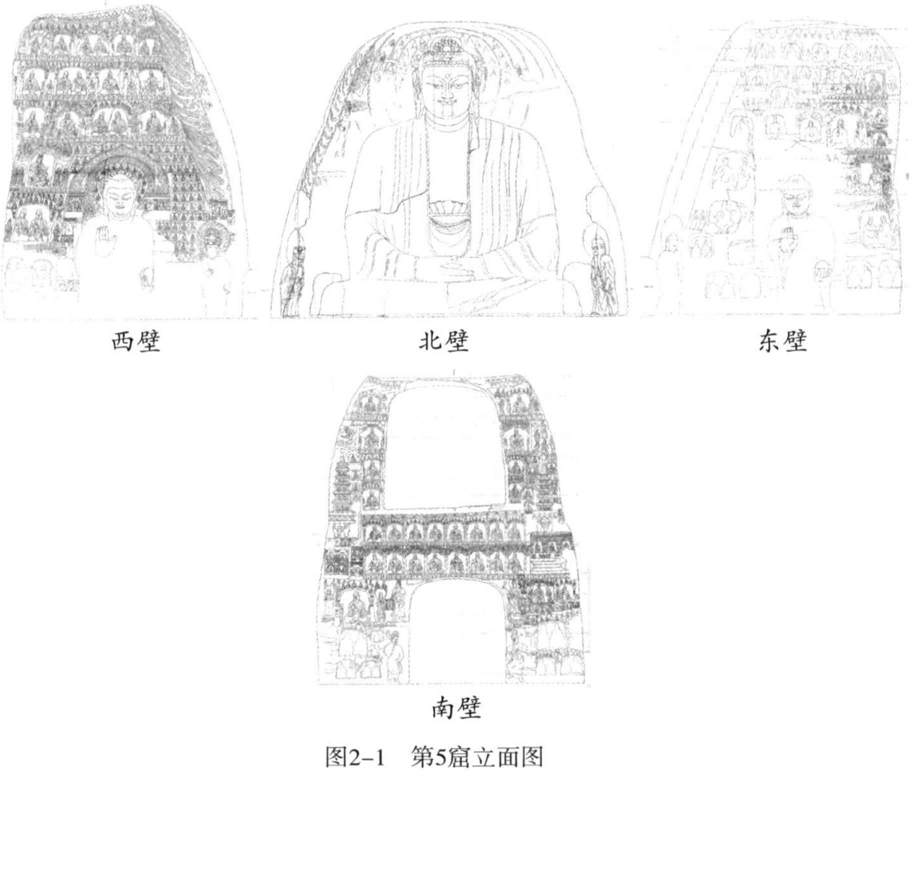

图2-1　第5窟立面图

转换，比如出现了利用佛像袈裟的缠绕方式，使其看起来像在胸前交汇并垂下大袖的汉式服装的形式[2]（图2–2）。该形式不仅对云冈造像，也对以后的北魏造像产生巨大影响。但与之前的双窟相比，第5、6窟之间有较多不同，造成这一现象的背景引起较多关注[3]。两窟之间最大的区别在于石窟的基本结构，第5窟是像昙曜五窟（第16～20窟）一样的大像窟，第6窟是窟内中央雕出立柱的中心柱窟。窟内雕刻的造像、装饰等结构的严密程度，以及佛像新着衣形式的细节表现等也各不相同[4]。第6窟内连角落都布满经过细致设计的造像与装饰，与其相对，就像后文中探讨的那样，第5窟佛龛布局凌乱、保留着可以追刻的壁面等，常被视为未完成的洞

图2–2　第6窟南壁上层东龛

窟[5]。再看窟内各要素表现出的统一性、结构的周密程度，第5窟也远不及第6窟。尽管如此，当新的着衣形式开始渗入云冈石窟第5、6窟之外同时期发愿制作的大量佛龛之时，主要采用了第5窟的形式[6]。这又是为什么呢？这个问题意味着对可能是由国家主导营造的第5窟与盛行于第5窟营造前后到第3期的独立发愿造像（主要是佛龛）之间关系的探索，甚至关系着探索第5窟为迁都后第3期民众发愿造像时代的到来做了哪些准备。

为解决这一问题，需要明确第5窟自身的营造情况，有必要探讨窟内各像在制作过程中是否有不同于原始设计的部分，或者受到了其他洞窟怎样的影响。本章还进一步梳理第5窟与之后佛龛的关系，以明确其在独立发愿佛龛的展开过程中的定位。

一　研究背景

1. 第5窟概要

石窟主尊为北壁高约15米的巨大佛坐像。东、西壁为胁侍佛立像及胁侍菩萨立像。周壁最上层环绕天盖，东西壁天盖之下雕刻出千佛列像。东、西壁各分为6层，其中排列着中小佛龛。西壁各龛沿着莲瓣带各层基本呈直线排列，但东壁莲瓣带的中间有几处被切断，部分龛的高度及排列方式混乱，并且严重风化。南壁壁面也被层状分割，基本与东、西壁各层对应，但结构稍显复杂。明窗左右雕刻出一对背负着塔的象，门口左右上下排列着菩萨立像与高髻的门神像。

2. 先行研究与课题

第5窟营造于迁都前并无争议，但具体的年代有各种说法。水野清一、长广敏雄认为，第5窟是为献文帝追福、于孝文帝初年（471）开始营造，太和七年（483）孝文帝的行幸暗示着洞窟的完工，但之后又改变观点，认为营造开始于太和初年（477）[7]。宿白基于第5窟周壁佛龛布局并非统一设计，以及允许追刻小龛等方面，判断其与第6窟有不同的原始设计，在未完成的情况下迎来了迁都洛阳[8]。

纵览近年的研究，编年问题非但没有完结，反而更为多样化。按照提出的开凿年代早晚顺序列举如下：杭侃基于后文会提到的冈村秀典的看法[9]，提出第5窟在献文帝时期（465～471年）开始营造，完成了窟内主要空间的采石工程、大型像大概的外形及主尊背光纹样带等雕刻，之后因为政治的混乱施工中断，冯太后去世的490年以后施工再启。吉村怜认为，新旧形式的转换是比以往探讨的更为复杂且混沌的状态[10]，第16窟主尊佛立像使用的中国风格着衣形式在昙曜五窟营造时就与所谓西方式造像并存，第5、6窟紧接着第16窟及第7、8窟，营造于在467年至477年之间。冈村秀典以第5窟的洞窟形式及明窗、门口的造像样式为着眼点，认为第5窟的开凿是在昙曜五窟之后进行的[11]。他认为包含胁侍佛及菩萨立像在内的窟内周壁诸像以外的工程，完成于“前3期”即孝文帝初年（471）至献文帝被毒杀的476年之间。石松日奈子认为太和七年（483）昙曜下台，云冈石窟的性质从“国家及皇帝的特别窟”向“一般僧侣及民众信者所开凿的大众窟”转变[12]，第5窟是此后开凿的。这个观点与宿白等接近，但石松氏认为双窟中的第6窟有可能是《金碑》记载的钳耳庆时进献的“崇教寺”。石松氏认为，虽然《金碑》内容的可信度难以判断，但如果第6窟真的是崇教寺的话，那么其营造时间为484～489年。曾布川宽认为，第5、6窟是为献文帝追善而造，营造时间为冯太后去世的490年至494年[13]。

不同见解的产生，源于第5窟的特殊情况。第5窟周壁的造像与第6窟一样，都采用新的着衣形式，但明窗、门口的部分造像仍使用旧有的着衣形式（西方式）（图2-3、图2-4）。所以对新旧形式

图2-3　第5窟明窗西壁

图2-4　第5窟明窗东壁

之间时间差的判断，是第5窟营造时间产生较大歧异的原因。为了理解第5窟的特征，需要在分析明窗、门口造像与窟内周壁造像的时间差的基础上，对窟内的营造情况进行分析。

二　第5窟明窗及门口的造像

本节将一边确认第5窟明窗及门口雕刻的造像，一边探讨其与窟内造像在制作时间上是否有间隔。

1. 造像概要

第5窟明窗东、西壁均在最上部雕刻莲瓣带，下部则布置多座佛龛。下部最大的佛龛为被千佛包围的二佛并坐像龛（西方式）。莲瓣带正下方排列佛龛，东壁2行7龛（图2-4，此外还有北端［面对图左端］下部的跪坐供养天像），西壁为4座尖拱龛（图2-3）。各龛主尊不同，着衣形式也是西方式与中国式服制混用。东壁靠近中央的2行4龛的主尊为西方式，其左右侧布置着中国式着衣形式的佛龛[14]（南端上、下2龛及北端的佛立像龛），就像要填补外侧的空白一样。西壁上部的4座尖拱龛均为着中国式袈裟的佛坐像。

2. 明窗西方式造像的制作时间

明窗东、西壁下部大半被围以千佛的二佛并坐像龛（西方式）占据，也有学者认为该龛雕刻于昙曜五窟营造之后[15]。首先来确认二龛的样式及形式特征。最先注意到的是二佛并坐像周围千佛像中，脖颈细长且胸部比面部及膝盖处薄、上半身基本不表现起伏的像较多。相对于昙曜五窟，这些特征反而与第5窟内的造像（中国式）相同（图2-5）。同样的特征也见于明窗处的其他造像，以及门口的二佛并坐像（西方式）[16]。再看明窗西壁龛下部的供养人像，不仅间隔不统一，外形也较为拙劣。这种排列不规整的供养人

第 17 窟西壁上层千佛

第 5 窟明窗东千佛

第 5 窟西壁上层千佛

图2–5　千佛像比较图

列像并非此处独有，本窟北壁隧道[17]及第13窟腰壁的供养人列像具有同样的特征（图2–6）。形式方面，尖拱额较窄、西壁龛的籐座式柱头[18]采用了初期型式等，与昙曜五窟开凿期造像具有相同的特征[19]。但另一方面，西龛外周上缘雕刻出带有小圆形装饰的三角垂饰连缀而成的天盖。周围以千佛填充并在空间的上缘装饰

第 5 窟明窗西壁下层供养人像

第 13 窟南壁最下层供养人像

图2-6　供养人列像的比较

天盖的佛龛较少，首例为第11窟东壁下层龛[20]。三角垂饰的前端增加圆形或类似小装饰的情况，也仅见于第5窟隧道，第1、2窟天井，以及第12窟主室南壁二佛并坐像龛、第6窟佛龛等处[21]，可以认为制作时间也接近。

其他西方式造像龛又如何呢？第一，明窗东壁上层的菩萨交脚像龛，楣拱额下部浅浅地线刻出三角垂饰及帷幕[22]。虽然看起来像未完成就放弃了一样，但沿着楣拱额下部雕刻出三角垂饰首先见于第10窟主室，在第11、6、2等窟也存在[23]。第二，这个菩萨交脚像下部的二佛并坐像龛，其两胁有身着胡服的供养人像。第19-1窟以降，世俗形供养人一般在龛下部基坛处以列像形式表现。像该龛一样，在原本应布置胁侍菩萨立像的位置安排供养人立像的情况较为少见，同样的形式仅出现于第13窟南壁及东壁上层佛龛等[24]。第三，周围其他西方式佛龛的拱额与拱端均简化，基本没有装饰。这与南端的中国式造像龛及下部被千佛包围的二佛并坐像（东壁侧）相同。虽然昙曜五窟中有龛楣装饰简化的佛龛，但基本不像这样密集排列。

综上，明窗雕刻的西方式造像并非仅有早期要素，第9、10窟以降出现的较新要素也混杂其中。并且特别重要的是，与第11、12窟等新石窟之间也存在不少相同点。必须考虑的是，这些与早期造像相同的特征是模仿而来的，还是基于某些理由残存下来的。此外，于明窗侧壁雕刻佛龛的构想，在昙曜五窟开凿时并不存在。即使是第2期各窟中，除第5窟外，仅有第10窟出现了这种情况[25]，因此，认为第5窟造像开始的时间早于第9、10窟的看法需要慎重。

3. 明窗中国式造像的制作时间

接下来探讨采用中国式服制佛龛的制作时间。西壁上部并列4座尖拱龛中的佛坐像（中国式），与窟内各像相同，衣裾均较短。但窟内各像腹前垂下的袈裟遮挡住双脚，明窗西壁则还包含露出右脚的像（图2–3），相同形式的中国式佛坐像在明窗东壁也存在。这是西方式造像的一个特征，可视为残存下来的旧形式。

再来看东壁北端的儒童本生龛（佛立像龛），虽然佛像的袈裟为中国式，但龛下部的供养人像依然身着胡服，并非之后流行的中国风格着衣。中国式造像下部为胡服供养人，这种新、旧形式并存的龛也可举出他例，其中包含太和十九年（495）铭龛[26]（图0–10）。云冈石窟带有纪年铭的造像数量有限，无法直接揭示这种龛制作的下限，但至少在景明元年（500）铭龛（图0–13第12–1龛）以降的纪年像中不复存在。所以，这种过渡期的作品很可能大致在500年左右转变为新形式，第5窟明窗东壁的儒童本生龛也应雕刻于495年前后。

如上所述，明窗的中国式服制造像残存着形式上未转换完成的要素或者说旧形式，这是窟内中国式造像不曾出现的特征。这意味着明窗的中国式造像虽然使用了新形式，但也与周围西方式造像的时间较为接近。此外，不论服制的新旧，佛龛的拱额和拱端均较为简朴，也补充证明了这一观点（图2-3、图2-4）。再加上明窗东、西壁的莲瓣带虽然与窟内周壁装饰相同，但仅雕刻于明窗最上部，并未作为佛龛之间的分界。从这点来看，明窗开始雕刻佛龛时，并未强烈意识到与窟内周壁结构的对应关系。

综上，在没有足够设计的情况下，明窗东、西壁开始营造西方式造像，很快，在留有部分空白壁面的情况下中断了造像。此时的造像也包含带有供养人、独立发愿营造的佛龛。接下来，像填补空白一样雕刻了中国式造像。窟内同样装饰（莲瓣带）的雕刻，应与大量中国式造像的制作处于同一时期。鉴于佛龛装饰和旧形式残存等，难以想象着衣形式转换的前后存在巨大的时间断层，造像在某种程度上属连续制作的可能性很高。

4. 门口造像的特征

门口侧壁造像主要由天井的莲花化生与飞天、隔树而坐的二尊禅定坐佛、莲瓣带、戴鸟翼冠的门神像构成（图2-7）。正面部分（外壁侧）雕刻出像龙上半身一样的拱端、跪坐合掌的供养天、莲花化生[27]。

天井上的飞天，膝盖基本不弯曲，腰部弯曲，像飘浮在空中一样飞翔。昙曜五窟早期雕刻中也存在类似的表现方式，但比起肉体的起伏，本窟更积极地表现覆盖身体的衣物，与首要表现肉体起伏的早期雕刻之间存在一定的时间间隔（图2-8）。侧壁上部树下的二禅定佛像，其饱满的脸颊等与昙曜五窟造像具有相同特征。树

图2-7 第5窟门口东壁

A. 第 5 窟门口天井飞天

B. 第 18 窟左胁侍佛立像天盖飞天

C. 第 17 窟西壁大龛飞天

图2-8 飞天比较图

图2-9　第7窟明窗东禅定比丘

下禅定人物像这种构图，还可举出第7、8窟明窗的树下老年修行僧（图2-9）。相较之下，第5窟门口的禅定人物像比第7、8窟明窗的雕刻手法更为拙劣，也缺乏与周围图像的关联[28]，很难认为后者是对前者的模仿，相反，前者基于后者制作的可能性较高。第5窟门口二佛下部为与明窗及窟内周壁相同的莲瓣带，再向下为门神像。云冈在第5、6窟以前不见手未持金刚杵及三叉戟等武器的门神像。并且，门神像一侧残存部分卷草纹。三叶之间延伸出下一个半忍冬纹，呈波浪状展开，与第13窟、第16-1窟等尤为接近（图2-10）。

门口正面（外壁侧）供养天中，西方式和中国式着衣形式混用[29]。新形式供养天的披帛两端仿佛接受了从下方而来的强风吹拂一样向上翻折，衣角尖锐（图2-11）。同样的披帛表现方式在第5窟主尊背光和第19-2窟主尊背光的供养天等有限的范围内存在。此外，沿着门口及明窗的拱形雕刻出龙首的情况，先出现于第7窟[30]，第5窟门口的龙（图2-12），身体扭曲呈简洁的U字形，两条前腿高高地向上举起，与其最为接近的是第5窟西壁第4层第3龛（图2-13）[31]。

A. 第 5 窟门口西壁
B. 第 13 窟南壁下层西龛
C. 第 16-1 窟东壁下层

图2-10　卷草纹的比较

A. 第 5 窟门口东　　B. 第 5 窟主尊背光　　C. 第 19-2 窟主尊背光

图2-11　供养天的比较

图2-12　第5窟门口正面拱端

图2-13　第5窟西壁第4层第3龛整体及局部

综上，很难将第5窟明窗、门口造像开始制作的时间置于第7、8窟开凿之前。并且，明窗、门口的西方式造像与第9、10窟以降的造像及第5窟窟内造像（中国式）有较多共通点，与周围的中国式造像在龛形等方面也具有共通点。采用新、旧形式制作的造像之间并没有断层式的时间差，类似的现象在第6窟中也存在。第6窟明窗的菩萨半跏像并未使用该窟内菩萨像整体使用的宝冠形式（见下文），着衣形式也较为混乱（参考图2-14着色部分）。这说明与第5窟一样，第6窟明窗的造像很有可能与窟内周壁造像制作的最初阶段同步或先行雕刻，意味着造像汉化初期产生了种种混乱。也就是说，第5、6窟开凿的最初阶段，雕刻者尚未十分理解新的中国风格着衣形式，所以造成了第5窟明窗及门口新旧形式造像混杂的情况。

图2-14　第6窟明窗西壁半跏思惟像线描图

三　第5窟周壁各像的制作过程——裂缝与造像

接下来对第5窟的窟内营造过程进行探讨。虽然现在经过修补不太明显，但第5窟内存在巨大的裂缝。修补前裂缝的具体情况可通过《云冈》第2卷等一些照片进行确认[32]。第5窟内有三条大的裂缝（图2-15，裂缝①~③），最大的裂缝①从西壁直通天井，一直波及东壁。顺着裂缝观察造像，可以看到不仅有受到影响、被破

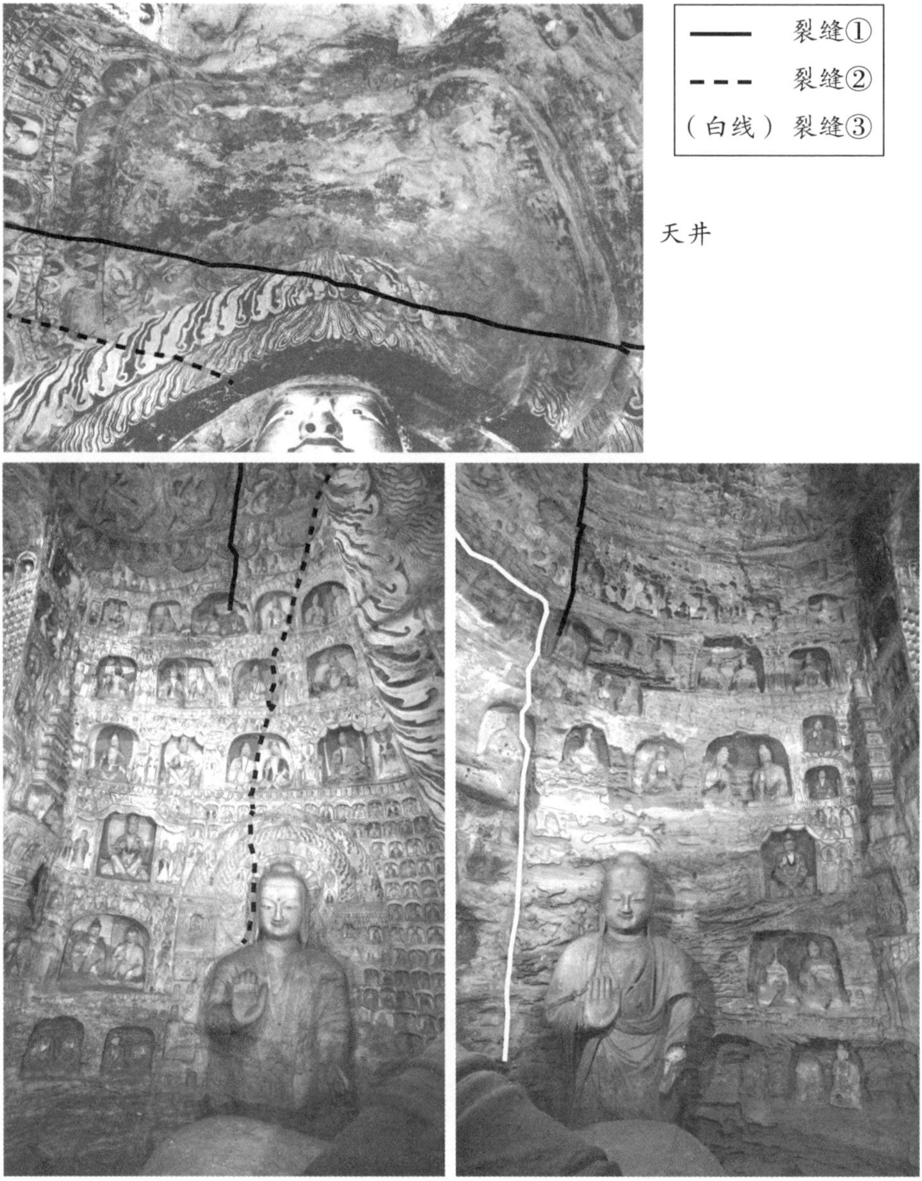

图2-15　第5窟内裂缝的位置

坏的造像，还有部分避开裂缝雕刻的造像。也就是说，造像开始之时一部分裂缝已经存在，并且裂缝的产生又给造像带来一定影响。下文一边确认裂缝与造像的关系，一边探讨裂缝产生的大概时间及其对造像活动的影响。首先观察造像状态相对较好的西壁，沿着裂缝从上到下确认具体情况。

（a）壁面最上层千佛（a）的雕刻避开了裂缝①（图2–16）。

（b）裂缝②破坏了千佛（b）（图2–16）。

图2–16　第5窟西壁最上层千佛与裂缝的关系

（c）千佛下方的第6层第4龛佛坐像及其下方的莲瓣带被裂缝②破坏[33]。

（d）第5层第3龛尖拱额内的七佛明显避开了裂缝②，调整了面对龛右半边化佛的间隙。此外，下部裂缝位置的莲瓣带造型较乱（图2–17）。

（e）第4层第3龛圆拱额内的供养天为避开裂缝②身体向后仰。此外，裂缝从主尊二佛并坐像的中间经过，裂缝有可能影响了“二佛”这一题材的选择[34]。

（f）右胁侍佛立像周围填充的千佛避开了裂缝②（图2–18）。头光内的化佛也可能避开了裂缝。

图2–17　第5窟西壁第5层第3龛与裂缝②的关系

图2–18　第5窟西壁胁侍佛立像头上的千佛与裂缝②

从以上叙述可以看出，裂缝①在制作西壁最上层千佛的阶段已经产生，裂缝②应产生于千佛列像及其下部第6层造像完成后、第5层以下完成前。与之相对，东壁风化严重，大部分造像难以辨认细节（图2-15）。但第3层以下的佛龛仿佛避开裂缝③一样布局，胁侍佛立像也因为这一裂缝雕刻于更向南的位置。有趣的是，胁侍佛立像与胁侍菩萨立像之间的距离明显比西壁要宽。与本窟一样以佛立像作为胁侍的第20、18窟（昙曜五窟），左右佛立像的布局却并未产生这种偏差。如果第5窟左胁侍佛立像（东壁）雕刻在右胁侍像正对面的话，应该会直接受到裂缝③的影响。也就是说，第5窟西壁的佛立像先行完成，为避免裂缝的影响，可能将原始设计中东壁佛立像的位置向南调整。如此一来，东壁第5层以下北侧（靠近主尊的部分）莲瓣带在中途断开，佛龛布局混乱[35]，这些都是因裂缝③导致佛立像位置改变而产生的后果。

综上，从开凿洞窟到制作造像的初期阶段及之后，第5窟产生了多条严重的裂缝，不仅影响了细节装饰，甚至波及左胁侍佛立像的布局。此外，也可明确西壁造像的完成早于东壁。

四　与第6窟及第11、13窟的关系

第二节已经明确，看似造像已经完成汉化的第5、6窟，至少在明窗及门口雕刻中国式造像的营造初期，还残留着未完成的要素。那么，在窟内周壁造像的制作过程中，又发生了哪些变化呢？八木春生在探讨参与第5窟与第6窟造像活动的工匠集团的性格时，通过对细节形式的分析，指出第5窟的工匠集团是十分理解第11、12、13窟这些较新洞窟的造像信息的集团[36]。此外，以佛龛旁供养天的着衣形式为着眼点，可从另一个侧面验证这一点。就如片山宽明所指出的[37]，第11及第13窟出现的供养天像着衣新形式其后成为主流，即天衣以通肩的方式缠绕，一部分从合掌供养天的手腕处以类似广袖的形式垂下（图2-19）。但第5窟的供养天像并非源自第11、13窟，而是采用了第6窟“身着对襟广袖风的天衣，腰部系

第 11 窟南壁佛龛〔20〕　　第 5 窟南壁佛龛〔56〕

图2–19　供养天的着衣形式

带”的形式。下文以第5窟与影响第5窟的第11、13窟、第6窟造像的关系为着眼点，进一步分析与这些洞窟相同的要素分别雕刻于第5窟的什么位置，伴随着造像制作的进行，第5窟与这些洞窟的关系又发生了怎样的变化。

1. 显示与第11、13窟关系的要素

八木氏已经指出佛龛下部的仰莲（图2–20）与籐座式柱头可以显示出第11、13窟的影响〔38〕。这些要素并非为窟内佛龛整体所广泛采用，而是仅出现于局部（图2–21）。比如仰莲，仅在高处的相邻佛龛使用（南壁明窗东胁与东壁第4层南端）。这些龛的高度仅有以莲瓣带划分的原本层高的一半，看起来就像不规则地侵入周围佛龛之中。那么，采用籐座式柱头的佛龛又位于何处？第5窟周壁有30座以上的尖拱龛及圆拱龛，使用籐座式柱头的仅有4龛〔39〕。南壁2龛规模较小，可以认为是不规则侵入的佛龛；但东、西壁2龛均雕刻于第4层，是较大型的二佛并坐像尖拱龛（图2–13）。水野、长广二氏已经指出，第5窟东、西壁在选择龛形及尊像时，极

图2-20　第5窟南壁佛龛〔3〕

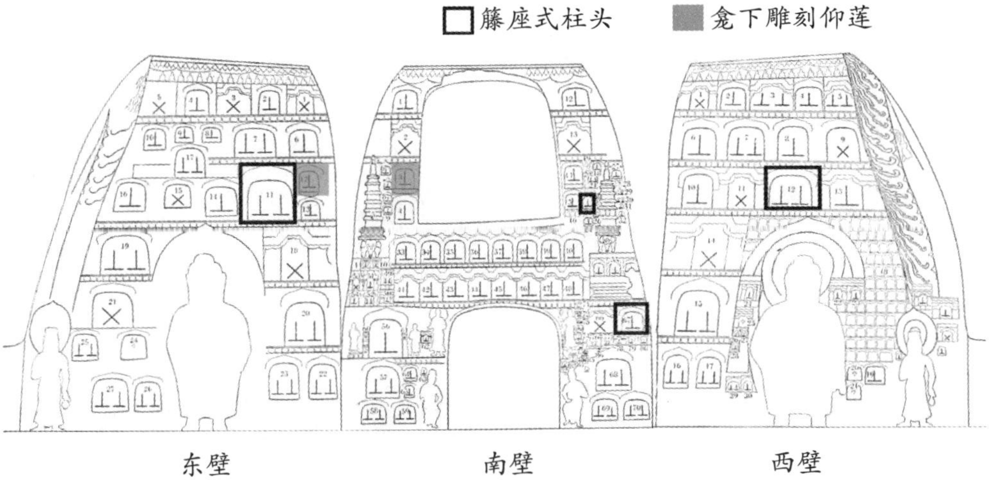

图2-21　龛下雕刻仰莲与籐座式柱头的位置

其在意东、西的对应关系[40]。鉴于以上各点，使用籐座式柱头可以视为丰富装饰性的一种设计。综上，第5窟中源自第11、13窟的要素，以周壁中较早完成的南壁为中心分布，其他壁面则集中于明窗下端以上的上层空间。也就是说，第11、13窟的影响在第5窟营造的早期出现，之后逐渐衰退。

2. 显示与第6窟关系的要素

接下来探讨第6窟对第5窟的影响，按照①佛像的着衣（有无系带）、②菩萨像的宝冠、③楣拱额的装饰、④其他要素的顺序进行论述。首先，第6窟主要的佛坐像均在胸腹前表现出附属于内衣的系带[41]（图2–2），而第5窟的佛像中，有系带和无系带并存（图2–22）。进一步观察第5窟内两形式的分布，南壁没有规则，有系带和无系带的佛像排列混乱，但西壁的佛像均表现出了系带[42]，显示出由不统一的阶段（南壁）向与第6窟形式相同的统

图2–22　第5窟南壁中层佛坐像列

一阶段（西壁）发展的过程。这种情况与水野、长广二氏基于造像样式提出的观点一致——即使第5窟周壁的造像制作时间相差不大，南壁也很有可能稍早完成[43]。再加上前文基于裂缝与造像的关系得出的西壁造像早于东壁完成这一结论，可以认为造像基本完成的顺序是南壁→西壁→东壁，各壁面的施工大致从上层向下层推进。

其次，第5窟部分菩萨像的宝冠使用了与第6窟类似的形式，即宝冠的三面均为三角形头饰，正面头饰上部刻画出三个小花形装饰。第6窟周壁菩萨像的宝冠基本均为这一形式（图2–23），而第5窟使用这种形式的仅有南壁门口左、右的菩萨立像和西壁第3、4层的菩萨交脚像。比较二窟，第6窟的宝冠比第5窟更加纤细且明确，所以这一形式应先出现于第6窟，第5窟的部分造像对其进行了模仿和简化处理。

A. 第 5 窟西壁第 3 层第 1 龛

B. 第 6 窟中心柱东面上层

图2–23　第5窟及第6窟菩萨像的宝冠

再次，从楣拱额内的装饰来看，第5窟中有的装饰与第6窟相同，也有的沿用第10窟的装饰。前者是中国式飞天与夜叉形飞天或童子形飞天交替布局，或只使用其中一种[44]；后者仅雕刻出莲花[45]（图2–22）。从分布来看，第6窟式楣拱龛集中于东、西壁，而接近第10窟的仅有莲花的楣拱龛仅出现于南壁，南壁基本没有与第6窟装饰相同的楣拱额。与最开始探讨的系带表现一样，南壁与东、西壁之间存在使用形式上的差异。

最后，与第6窟的相同点还可举出背负多层塔的象（南壁，图2–24）、水平分割壁面的莲瓣带（明窗、门口及周壁）及部分天盖的造型（大佛背后隧道天井附近的装饰，图2–25）等[46]。背负多层塔的象位于高处且突出，是南壁最初期的造像。并且作为基本的构成要素，莲瓣带应包含在最初的壁面整体装饰设计中。

第 5 窟南壁东部上层

第 6 窟中心柱南面上层西

图2–24　背负多层塔的象

第 5 窟北壁隧道天盖

第 6 窟中心柱北面上层天盖

图2-25　第5、6窟的天盖

综合以上各点，与第6窟共通的要素中，莲瓣带及背负多层塔的象等与壁面基本结构密切相关的要素，在窟内造像开始时就被预定的可能性极高；此外，还有分别属于各像的要素。换言之，二者分别对应着造像活动中造型及形式等不会发生变化的部分与可变化的部分。后者就像佛像的系带表现、菩萨像带有小花形装饰的宝冠、雕刻着飞天及童子等的楣拱额一样，与尊像的细节形式相关，仅出现在局部。这些要素南壁使用得较少，西壁更多；相反，旧有的及未完成的形式则南壁整体使用得较多[47]。

所以，第5窟的最初设计包含着为了与第6窟构成组合而有意选择的要素，但在造像最初期并未统一至细节的形式[48]，随着造像活动的进行，逐渐有意与第6窟统一起来[49]。在这一过程中，显示出第11、13窟影响的要素与沿用旧有形式的比例逐渐减少。

五　第5窟与佛龛

前节观察到随着造像活动的推进，第5窟造像与第6窟的共通形式增加；但与之相反，第5窟佛坐像的身体和衣端表现却使用了与第6窟造像不同的形式。比如：第6窟头部较大，第5窟较小，更接近实际的人体比例（图2-26）；第6窟佛坐像身体前面垂下的大衣中间露出右脚脚尖，第5窟用大衣覆盖，看不到右脚。从减少了肉体的露出程度这一角度来看，第5窟式可以说是中国形式的完成。

A. 第 5 窟西壁第 5 层第 3 龛

B. 第 6 窟东壁第 1 龛

图2-26　佛坐像的比较

从第6窟造像的衣裾向左右较大程度地伸展、尖锐化等表现，可以看出动态装饰风格非常突出；而第5窟，比起装饰性，更偏重写实性、简洁及静态表现。并且，与第5窟相关的表现方式，是迁都后云冈第3期造像的主流。以下通过与第5窟制作时间接近的造像，来探讨第5窟的定位。

1. 汉化初期独立发愿佛龛概要

营造时间在第5、6窟前后的，有第1、2窟及第11、13窟。这些洞窟的造像着衣形式在营造中途从西方式向中国式转换[50]，可以认为营造时间与第5、6窟部分重合。但是，其中的第1、2窟风化严重，难以辨认细节形式的造像较多。而云冈石窟在第11、13窟以降，独立发愿造像急增，迁都后更是成为造像活动的中心。所以，下文特别关注数量丰富且与之后造像活动有关的佛龛。佛龛的制作一直持续到第3期末（525年左右），所以佛龛数量庞大，但着衣形式处于西方式向中国式转换的过渡阶段的，数量和分布范围均有限。过渡阶段指的是新旧形式混用的情况：或像前文中第5窟明窗东壁的儒童本生龛一样，主尊使用中国式服制，龛下宝坛为胡服供养人像（图1–43、图2–27）；或主尊使用中国式服制，胁侍及供养天等仍使用西方式（图2–28）等。前者在云冈石窟中现存22龛（表2–1）[51]，其中包含太和十九年（495）铭龛（图0–10）。

显示出这些龛时间下限的一个指标是第12–1龛（景明元年［500］、图0–13）[52]。包括该龛在内，第12窟外壁这一区域（第11、12、13窟外壁）开凿了大量小型窟龛，造像活动大致自东

图2–27　第16窟明窗东壁下层北龛

图2-28　第16-1窟北壁中层西龛整体及局部

向西展开[53]（详见第三章）。在这一过程中，尊像及周围的装饰发生了多种变化。比如第12-1龛以东，被认为更早完成的第11窟外壁的佛龛，仍在使用之后逐渐衰退的童子形飞天等图像；第12-1龛以西则开始减少，童子形飞天基本不再出现。并且，第12-1龛主要尊像的服制均中国化，龛内供养人像也身着中国风格衣物。虽然该龛胁侍菩萨立像台座下部的阿特拉斯型天人袒露着上半身，但可以认为在500年这一时间节点，佛及菩萨等主要造像与供养人像的着衣形式转换已经基本完成。

2. 汉化初期佛龛的特征

汉化初期佛龛多分布在昙曜五窟周边。在昙曜五窟的追刻龛中，带有胡服供养人像的中国式造像最多（表2-1，总计16龛），第11窟也有6龛。不带胡服供养人像的其他汉化初期佛龛，不止出现在昙曜五窟的追刻龛中，也存在于第14、15、16-1等窟中（图2-28）。这些造像的特征及其与第2期各窟的关系如下：

表2-1　带有胡服供养人的中国式造像龛的特征

		《云冈》图版	主尊	第 5 窟式袈裟	系带	足尖	衣裾表现	基坛	
1	第 11 窟明窗东佛龛〔1〕	第 8 卷图版 8	佛坐像	○	×	隐藏	无	方形铭区	双塔七佛列像
2	第 11 窟明窗东佛龛〔2〕	第 8 卷图版 8	佛坐像	（风化）	×	（风化）	（风化）	方形铭区	双塔（七佛列像）
3	第 11 窟明窗东佛龛〔5〕太和十九年（495）铭	第 8 卷图版 9	菩萨交脚像＋佛坐像	○	×	隐藏	无	方形铭区	双塔
4	第 11 窟明窗西佛龛〔3〕	第 8 卷图版 6	佛坐像	○	×	隐藏	无	方形铭区	双塔
5	第 11 窟东壁上层佛龛〔2〕	第 8 卷图版 32	菩萨交脚像	—	—	—	—	方形铭区＋供养人榜题	着衣混乱
6	第 11 窟西壁佛龛〔48〕	第 8 卷图版 41	佛坐像	○	×	隐藏	无	方形铭区＋供养人榜题	—
7	第 16 窟明窗东壁下层北龛	第 11 卷图版 53	佛坐像	○	○	隐藏	无	方形铭区	西方式（胁侍）

续表

		《云冈》图版	主尊	第5窟式袈裟	系带	足尖	衣裾表现	基坛	
8	第16窟东壁佛龛〔17〕	第11卷图版110	佛坐像	○	×	隐藏	无	方形铭区	七佛列像
9	第17窟门口东佛龛〔7〕	第12卷图版7	菩萨交脚像+二佛并坐像	○	○	隐藏	无	左半边风化	西方式（飞天）
10	第17窟南壁佛龛〔67〕	第12卷图版28	佛坐像	○	×	隐藏	无	方形铭区	—
11	第17窟南壁佛龛〔68〕	第12卷图版28	佛坐像	○	×	隐藏	无	方形铭区	—
12	第18窟明窗东佛龛〔3a〕	第12卷图版84	菩萨交脚像	—	—	—	—	方形铭区	天盖 西方式（飞天）
13	第18窟明窗东佛龛〔3b〕	第12卷图版86	二佛并坐像	○	×	隐藏	无	方形铭区	天盖
14	第18窟明窗西佛龛〔1〕	第12卷图版89	二佛并坐像	○	×	隐藏	无	方形铭区	—
15	第18窟门口东佛龛〔3〕	第12卷图版77	菩萨交脚像	—	—	—	—	须弥座设方形铭区，最下层为供养人列像	天盖 七佛列龛

续表

		《云冈》图版	主尊	第5窟式袈裟	系带	足尖	衣裾表现	基坛	
16	第18窟南壁佛龛〔36〕	第12卷图版97	二佛并坐像	×	×	露出	不明	方形铭区	—
17	第19窟门口东佛龛〔5〕	第13卷图版6	二佛并坐像	（风化）	×	（风化）	无	方形铭区	—
18	第19窟门口东佛龛〔6〕	第13卷图版6	佛坐像	○	×	隐藏	无	方形铭区	—
19	第19-1窟门口左佛龛〔2〕	第13卷图版66	菩萨交脚像+佛坐像	○	×	（风化）	有（扇形）	方形铭区	天盖六佛列龛
20	第19-1窟右壁下层佛龛〔40〕	第13卷图版93	二佛并坐像	○	×	隐藏	无	方形铭区	—
21	第19-2窟南壁佛龛〔13〕	第13卷图版116	佛坐像	×	×	露出	无	方形铭区	西方式（胁侍+尖拱额中央的菩萨交脚像）
22	第19-2窟左壁佛龛〔16〕	第13卷图版122	菩萨交脚像	—	—	—	—	须弥座设方形铭区，最下层为供养人列像	七佛列龛

（1）长脸的像较多。同样的特征也少量见于第11窟南壁佛龛〔14〕[54]、第12窟主室（图2-29）等西方式造像中。第5窟同样如此，并且，这一倾向在汉化初期佛龛中更明显。

（2）虽然整体肩部较窄，但肩部比较厚的像、胸部比腹部周围更厚的像较多（彩图4-B、C）。明显区别于彩图4-D第35窟及第5-10窟等可能属于第3期（494～525年左右）后半段的造像，表明第5、6窟及第1、2窟（彩图4-A）等第2期造像的厚重感被部分保留下来。但另一方面，胸部较薄的像迁都以前已经出现，如太和十三年（489）第11-14龛[55]（图0-8）。也就是说，汉化初期佛龛中多种样式并存，从旧有的健壮有力的造像样式向纤细奢华的

图2-29　第12窟主室南壁上层东龛

造像样式（所谓秀骨清像）的转换，并非极速的推进。此外，第11、12、13窟外壁的窟龛中，强调肩部与胸部厚度的像在第12-1龛（500年）以西基本不存在。

（3）佛像基本没有裳悬座，使用与第5窟相同的形式，即腹前袈裟的一部分呈U字形弯曲并隐藏起双足。大部分像也不表现系带[56]。

（4）宝坛部分图像可辨识的佛龛，均在供养人列像的中央设方形铭区。此外，有两例为更复杂的形式：将基坛分为两层，下层为供养人列像，上层为须弥座、方形铭区及一对狮子（彩图5）。

（5）佛龛空间上部布置七佛列像（或列龛）的较多（彩图5）。这是第11及13窟中特别流行的形式[57]（图2-30）。

图2-30　第11西壁佛龛〔2〕

（6）左右布置塔形的佛龛集中分布在第11窟明窗、门口及第14窟[58]。这一形式最早流行于第11窟周壁龛（西方式）。第12-1龛使用了同样的形式（图0–13），可知该形式一直延续到500年左右。

（7）部分佛龛空间上端雕刻出由三角垂饰及折叠的帷幕等构成的天盖[59]（图2–31）。这种形式在第11及13窟出现后，直到最末期仍在制作[60]。

综上，雕刻于昙曜五窟及其周边、第11窟的早期中国式造像，特别是在尊像周围的装饰方面与第11、13窟佛龛存在较多共同点。此外，衣裾及身体表现等与尊像本身密切相关的要素，则与第5窟有较多的共同点。造像着衣形式变化前，第11窟已经开始制作佛

图2–31　第18窟明窗东佛龛〔3a〕

龛；着衣形式变化后，窟内制作的造像部分继承这些装饰是很自然的。那么，昙曜五窟中的追刻龛（汉化初期）与第11、13窟的佛龛之间为何有如此多的关联？这一现象应在中国式造像出现之前至480年左右开始在昙曜五窟进行追刻活动的连续性中来理解。

3. 佛龛制作的推广——从第11、13窟至昙曜五窟周边

与第11、13窟密切相关的工匠集团很有可能参与了480年左右开始的昙曜五窟追刻龛（西方式）的制作。可以举出第18窟明窗西壁佛龛〔2〕、第17窟东壁佛龛〔5〕等（图2–32、图1–44），来证明这一观点。以上二龛均在龛内上方的角落雕刻出一对近似圆雕的飞天，这是第11、13窟中独具特色的表现方式[61]。此外，第11窟南壁中层佛龛〔20、21、25〕[62]（图2–33、图2–34）及第13窟南壁下

第 18 窟明窗西佛龛〔2〕

第 13 窟南壁下层西龛

图2–32 龛内带一对飞天的佛龛

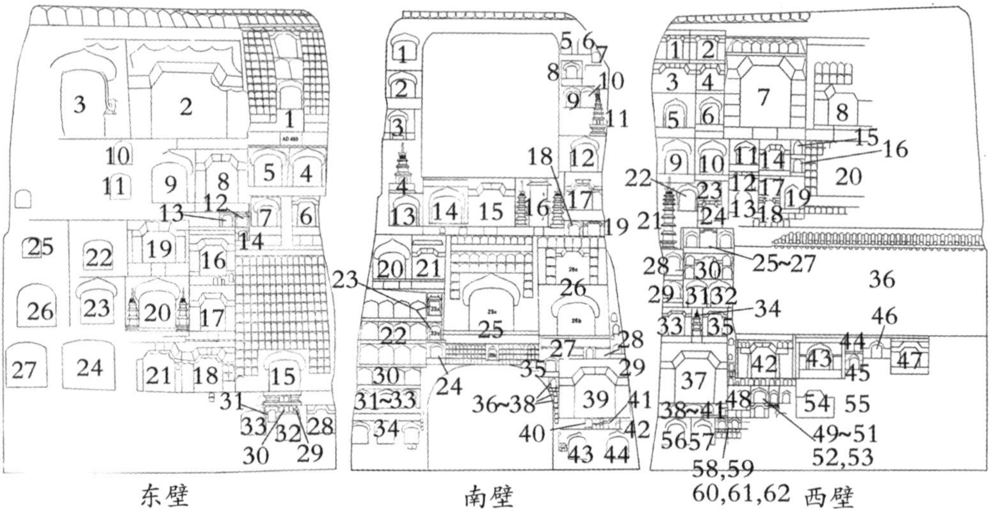

图2–33　第11窟佛龛分布图

第 11 窟南壁佛龛〔20〕　第 17 窟明窗东壁太和十三年铭龛

图2–34　佛坐像的比较

层东、西龛[63]等，与第16窟明窗西壁佛龛〔2〕[64]及第17窟太和十三年铭龛（489，图0–9）[65]在样式上有较多的共通点，如高圆的肉髻、长缓的弧状眉、嘴角上扬的微笑、柔软的脸颊、肩部周围到手臂较为饱满、胁侍菩萨立像及供养天等基本是4头身、支撑拱端的柱头上悬挂一块布并以绳捆住的表现方式（后期型式）[66]等。通过这些共通点，可以看出雕刻者有非常密切的关系（图2–34）。

这种关系在中国式造像出现初期以后仍在持续。如第11窟西壁下层佛龛〔42〕胁侍菩萨像的宝冠，其纵长的椭圆形头饰、周围雕刻出细小装饰的造型之前并未出现（图2–35），但类似的宝冠出现在第18窟门口的数龛中。此外，第11窟西壁佛龛〔42〕主尊菩萨交脚像的宝冠表现出有9瓣花瓣的莲花，在使用了面部较长、天衣覆盖住肩膀到上臂的大半、腿部细长、褶皱较窄的薄裙向左右铺展开来等新形式的同时，柔软圆润的手指又让人想起旧有的造像样式，这种对比很有特点。与其近似的像，可举出第16窟门口西壁佛

第 11 窟西壁佛龛〔42〕

A　　B　　C

A. 第 11 窟西壁佛龛〔42〕
B. 第 18 窟门口西佛龛〔1〕
C. 第 18 窟门口东佛龛〔1〕

图2–35　菩萨像的宝冠

龛〔2〕（图2–36）。比较二龛，第11窟的造像身体稍细，佛龛也借由透雕等增强了装饰性，制作时间可能稍迟。不论如何，制作时间非常接近的佛龛分处两个区域，显示出工匠及信息的交流非常活跃。

图2–36　第16窟门口西壁佛龛〔2〕

此外，除了在第11、13窟周边与昙曜五窟之间同时营造了第14、15、16–1窟之外[67]，也在昙曜五窟中进行大规模的施工，使一度中断营造的第16窟及第19–2窟的中国式服制主尊得以完成。第19–2窟主尊台座雕刻出身着中国风格衣物的供养人列像（图0–19），这些造像活动虽然规模大，但独立发愿的性质较强。以这种大规模造像活动为契机，迁都前后的昙曜五窟中，追刻佛龛的活动更加繁盛。这些单独发愿的造像活动，可以理解为以第11、13窟佛龛制作为直接起点的连续造像活动。

综上，第11、13窟与昙曜五窟周边的造像活动存在长期的强烈的关联；与之相比，第5窟与其后佛龛的关联有限。并且，基于统一设计而制作的石窟主要尊像，其汉化在短时间内得以完成；与之相对的，独立发愿佛龛中，过渡阶段的造像在较长时间内存在。所以，负责第5窟主要造像活动的工匠集团与主要从事其他独立发愿佛龛制作的工匠集团很可能是不同的。但佛龛不使用第6窟式着衣形式而选择第5窟式的理由尚无法明确。或许第5窟式更接近现实的衣物，更具造型上的说服力；又或许比起第6窟，第5窟在营造初期与独立发愿佛龛的制作有更多关联，因而产生了影响。此外，数量众多的佛龛中，可能有部分龛由持有周边寺院等外部流入的新样式信息的工匠制作，这些龛可以不经历过渡阶段而直接采用新样式。实际上，489年这个阶段在制作汉化过渡阶段佛龛的同时，也存在像第11–14龛（489年，图0–8）一样比第5窟造像更加消瘦、样式更新的龛。不论如何，第5窟作为大型窟明确地呈现出在身体表现及衣端处理方式等方面向新样式迈进的趋势，具有决定云冈石窟之后主流造像样式的重要意义。

结　语

最后总结一下第5窟造像活动的展开，并通过这一时期前后制作的佛龛来看本窟的定位。关于本窟开始营造的时间，先行研究中有多种说法。本章通过对明窗、门口造像的分析，提出造像活动开始的时间在480年以后，略迟于第11、12、13窟各像开始制作的时间。此外，第5窟的窟内造像受到产生于最初期的壁面大裂缝的影响[68]：不仅微调了千佛等小像的位置，而且东壁左胁侍佛立像也很可能比最初的设计略微缩小，更靠近南壁。以上分析主要针对的是据看似布局混乱的东壁佛龛而认为第5窟并未完成的观点，这一观点常常与迁都的混乱相关联。若造像布局的种种混乱与裂缝的产生相关，则竣工时间很可能稍早于迁都。

造像大致按照南壁→西壁→东壁的顺序完成，在这一过程中，第6窟的影响逐渐增强，最终渗透到细节形式。与第11、13窟共通的要素被比较早期的一些佛龛采用，之后则逐渐消失。此外，本窟主尊使用了与第20窟主尊同样形式的火焰纹，与第19-1窟天井同样形式的天盖（由三角垂饰与弧状帷幕构成）。可以看出，第5窟使用了各种时期的多种多样的窟龛要素，但这些要素中的大部分不过是在局部短暂出现，本窟最初设计的核心还是与成组的第6窟在造型上相互呼应。

为了解本窟对之后造像的影响，需进一步收集并比较属于造像汉化过渡阶段的佛龛。这些500年左右的佛龛，主要分布于第11窟与昙曜五窟周边。昙曜五窟中受第11、13窟独立发愿造像（佛龛）影响的佛龛，在第5窟开凿之前就已开始营造。造像及佛龛装饰中，显示出与第11、13窟之间密切关系的特征大量存在，造像的汉化在持续的佛龛制作过程中不断渗透其内。与第5窟造像的共通点随着中国式造像的出现而出现，与其说是直接的模仿和影响，不如说是吸取了一些信息。在造像汉化尚未完成的过渡阶段，佛龛主尊虽然采用了第5窟的着衣形式，但身体表现并未定型，呈现出多样性。既有继承以往强调肩部到胸部厚度的身体表现强壮有力的龛（第16窟明窗东壁下层北龛，图2-27），也有呈现“秀骨清像”的龛（第19-1窟门口左佛龛〔2〕）[69]。特别是后者位于第11窟及第12窟（部分面部较长的像使用）的展开上。可以说，这些独立发愿造像的雕刻者，一定包括一些积极使用新信息或从外部新加入的人。就结果而言，远离第5、6窟的昙曜五窟周边，以第11、13窟为起点形成了一个大的佛龛群。

如第21窟以西的西端诸窟（第3期）所示，身体表现最终统一为“秀骨清像”。与位于旧有样式延长线上、强调正面性及装饰性的第6窟构成组合，第5窟一定程度上显示了其后样式发展的方向。作为基于统一设计营造的大型石窟，结构上部分吸收了源于独立发愿造像的要素，并显示出新样式发展的方向，这是第5窟不同于第6窟的重要意义。第5窟是第3期各窟发展的准备阶段，与第11、13窟一起，扮演着极为重要的角色。

注：

［1］第5窟的基本信息见水野清一、長廣敏雄『雲岡石窟—西曆五世紀における中國北部佛教窟院の考古學的調査報告—東方文化研究所調査　昭和十三年—昭和二十年』第2巻（京都大学人文科学研究所雲岡刊行会、1955年、以下简称『雲岡』）。本章使用的佛龛编号，若没有特别说明均为『雲岡』各卷立面图等所示。

［2］第一章注17。

［3］注1。其他言及第5窟造像情况的主要文章列举如下：

・長廣敏雄『雲岡石窟　中国文化史蹟』（世界文化社、1976年）。

・宿白《云冈石窟分期试论》，《考古学报》1978年第1期。

・長廣敏雄「宿白氏の雲岡石窟分期論を駁す」『東方學』第60輯（1980年）。

・丁明夷《关于云冈石窟分期的几个问题——兼与長廣敏雄先生商榷》，《世界宗教研究》1981年第4集。

・吉村怜「雲崗石窟編年論—宿白・長廣学説批判—」『國華』第1140号（國華社，1990年）。

・八木春生「雲岡石窟第五および六窟についての一考察」『雲岡石窟文様論』（法藏館、2000年、初刊于1996年）。

・石松日奈子『北魏仏教造像史の研究』（ブリュッケ、2005年）。

・曽布川寛「雲岡石窟再考」『東方學報』京都第83冊（京都大学人文

科学研究所、2008年）。

・岡村秀典「雲岡石窟編年論」京都大学人文科学研究所・中国社会科学院考古研究所編著『雲岡石窟　第17巻　第1窟—第6窟　本文』（科学出版社東京、2017年，以下简称『雲岡［新報告］』）。

・彭明浩《云冈石窟的营造工程》，文物出版社，2017年。

・杭侃《云冈第5窟争议》，《石窟寺研究》第8辑，科学出版社，2018年。

［4］岡田健・石松日奈子「中国南北朝時代の如来像着衣の研究・下」『美術研究』357号（東京国立文化財研究所、1993年）225～226頁。

［5］注3，宿白论文28页。

［6］注3，石松氏论著110页。

［7］『雲岡』第2巻本文30頁（1955年）及第16巻「雲岡造窟次第」1頁（1956年）。此外，長廣敏雄之后在1976年及1980年的文章（注3）中，根据孝文帝行幸石窟的记载，提出第5窟与第6窟分别于482年、483年完成。

［8］注3，宿白论文。丁氏在注3论文及「雲岡石窟研究の50年」（『中国石窟　雲岡石窟』第2巻［平凡社，1990年］）中，将第5、6窟的营造年代置于孝文帝首次在公共场合穿着冕服的486年左右到494年之间。

［9］注3，岡村氏论文及杭侃论文61页。

［10］注3，吉村氏论文。

［11］注3，岡村氏论文。

［12］注3，石松氏论著124～125頁。

［13］注3，曾布川氏论文。

［14］『雲岡』第2巻図版21及张焯主编《云冈石窟全集》第2卷：第5窟（青岛出版社，2017年。以下简称《全集》）图版167。佛立像旁的树木削掉了楣拱龛拱柱的上端。如果树木先行完成，拱柱的表面应比树木表面低。下部合掌跪坐的供养天（中国式服制），也是在相邻的二佛并坐像龛周围的空白处进一步向深处雕刻而成。

［15］注3，岡村氏论文8～9页。

［16］『雲岡』第2卷図版12～15。

［17］『雲岡』第2卷図版58A・B。

［18］有关云冈石窟籐座式柱头的型式变迁，具体可参考八木春生「雲岡石窟に見られる「籐座式柱頭」についての一考察」『雲岡石窟文様論』（法藏館、2000年、初刊于1991年）。

［19］注3，岡村氏论文8页。

［20］『雲岡』第8卷図版27。

［21］『雲岡』第1卷図版13、第2卷図版58A、第9卷図版51。此外，第19窟天井三角垂饰的前端带有梵钟形装饰。

［22］注14。

［23］『雲岡』第1卷図版45、第3卷図版56、第7卷図版54、第8卷図版51。

［24］『雲岡』第10卷図版11、29。

［25］『雲岡』第7卷図版32～34。此外第11、12窟明窗也雕刻有佛龛，但属比开凿期略迟的追刻。

［26］『雲岡』第8卷図版9、10（第11窟明窗东壁佛龛〔5〕）。長廣敏雄「雲岡石窟の謎」『佛教藝術』134号（每日新聞社、1981年）23～26頁。带有同样或类似特征佛龛的分布会在本章第五节进行详细论述。

［27］『雲岡』第2卷図版10。

［28］『雲岡』第4卷図版23、24，第5卷図版24～26。八木春生「雲岡石窟における山岳文様について」『雲岡石窟文様論』（法藏館、2000年。初刊于1994年）。以第7・8、9・10窟为首，第2期各窟常在明窗（及其周边）布置带有山岳纹的与禅观及升仙有关的图像。八木氏认为此处不仅表现了兜率天，还与昆仑等连接天、地的中国传统仙山上的世界交错在一起。此外还指出，明窗不见山岳纹的第5窟是例外，第2期其他各窟明窗所具有的象征性及重要性在第5窟发生了变化。

［29］新、旧服制的供养天同时出现的情况在第13窟中也存在，如南壁七佛立像中央龛屋形上部左右等。『雲岡』第10卷図版13。

［30］『雲岡』第4卷図版89、90。

［31］『雲岡』第2卷図版10A、46。

［32］新海竹太郎・中川忠順共編、山本明、岸正勝撮影『雲崗石窟』（文求堂書店、1921年）PLATE41。『雲岡』第2卷図版39、41、43、44、57。

［33］『雲岡』第2卷図版44。

［34］『雲岡』第2卷図版46。

［35］彭明浩指出，东壁北侧莲瓣带中途中断、佛龛布局混乱，很可能是受到岩体的空洞及周围裂缝的影响。彭明浩论著（注3）160页。

［36］注3，八木氏论文。

［37］片山寛明「供養天像の変遷からみた雲岡石窟の編年」『Miho Museum研究紀要』（1）（秀明文化財団、1997年）12～21頁。

［38］注3，八木氏论文。但第11、13窟中并非所有的尖拱龛都使用了籐座式柱头。特别是第11窟东、西壁使用籐座式柱头的佛龛均集中在上层，可以看出在较早的阶段已经开始衰退。

［39］第5窟中从现状可以明确使用籐座式柱头的有南壁佛龛〔23、67〕、西壁〔12〕、东壁〔11〕这4龛，以及明窗西壁的二佛并坐像龛。

［40］『雲岡』第2卷本文16～17页。

［41］但第6窟在系带的环、结、带两端的表现上使用了两种形式。小澤正人「雲岡石窟第6窟上層如来立像の製作についての一考察」『美学美術史論集』第14輯、東山健吾教授退任記念（成城大学大学院文学研究科、2002年）。

［42］『雲岡』第2卷図版41。

［43］『雲岡』第2卷本文16页。

［44］『雲岡』第2卷図版45、47。

［45］楣拱额中仅雕刻莲花的形式，在第10窟主室南壁下层东端有先

例。『雲岡』第7卷図版54。

［46］『雲岡』第2卷図版23、58。

［47］南壁西侧背负多层塔的象下方有一较大的须弥座，在原本要雕刻尊像的位置雕刻出追刻龛。水野、長廣在『雲岡』第2卷本文15页中指出有可能是造像设计突然发生了变更。这种情况与东、西壁相比，符合南壁细节形式不统一或未完成的造像情况。

［48］八木氏（注3论文）比较了第5、6窟的造像，注意到第5窟南壁门口西侧菩萨交脚像龛的胁侍半跏思惟菩萨像的着衣形式虽然模仿了第6窟，但并未模仿使用这种形式造像的更为详细的规则。

［49］彭明浩通过考古学的视角，详细论述了第5、6窟的施工时间至少有一部分重合。他指出第6窟中心柱东侧（正对第5窟一面）的通道比其他三面窄，并且二窟在相邻壁面特别薄的部分，均避免开较深的佛龛，转而雕刻千佛等造像。彭氏论著（注3）153、160、161页。

［50］第1、2窟中心柱四面的小像中基本没有中国式服制的造像，但周壁列龛中有数尊中国式造像。第13窟南壁下层门口东的大龛使用了中国式佛坐像。『雲岡』第1卷図版26、第10卷図版18。

［51］表及正文中第17、18窟内周壁的佛龛编号参考本书第一章（图1–24、1–33）。

［52］『雲岡』第10卷図版98 ~ 105。

［53］『雲岡』第10卷本文20 ~ 36、41 ~ 43页。宿白「平城における国力の集中と〈雲岡様式〉の形成と発展」『中国石窟　雲岡石窟』第1卷（平凡社、1989年）。

［54］《全集》第9卷：第11窟图版267。

［55］『雲岡』第10卷図版81、82。

［56］水野、長廣在第16窟中层各龛的解说中，认为服制已经中国化但不表现系带的佛龛制作时间较早。『雲岡』第11卷本文40页。

［57］『雲岡』第8卷図版44、51。

［58］『雲岡』第8卷図版21、第11卷図版6、8、15、17。

［59］『雲岡』第13卷図版66。

［60］参考本书第五章。在尖拱龛与楣拱龛上缘布置由三角垂饰等构成的天盖这一形式，在第21窟右壁各龛等也可见到，制作时期亦应相近。

［61］『雲岡』第12卷図版90解説。此外，稻本泰生指出最初期的形式出现在第17窟。『雲岡［新報告］』第19卷第16窟総説132页。

［62］其他如东壁佛龛〔4、5〕等也为同类。《全集》第9卷图版171、177、239、243。

［63］『雲岡』第10卷図版18、21。

［64］『雲岡』第11卷図版55。

［65］『雲岡』第12卷図版12～21。

［66］注18。

［67］第14窟中出现了数个以第11窟为中心流行的左右分别为木构塔形的佛龛（注58）。并且第16-1窟壁面中、下层分界使用了与第13窟及第5窟同形式的卷草纹（图2-10）。

［68］《魏书》卷112，灵征志八上，地震条（中华书局标点本，2011年）记载太和年间平城发生了五次地震。太和元年（477）、太和三年（479）各一次，太和十年（486）在2月至3月间发生了三次。细节不明，但连续发生地震的486年，可能与裂缝的产生或是扩大有关。山西省地方志编纂委员会编《山西通志・第5卷・地震志》（中华书局，1991年）中，将这些地震的震度推测为3.5（231～232页）。此外，第5窟西侧的第6窟被视为同时期营造，也有可能在施工过程中造成壁面较薄的部分产生裂缝。

［69］『雲岡』第13卷図版66。

第三章　第11、12、13窟外壁窟龛的定位

——小型窟的出现

前　言

以太和十八年（494）迁都洛阳为界，云冈石窟中作为国家事业的大型窟的营造基本结束。其后在云冈石窟的广大区域中，营造了中小窟龛（第3期各窟）。尤为活跃的造像区域有4处：第5、6窟周边及东侧的山谷（龙王庙沟），第11、12、13窟外壁，昙曜五窟周边，第21窟以西的西端诸窟（图3-1）。这些区域不仅利用新的崖面雕刻石窟及佛龛，还在现有大型窟的内外雕刻窟龛。其中对理

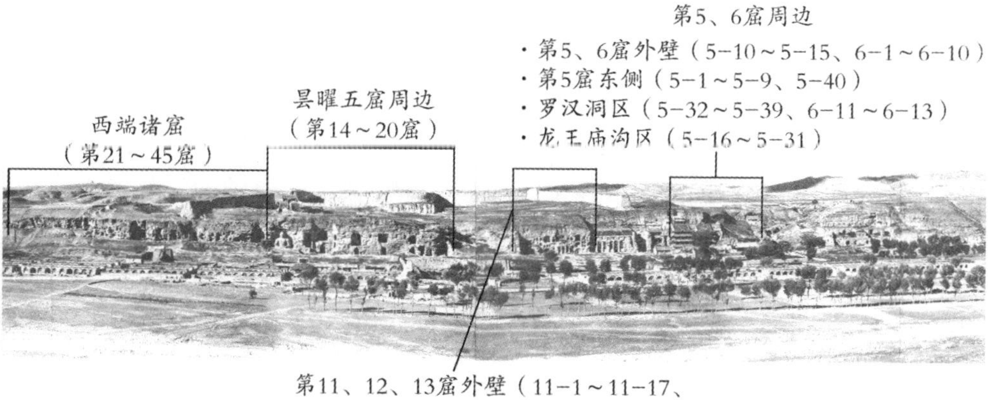

图3-1　第2期末至第3期造像活动繁盛的四个区域

解窟龛展开具有重要意义的，正是本章将要探讨的第11、12、13窟外壁的窟龛。就如后文所述，先行研究已经明确这个区域佛龛的进深逐渐增加，最终开始制作小型石窟[1]。佛龛一般指人无法站立于内部的小空间，而石窟比其空间大[2]。前章已经明确，480年左右开始在昙曜五窟周边盛行的佛龛（追刻）制作的起点是第11窟及第13窟内部的佛龛，那么在第11、12、13窟外壁这并不大的空间连续雕凿的窟龛，从已完成的大型窟造像中引入了怎样的要素？与同时期窟龛有着怎样的关系？又给之后的造像带来怎样的影响？下文首先根据先行研究确认这一带窟龛的展开，然后梳理以第5、6窟为代表的第2期各窟带来的影响。最后通过探讨与不同区域的（第5、6窟周边、西端诸窟）同时制作佛龛之间的关系，来明确迁都洛阳前至第3期末（525年左右）第11、12、13窟外壁造像活动的定位。

一　研究背景、各定义

1. 第11、12、13窟外壁窟龛概要

第11、12、13窟外壁现存共计59（原文为58，但据表3–1，应为59。——译者注）座窟龛[3]（图3–2，表3–1）。其中较早的可以追溯至第9、10窟营造期（第2期），造像活动一直持续到515年以后[4]。纪年铭有第11–14龛（太和十三年［489］，图0–8）与第12–1龛[5]（推测为景明元年［500］，图0–13）。被视为最早完成的第11–4龛虽没有纪年铭，但为这一带唯一使用西方式着衣形式的佛龛（图3–3）[6]。

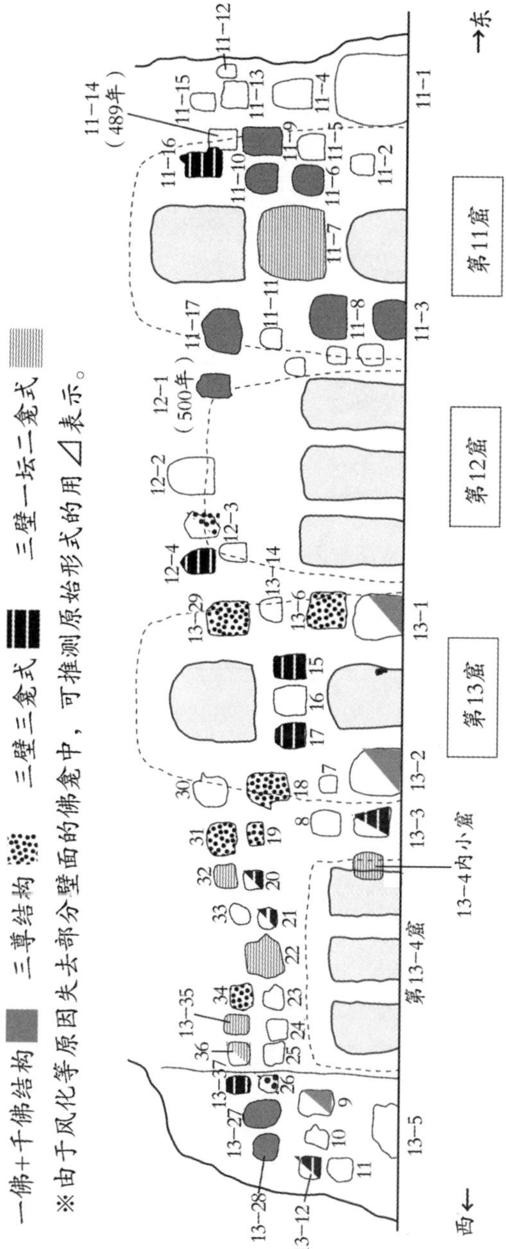

图3-2　第11、12、13窟外壁窟龛分布图

图3–3　第11–4龛

表3–1　第11、12、13窟外壁的窟龛

新编号（旧编号）	构造	基本结构	备注
11–1（11j）	佛龛（浅）		菩萨交脚像、佛坐像龛（风化）
11–2（11k）	佛龛（浅）		佛坐像龛（风化）
11–3（11p）	穹窿顶、平面椭圆形龛	一佛+千佛	风化
11–4（11e）	穹窿顶、平面椭圆形龛		西方式（佛坐像）
11–5（11h）	平顶、平面方形窟	三壁三龛（派生型）	右壁=千佛

续表

新编号（旧编号）	构造	基本结构	备注
11–6（11i）	穹窿顶、平面椭圆形龛	一佛+千佛	
11–7（11l）	穹窿顶、平面椭圆形龛	三壁一坛二龛	
11–8（11o）	穹窿顶、平面椭圆形龛	一佛+千佛	
11–9（11f）	穹窿顶、平面方形龛	一佛+千佛	龛口左右双塔
11–10（11g）	穹窿顶、平面椭圆形龛	一佛+千佛	
11–11（11n）	佛龛（浅）		二佛并坐像龛（风化）
11–12（11b）	佛龛（浅）		佛坐像龛（风化）
11–13（11c）	穹窿顶、平面椭圆形龛		二佛并坐像龛
11–14（11d）	佛龛（浅）		※太和十三年（489）铭
11–15（11a）	穹窿顶、平面椭圆形龛		二佛并坐像龛
11–16（11A）	平顶、平面方形窟	三壁三龛	

续表

新编号（旧编号）	构造	基本结构	备注
11–17（11m）	穹窿顶、平面椭圆形龛	一佛+千佛	（头部有补修）
12–1（12a）	穹窿顶、平面方形龛	一佛+千佛	※景明元年（500）铭，龛口左右双塔
12–2（12e）	穹窿顶、平面方形龛	左、右壁上下二行龛	龛口左右双塔
12–3（12f）	平顶、平面方形窟	（三尊）	风化
12–4（12g）	平顶、平面方形窟	三壁三龛	
13–1（13d）	穹窿顶、平面椭圆形龛	（一佛+千佛）	风化
13–2（13k）	穹窿顶、平面椭圆形龛	（一佛+千佛）	风化
13–3（13m）	平顶、平面方形窟	（三壁三龛）	风化
13–4（13A）	平顶、平面方形窟		未完成
13–4内东壁小窟	平顶、平面方形窟	三壁一坛二龛	
13–5（13i′）	平顶、平面方形窟		风化

续表

新编号（旧编号）	构造	基本结构	备注
13–6（13c）	穹窿顶、平面方形龛	三尊	左、右壁佛立像
13–7（13j）	佛龛（浅）		佛坐像龛（风化）
13–8（13l）	佛龛（浅）		佛坐像龛（风化）
13–9（13e′）	严重损坏	（一佛+千佛）	风化
13–10（13f′）	穹窿顶、平面方形龛		多尊像龛（风化）
13–11（13h′）	佛龛（浅）		风化
13–12（13g′）	平顶、平面方形窟	（三壁三龛）	未完成、风化
13–13（13B）	平顶、平面方形窟		※中心柱窟（未完成）
13–14（13b）	佛龛（浅）		佛坐像龛（风化）
13–15（13e）	平顶、平面方形窟	三壁三龛	
13–16（13f）	平顶、平面方形窟	三壁三龛（派生型）	右壁=佛立像2尊

续表

新编号（旧编号）	构造	基本结构	备注
13−17（13g）	平顶、平面方形窟	三壁三龛	
13−18（13i）	穹窿顶、平面方形龛	三尊（坐像）	
13−19（13o）	穹窿顶、平面方形龛	三尊（坐像）	
13−20（13q）	平顶、平面方形窟	（三壁三龛）	未完成、风化
13−21（13s）	平顶、平面方形窟	（三壁三龛）	风化
13−22（13t）	平顶、平面方形窟	三壁一坛二龛	风化
13−23（13v）	平顶、平面方形窟		风化
13−24（13x）	佛龛（浅）		佛坐像龛（风化）
13−25（13z）	平顶、平面方形窟		风化
13−26（13d′）	穹窿顶、平面方形龛	（三尊）	风化
13−27（13b′）	穹窿顶、平面椭圆形龛	一佛+千佛	

续表

新编号（旧编号）	构造	基本结构	备注
13–28（13c′）	穹窿顶、平面椭圆形龛	一佛+千佛	
13–29（13a）	平顶、平面方形窟	三尊	左、右壁佛立像（未完成）
13–30（13h）	平顶、平面方形窟		正壁=二佛并坐像龛；左、右壁=佛坐像（未完成）
13–31（13n）	穹窿顶、平面方形龛	三尊（坐像）	
13–32（13p）	平顶、平面方形窟	三壁一坛二龛	
13–33（13r）	平顶、平面方形窟		未完成
13–34（13u）	平顶、平面方形窟	三尊（坐像）	未完成、风化
13–35（13w）	平顶、平面方形窟	三壁一坛二龛	风化
13–36（13y）	平顶、平面方形窟	（三壁一坛二龛）	风化
13–37（13a′）	平顶、平面方形窟	三壁三龛	风化

①风化难以确认详情的窟龛在备注栏标记“风化”。

②旧编号来自水野清一、长广敏雄《云冈石窟》第10卷（1953年）第十七图。

2. 先行研究及课题

水野清一、长广敏雄及宿白已经指出了窟龛的基本制作顺序[7]。水野、长广认为紧接着第11-4龛（西方式，图3-3）制作的，是背光雕刻着半忍冬纹的第11-7龛（图3-4）。接着是第11-6及11-10龛等主要集中在第11窟外壁，“穹窿顶、平面椭圆形”并且内部为“以坐佛为中心的三尊像，其他壁面雕刻千佛”（以下以“一佛+千佛结构”表示）（图3-5）的一批佛龛。第11-14龛（489年，图0-8）及第12-1龛（500年，图0-13）完成后，造像活动的中心向西侧的第13窟外壁转移[8]。此外，二位还指出背光纹样经过复杂化的阶段最终形式化，主要于窟内营造的佛龛在该窟外壁面处进深逐渐增加。

宿白注重窟内结构的变化，在第3期主要窟龛的分类中，也提及第11、12、13窟外壁的窟龛。对变迁过程的理解基本是相同的，但更

图3-4　第11-7龛

具体地说明了天井从穹窿顶向平顶变化、平面从椭圆形向方形变化这种整体上的倾向[9]。特别是第21窟以西的西端诸窟，随着窟龛形式的多样化，出现了龙门石窟（位于今河南洛阳）等处使用的所谓“三壁三龛窟”[10]的前一阶段形式，强调了其重要性。云冈存在过渡形式，证明这种洞窟形式先在云冈出现，并进一步被龙门继承。

综合来看，第11、12、13窟外壁窟龛的开凿基本从东向西展开，其间发生了从佛龛到石窟的结构上的转变，这些基础认识已经确立。作为研究的下一阶段，下文将对尚未经过充分探讨的其与第2期各窟，以及包含西端诸窟和第5、6窟周边窟龛在内的第2期末到第3期各窟龛的关系进行梳理和探讨。

3. 基于窟龛构造的分类及分布

下文依据窟龛构造及窟内基本结构，将第11、12、13窟外壁窟龛分为以下4类，并进一步整理其特征及分布情况。

①一佛+千佛结构（穹窿顶、平面椭圆形或方形，图3–5）

图3–5　“一佛+千佛结构”第11–6龛

②三尊结构（穹窿顶、平面椭圆形或方形；平顶、平面方形，图3-6）

③三壁三龛式（平顶、平面方形，图3-7）

④三壁一坛二龛式（穹窿顶、平面椭圆形；平顶、平面方形，图3-8）

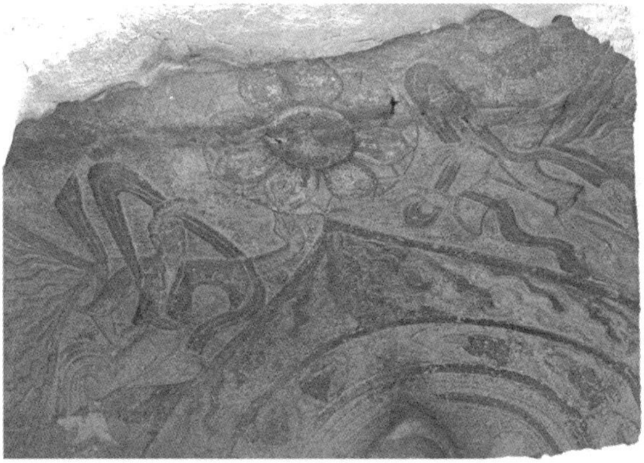

天井

右壁

正壁

左壁

图3-6　“三尊结构”第13-18龛

右壁　　　　正壁及左壁

图3–7　“三壁三龛式”第13–17窟

右壁　　　　正壁　　　　左壁

图3–8　“三壁一坛二龛式”第13–32窟

最早出现的“一佛+千佛结构”佛龛分布在第11、12窟外壁，第13窟门口左右及第13-4窟[11]的西侧崖面。大部分平面呈椭圆形，平面接近横长方形的第11-9龛及第12-1龛（500年，图0-13）也使用这种结构。但第11-14龛（489年，图0-8）未使用这种结构，第13窟外壁也只有部分龛使用，可以推测出该区域“一佛+千佛结构”流行于迁都前后的489年以后至500年左右。

接下来出现的是三尊结构的窟龛，内部不开佛龛，正面及左右共布置三尊像（不包含胁侍菩萨像）。与其他结构不同，三尊结构窟龛的天井及平面形状不统一。不仅有穹窿顶、平面椭圆形的龛，也有其后成为主流的平顶、平面方形的洞窟，可以认为是佛龛向小窟转换的过渡。从造像结构来看，主尊均为佛坐像，但左、右壁（或与之相当的位置）有①佛或菩萨坐像的情况[12]（第13-18[13]、13-19、13-31龛，图3-6），以及②佛立像的情况（第13-6龛、第13-29窟[14]）。前者夹着第13-14龛，开凿于其上下，三壁设低基坛，后者集中在第13窟及第13-4窟之间，可以视为分别在同时期连续开凿。

三壁三龛式[15]在正壁及左、右壁布置基本同样大小的佛龛，第3期最为流行（图3-7）。除去外壁风化严重的，第11、12、13窟外壁仍有5龛（表3-1），除第11-16窟外，均分布在第13窟周围（第12-4、13-15、13-17、13-37窟）[16]。分布范围的中心靠西，并且天井及平面形状统一为平顶、平面方形，所以出现应晚于三尊结构的窟龛。

三壁一坛二龛式，正壁设低坛，其上布置佛坐像，左、右壁均开佛龛（图3-8）。其分布范围比三壁三龛窟小，可以预想到采用这一形式的小窟之间有密切的联系。第11、12、13窟外壁，除第11-7龛（图3-4）外的4窟（第13-4窟内小窟[17]、第13-22、

13–32、13–35窟）均集中在第13窟以西的位置。仅第11–7龛为穹窿顶且平面呈椭圆形，与平顶且平面方形的其他窟不同，背光等装饰也不同，可以认为是其中制作年代较早者[18]。

二　第11、12、13窟外壁窟龛与第2期各窟的关系

本节将会具体分析第11、12、13窟外壁窟龛受到第2期各窟怎样的影响，又有哪些部分表现出个性。

1. 显示第6窟影响的要素

首先，第6窟佛像独特的波浪线状头发表现（图2–2），仅见于第11–3、11–8龛（一佛+千佛结构）（图3–9）。其次，第6窟周壁上层在佛立像与胁侍菩萨立像之间布置小型供养天及比丘像的形式（图2–2），除“一佛+千佛结构”的第11–6、11–8、11–10、11–17、12–1龛（500年）以外，也见于第13–6龛（三尊结构）[19]（图0–13、图3–5、图3–9）。再次，第6窟中心柱上层龛口雕刻出木构双塔（图2–24），这种形式也见于第11–9、12–1龛（一佛+千佛结构，图0–13）[20]。这两座龛均雕刻出多层塔的背面，与第11及13窟等流行的平面形多层塔[21]相比，更接近第6窟。

源自第6窟的上述3个特征，于第11、12、13窟外壁最早出现的“一佛+千佛结构”窟龛中出现最多，在三尊结构的窟龛中非常少见，而三壁三龛式、三壁一坛二龛式窟龛则完全不见，可见直接模仿第6窟的造型逐渐减少。接下来看着衣的细节形式。

（1）内衣襟的交领表现方式

第11–8龛（一佛+千佛结构，图3–9）主尊的内衣襟为交领。这种表现的先例出现在第6窟（中心柱南面上层佛立像，图3–10）[22]。第11、12、13窟外壁的第12–2龛[23]、三尊结构的第13–29窟及第

13-31龛，也使用了这种表现形式。其中，第12-2龛与相邻的第12-1龛（500年，图0-13）都在龛口布置木构双塔，背光纹带的结构也酷似（图3-11），可以认为是同时制作的。因此可以看出，内衣襟的交领表现方式在第11、12、13窟外壁以500年左右为中心

图3-9　第11-8龛整体及局部

图3-10　第6窟中心柱南面上层佛立像胸部

图3-11　第12-2龛正面及背光纹样

短时间使用[24]。虽然其他地区如麦积山石窟、庆阳北石窟等陕西周边的造像也使用这种表现方式[25]，但并没有可以断言早于云冈石窟第6窟的现存作品。

（2）内衣在胸前呈U字形下垂的表现

第11-6、11-8、11-10、12-1龛（一佛+十佛结构）主尊的内衣均在胸前呈U字形下垂（图3-9）。这种表现还见于第6窟（图3-12），并且第11、12、13窟外壁的第13-6、13-29龛（三尊结构）、三壁三龛式的第11-16、13-15、13-17窟（彩图6、图3-7）、三壁一坛二龛式的第11-7龛（图3-4）等处也广泛使用。此外，西端诸窟等其他区域也多有出现[26]。所以，这一表现自出现在第6窟后，在云冈是持续使用的。

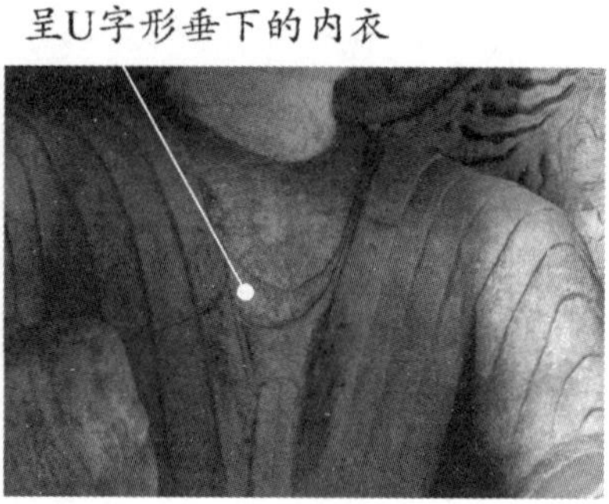

图3–12 第6窟中心柱西面佛倚坐像

如上所述，显示出第6窟影响的要素中，基本没有被第11、12、13窟外壁长期继承的形式。第6窟的直接影响逐渐减弱，在三壁三龛式出现后基本消失。

2. 与第5窟的共通点——系带表现

袈裟或者说大衣内侧穿着“覆盖双肩、带系带的衣物”[27]，系带在腹前打结、两端垂下的表现方式始于第5、6窟。特别是第6窟佛像的系带方式有两类，分别被称为“垂下式”、“分离式”[28]（图3–13）。两者打结方式相同，但前者环、结与系带两端部分呈纵向直线并列；后者环较大，环与系带的两端分别从结的左右两侧垂下（环的大部分被大衣覆盖）。

系带表现一定程度上为第11、12、13窟外壁所继承，但并没有模仿出第6窟的细节形式。“垂下式”出现于“一佛+千佛结构”

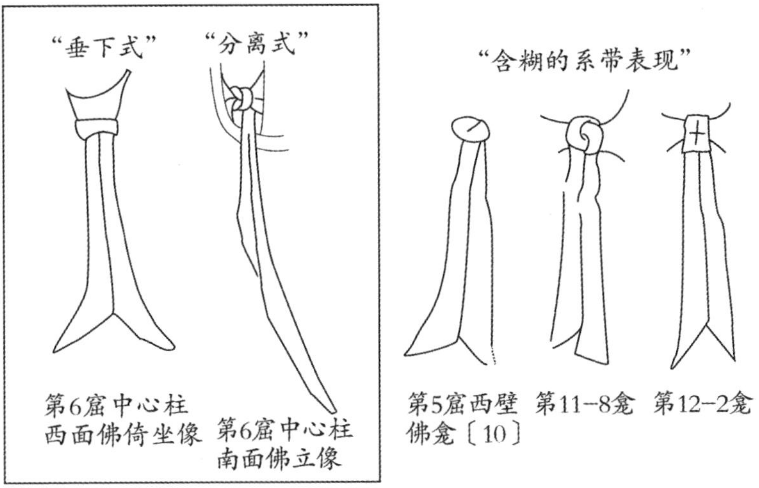

图3–13 系带表现

的第11–6、12–1（500年）、13–27等龛中[29]（图0–13、图3–5），但不见“分离式”；取而代之的大部分是有别于第6窟明确表现的含糊表现。应该从打结处的上方或左右两边垂下的环未见表现，看起来是不做环的死结，或是“垂下式”的环被省略[30]（图3–6、图3–9、图3–13）。从这种情况来看，参与第11、12、13窟外壁造像活动的工匠大多数没有充分理解第6窟的系带表现。此外另一个需要注意的是，这种含糊的系带表现在第5窟已经出现[31]（图2–13）。并且，第5窟使用的是“垂下式”与近似死结的两种表现，这也与第11、12、13窟外壁各龛一致。

3. 显示第2期各窟影响及个性的要素

（1）衣裾表现

第5、6窟有两类衣裾表现。除去追刻及经过较大重修的造像外，第5窟使用“胸前袈裟的下端较大，呈U字形覆盖住脚部，完全不露出双足”的形式，第6窟大龛的造像露出右脚，使用“大衣在右脚踝下呈U字形下垂，分别自右脚踝之上及脚背下方垂下的U字形左右呈鱼鳍状散开，表现为数条前端尖锐的条状物”的形式[32]（图2–26）。二者最大的区别是前者不露脚，后者露出右脚。

第11、12、13窟外壁佛坐像的衣裾与第6窟不是同一种形式。与此相对，第5窟式的衣裾表现，除见于第11–9龛（一佛+千佛结构）外，还出现于第11–14龛（489年，图0–8）等进深较浅的部分佛龛。但第11、12、13窟外壁普遍使用的是第5、6窟的发展型：一种和第5窟式一样，袈裟在身体前呈较大的U字形，覆盖住脚部，但U字形下端向左右扩展的衣裾长长垂下，这种形式出现在第11–9龛（一佛+千佛结构）、第13–18龛（三尊结构，图3–6）。另一种的着衣形式本身与第6窟相同，但衣端呈U字形。虽然接近地面的部分比较容易风化，但U字形的数量主要为4或6。衣端有两端向左右扩展呈扇形的情况（彩图6，图0–13、图3–11）与直接垂下的情况（图3–7），前者更加注重装饰性，可以视为保存了第6窟的部分衣端表现。此外，前者出现在所有“一佛+千佛结构”中，后者仅出现在三壁三龛式中，故后者出现较迟。

（2）背光及其关联要素

第2期以前，尊像的背光雕刻化佛、火焰纹等多种纹样。第11、12、13窟外壁的“一佛+千佛结构”及三尊结构的窟龛虽然继承了这一传统，但三尊结构的窟龛已经向简化发展[33]（图3–14），大多数三壁三龛式及三壁一坛二龛式窟龛的背光已不再雕刻纹样（图3–7）。在西端诸窟中，除第14及23窟[34]等外，基本也不再雕刻背光的纹样带。也就是说，背光雕刻纹样带本身就是第2期各窟残留的影响。这里进一步确认第11、12、13窟外壁与第2期到第3期其他窟龛各像背光纹样的种类与分布情况（表3–2）。

第11、12、13窟外壁较多地继承了第2期后半洞窟使用的纹

表 3-2 背光的纹样与分布

	a.火焰纹				b.同心圆纹	c.特殊连珠纹
	（a）	（i）	（u）	（e）		
	 第11–6龛	 第12–1龛	 第12–1龛	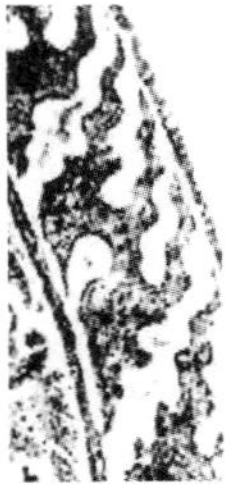 第13–31龛	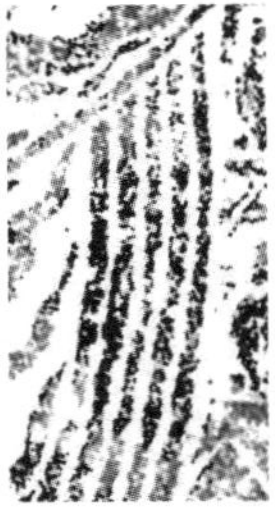 第12–1龛	 （上）第12–1龛、（下）第12–2龛
第2期各窟	第9、10，5、6，1、2窟	第5、6，13窟	无	第6，1、2、13窟	无	无
第11、12、13窟外壁	第11–6、11–7、11–10龛	第11–8、11–17、12–1、12–2、13–6、13–31龛	第11–8、12–1龛	第13–18、13–31龛	第11–8、11–10、11–17、12–1、13–6、13–18、13–27、13–31龛、第11–16窟（壁画）	第12–1、12–2、13–27、13–31龛、第11–16窟（东壁壁画）
其他区域	第5–3、5–15、6–8、6–9龛、第5–2、19–2、23窟	第5–3龛、第3窟上室、第19–2、23窟	无	第5–12、5–13、6–6、6–7龛、第3窟上室、第5–2窟	无	第5–3龛、第5–2窟

※ 拓片出自《云冈》第10卷拓本ⅣB、ⅤA、ⅥA·B

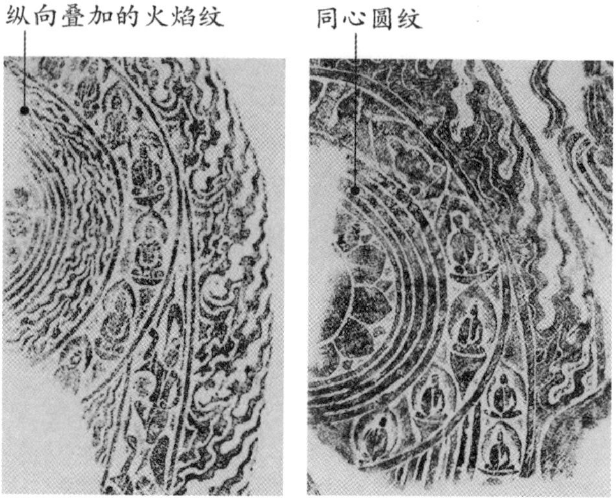

第11-8龛主尊背光（一佛+千佛结构）　　第13-18龛主尊背光（三尊结构）

图3-14　背光的比较

样。这里着重探讨使用三种新纹样的窟龛，即从下向上越来越细的火焰纵向叠加的火焰纹（火焰纹［u］）、同心圆纹，以及比一般连珠纹略大的特殊连珠纹[35]。其中包含第12-1窟（500年），可以明确这些纹样在500年前后使用。此外，纵向叠加的火焰纹与同心圆纹在云冈石窟的其他区域并未发现，仅极短时间内在局部使用，但可见于同时期的龙门石窟（河南省洛阳）、西安、山东等地[36]（图3-15），

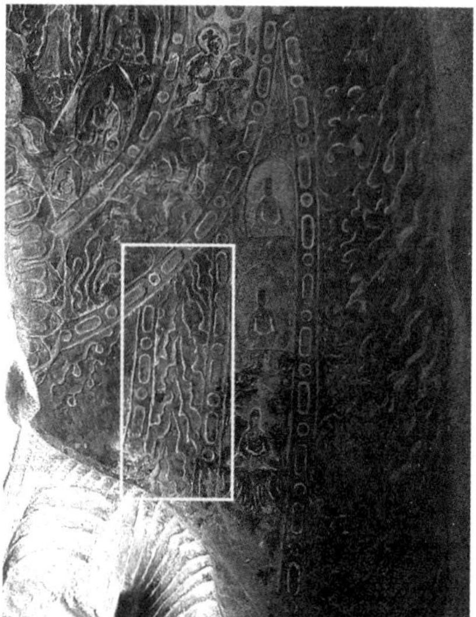

图3-15　龙门石窟古阳洞北壁第228龛（杨大眼造像龛）

据此可以看出这些地区信息的流入及地区间的交流。

（3）天井的装饰

“一佛+千佛结构”的佛龛常在主尊背光上部左右（由于是穹窿顶所以接近天井）雕刻出一对身着中国式服饰的飞天[37]（图3–5、图3–16）。直接的原型可在第1、2窟中找到[38]（图3–17）。稍迟制作的三尊结构的第13–6、13–18、13–31龛，三壁一坛二龛窟第13–4窟内小窟、第13–32窟，由于佛龛进深增加导致天井部分面积增加，出现雕刻2身或4身飞天、主尊背光的前端附近布置莲花的形式[39]（图3–6、图3–8）。与其完全一致的表现在第5、6窟周边及西端诸窟中均未出现，但触碰、捧持莲花姿态的飞天在第2期的第9、10窟明窗天井[40]处已经出现（图3–18）。此外，与第9、10窟明窗天井近似的图样在三壁三龛窟中出现（图3–19），即天井中央布置大型莲花，4身飞天像引导右绕一样回旋（下文将同形式的天井简称为“大莲花+飞天型”）。特别是第12–4、13–17窟

图3–16　第11–6龛背光及天井的飞天

图3-17　第1窟东壁第1龛内壁

图3-18　第9窟明窗天井

图3-19　第12-4窟天井

天井　前壁右侧

右壁　正壁　左壁

图3-20　第11-16窟

（三壁三龛式），就连双手捧持中央大型莲花的姿态都与第9、10窟一致，可以推测二窟在使用同样形式的窟龛中属于时间较早的。同样三壁三龛式的第11-16窟[41]，使用了平綦状天井装饰（以下称为平綦顶型）（图3-20）。平綦顶型积极引入了木构建筑的设计，是第2期各窟中主流的天井形式（图3-21）。

图3-21　第9窟前室天井

小　结

综上，在第11、12、13窟外壁窟龛中，第2期各窟残存的影响在天井及天井以外的要素上存在差异。首先来看天井，即使在晚于“一佛+千佛结构”的三壁三龛式及三壁一坛二龛式窟龛中，第2期各窟的影响仍以某种形式残留下来。但第2期各窟中占据主流的平綦顶型天井，在此处反而是例外。第11、12、13窟外壁窟龛的主流天井形式与平綦顶截然不同。从布置“一对飞天”的形式（一佛+千佛结构）向“莲花与飞天结构”（三尊结构、三壁三龛窟、三壁一坛二龛窟）发展，随着窟龛结构的变化而改变。

再看其他方面，头发表现、着衣形式、背光纹样等尊像的身体或附属于尊像的要素，很明显承袭了第6窟造像的形式，但这些要素随着窟龛结构的变迁逐渐减少。并且，从“一佛+千佛结构”窟龛阶段开始，出现像第5窟一样不完整的系带表现，并且使用了云冈石窟从未出现过的新纹样。从这些现象来看，负责第11、12、13窟外壁窟龛制作的工匠集团，虽然使用了与第6窟造像共通的细节表现形式，但又与直接参与第6窟制作的工匠集团不同，具有积极吸收外来信息的性格。

三　与第5、6窟周围佛龛及石窟的关系

接下来探讨第11、12、13窟外壁窟龛和同时营造的第5、6窟周边窟龛的关系。这个区域首先从第5、6窟营造期开始，在明窗周围（外壁）制作佛龛（第5–12～5–15龛、第6–6～6–9龛）[42]；其后扩展至第5、6窟上方的罗汉洞区，第5窟东侧及更东的龙王庙沟区（图3–22）。风化严重的窟龛较多，但可以确定其中有与第11、

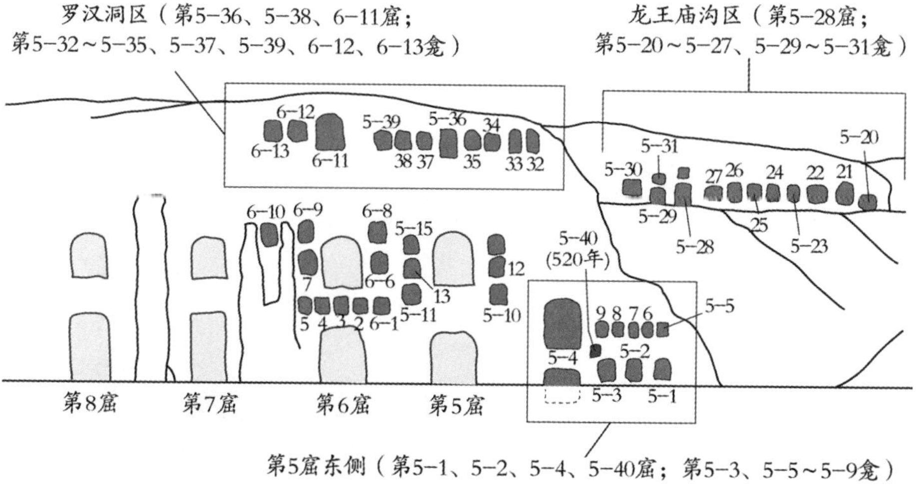

图3–22　第5、6窟周边窟龛分布图

12、13窟外壁同样结构的窟龛。下面按照窟龛结构分别对其关系进行探讨。

1. 一佛+千佛结构

第5-3、5-23、5-37龛使用的是“一佛+千佛结构”[43]（表3-3）。三龛均严重风化，背光保存情况相对较好的第5-3龛[44]（图3-23）使用了特殊连珠纹（表3-2），可见与第12-1龛（500年，图0-13）等关系密切。并且，第5-23龛（图3-24）与第12-1龛等均在龛口左右雕刻出木构双塔，但前者出现了不见于后者的三壁相连的基坛，实际的制作时间可能在500年或稍迟。第5-37龛是其中最小的佛龛，风化十分严重，细节不明。综上，第5窟周

图3-23　第5-3龛
（一佛+千佛结构）

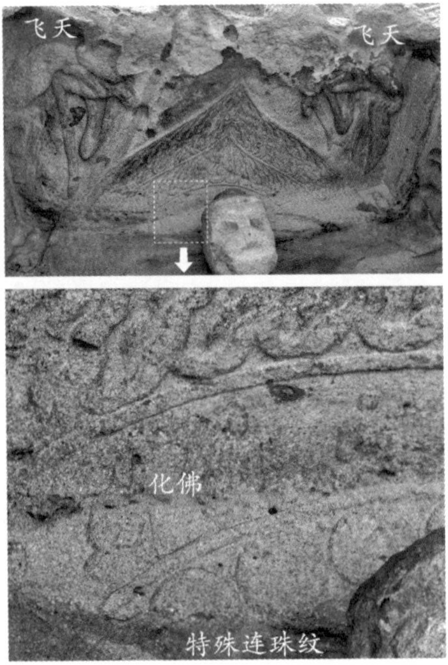

图3–24　第5–23龛整体及左壁

边的“一佛+千佛结构”佛龛很少，且均有与第12–1龛相同或稍迟的特征，所以第5窟周边的“一佛+千佛结构”佛龛可以认为是受到了第12–1龛的影响，于500年左右开始制作的。

表3–3　第5、6窟周边“一佛+千佛结构”窟龛的特征

	旧编号	特殊连珠纹	木构双塔	备注
5–3	（5h）	●		
5–23	（无）		●	三壁设坛
5–37	（无）			（风化）

※旧编号出自水野清一、长广敏雄《云冈》

2. 三尊结构

三尊结构仅出现于第5窟东侧的第5–2窟[45]（图3–25）。该窟虽然风化严重，但规模大于第11、12、13窟外壁的窟龛，正壁及右壁为佛坐像（破损严重），左壁为菩萨交脚像。左、右壁主尊背

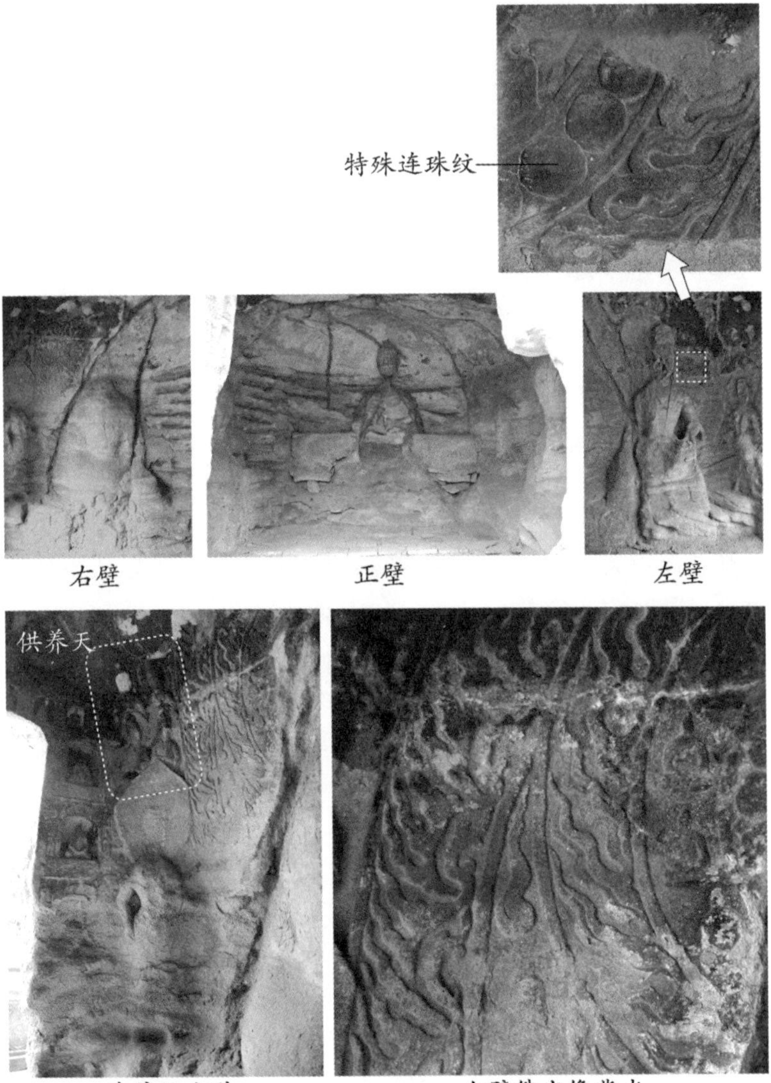

图3-25　第5-2窟

光浅浮雕出纹样带。第13-18龛等第13窟外壁三尊结构佛龛的纹样更加形式化[46]（图3-14右），但第5-2窟的纹样带较为细腻。并且，左壁菩萨交脚像背光使用了以第12-1龛（500年，一佛+千佛结构）为中心、仅部分窟龛使用的特殊连珠纹（表3-2）。所以，该窟的制作时间应与第12-1龛接近，在500年前后。此外，各壁主尊背光周围雕刻的供养天群像，让人联想起第6窟周壁上层的佛立像龛（图2-2）。类似的结构在第13窟外壁的三尊结构佛龛中也存在，但更为简略，不过纵向排列着一二身比丘而已（图3-26）。也

图3-26　第13-31龛供养比丘

就是说，与第11、12、13窟外壁的三尊结构窟龛相比，第5-2窟带有更多前阶段的特征。所以，即使二者之间没有特别大的时间差，第5-2窟也很有可能是三尊结构的最早例。

3. 三壁三龛式

第5窟周边的第5-38、5-40窟使用了三壁三龛式结构[47]（表3-4）。其中第5-40窟带有正光元年（520年，图0-18）铭，是极为重要的基准作品[48]。二窟均使用了第11、12、13窟外壁的三壁三龛窟中未曾出现的形式。第5-38窟的正壁及左壁严重风化，但右壁楣拱额内线刻出屏风框一样的装饰，可辨识出框内雕刻化佛的痕迹（图3-27）。这种有“折叠式装饰”等称呼的装饰出现在

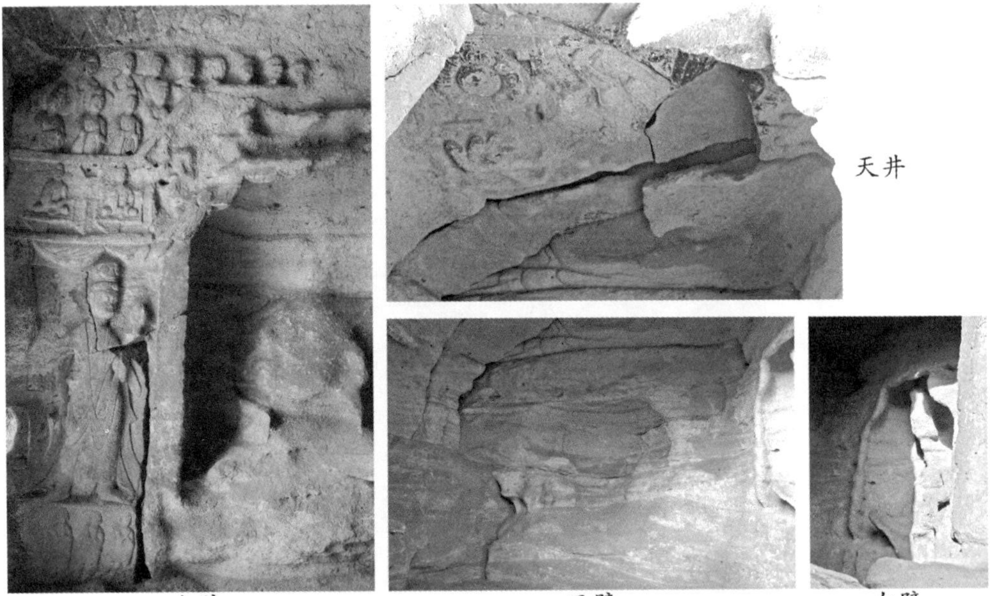

图3-27　第5-38窟

500年到515年之间[49]（图0-16、图0-17、图3-28）。此外，第5-40窟（520年）的左、右壁上部雕刻出一行列龛形式的千佛（图0-18），这种形式在第11、12、13窟外壁未曾见到，与之相关的作品出现在西端诸窟。这种壁面上层雕刻出两行千佛的形式，流行于第33窟以西、515年以前制作的规模相对较大的三壁三龛窟中（图3-29）。所以，第5-38、5-40窟很可能都晚于第11、12、13窟外壁的三壁三龛窟，并且接受了西端诸窟的流行形式。

表3-4 第5、6窟周边三壁三龛窟的特征

	旧编号	折叠式装饰	壁面最上层为千佛列龛	备注
5-38	（5D）	●		
5-40	（无）		●	520年铭

※旧编号出自水野清一、长广敏雄《云冈》

图3-28 第35窟门口东延昌四年（515）铭龛的折叠式装饰

图3-29　第34窟右壁及正壁

4. 三壁一坛二龛式

第5窟周边使用三壁一坛二龛式结构的有第5窟外壁明窗下部左右的第5-10、5-11窟（图3-30、表3-5）[50]。二窟左壁（东壁）均为雕刻出折叠式装饰的楣拱龛。前文已经述及三壁三龛窟中仅有一部分楣拱龛使用了折叠式装饰，但第5窟及第13窟外壁所有的三壁一坛二龛窟（图3-8，包括穹窿顶的第11-7龛）的楣拱额均使用了折叠式装饰。所以，三壁一坛二龛窟的主要制作时间很可能整体晚于三壁三龛窟。第5-10、5-11窟与第13窟外壁的三壁一坛二龛窟相比，除折叠式装饰外，门口左右布置力士像这点（第5-11窟、第13-4窟内小窟，图3-31）也是共通的，二者制作时间应接近。第13窟外壁的三壁一坛二龛窟的前壁现在均已无存，而第5-10、

图3-30　第5-11窟

5-11窟在前壁雕刻出佛立像及其他造像，作为石窟更显完整（图3-32）。此外，第5-11窟右壁的佛坐像（图3-30），在中国式着衣之上另加一件以凉州式偏袒右肩状（大衣覆盖左肩，部分挂在右肩并露出手臂的形式）穿着的大衣。这种形式之后流行于洛阳地区，如龙门石窟宾阳中洞（515～517年完成，图3-33）等[51]。

第5–11窟的完成应该距515年不远，而不使用这一形式的第13窟外壁的三壁一坛二龛窟可能相对略早完成。

表3–5　第5、6窟周边三壁一坛二龛窟的特征

	旧编号	折叠式装饰	前壁佛立像	维摩、文殊像	覆盖右肩的大衣	门口力士像
5–10	（5B）	●	●	●右壁龛胁		
5–11	（5A）	●	●	●右壁龛胁	●	●

※旧编号出自水野清一、长广敏雄《云冈》

第5–11窟

第13–4窟内小窟

图3–31　门口左右设力士像的小窟

图3-32　第5-11窟前壁

图3-33　龙门石窟宾阳中洞主尊

小　结

以上按照窟龛结构将第11、12、13窟外壁与第5、6窟周边的窟龛进行比较，结果显示二区域共有“一佛+千佛结构”、三尊结构、三壁三龛式、三壁一坛二龛式等四种结构，可以看出信息交流的频繁。比起第13窟外壁的窟龛，三尊结构可能更早地出现在第5窟东侧的第5-2等窟；但其他三种窟龛结构首先被第11、12、13窟外壁窟龛采用，然后扩展到第5、6窟周边。第5、6窟周边较早制作的“一佛+千佛结构”与三尊结构窟龛，较多使用了与第12-1龛（500年，一佛+千佛结构，图0-13）同样的双塔及特殊纹样，所以实际上这一区域受到来自第11、12、13窟外壁的影响应在500年以后。

四　与西端诸窟的关系

第21窟以西的西端诸窟使用了多样化的洞窟形式[52]。为明确其与第11、12、13窟外壁及第5、6窟周边窟龛的关系，现将这些区域流行的四种结构窟龛抽出进行比较。

1. “一佛+千佛结构”及三尊结构

西端诸窟中，“一佛+千佛结构”及三尊结构的窟龛非常少。特别是前者，仅有未完成的第25-2龛[53]（图3-34）。像第25-2龛这样以老年比丘像与菩萨像一起构成胁侍的情况，不见于第11、12、13窟外壁，但在西端诸窟的第33窟（三壁三龛式，图3-35）等窟龛中存在，所以第25-2龛的制作应晚于第11、12、13窟外壁“一佛+千佛结构”的佛龛。

三尊结构的窟龛仅有第39窟门口西侧壁龛、第40-3龛、第40-7

图3-34　第25-2龛右壁

图3-35　第33窟正壁西侧

窟这三例（彩图7，图3-36）[54]。三座窟龛开凿位置接近，制作时间应也接近。从保存状态最好的第39窟门口的龛（彩图7）来看，就连主尊右侧布置阿育王施土因缘、左侧布置佛立像这点都与第13-6龛一致，但包含该龛在内的三例均不带有早于第5-2或第13窟外壁窟龛的特征。并且西端诸窟以外二区域的三尊结构窟龛以布置三尊坐像的形式（图3-6）为主，然而西端诸窟主尊的左右并非坐像而是佛立像。再加上西端诸窟的三例，背光未雕刻纹样带，主尊与胁侍菩萨之间也未出现跪坐的供养天。也就是说，第11、12、13窟外壁三尊结构继承自“一佛+千佛结构”的要素在西端诸窟的三尊结构窟龛中并不存在，其装饰向简略化发展。鉴于以上情况，“一佛+千佛结构”及三尊结构的窟龛在第11、12、13窟外壁或第5、6窟周边出现，西端诸窟虽然接受了这些信息，但并未流行开来。

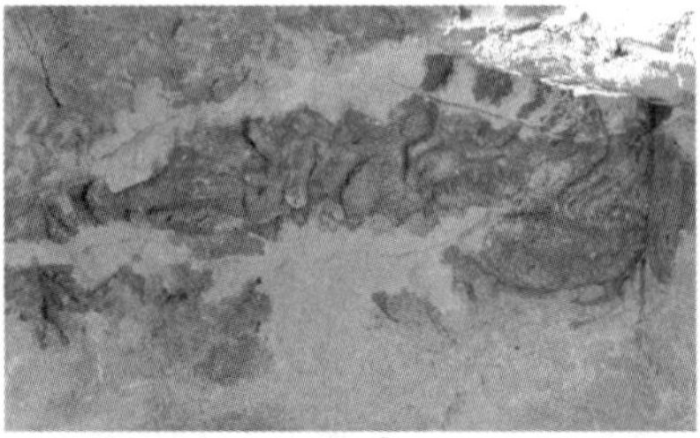
天井

正壁

左壁

图3-36　第40-7窟

2. 三壁三龛式

西端诸窟中，三壁三龛窟数量众多，大小不一。既有与第11、12、13窟外壁三壁三龛窟同等规模的小窟（第23-1、27-1、27-2、32-6、32-12、33-6、38-3、40-1、40-2、40-6窟），也有稍大的中型窟[55]。中型窟开凿于接近地面处（第25、28、33、34、35、37、40、41窟，表3-6），小型窟常开凿于其周边的高处，编号一般为附号（表3-7）。西端诸窟的中型窟大致按照自东向西的顺序营造[56]，壁面结构也顺次复杂化。如表3-6所示，中型三壁三龛窟的前壁，最初除小龛及佛立像外不再出现别的图像，但第35窟以西雕刻出佛传浮雕，维摩、文殊像等，结构复杂化（图3-37）。

通过中型、小型三壁三龛窟共通的两个要素，可以看出二者的关系。一个要素是周壁最上层布置两行列龛形式的千佛：首先出现在中型窟的第25窟，该窟仅左壁上层雕刻出五行千佛（彩图8）；之后在第33窟以东的中型三壁三龛窟中进一步发展并定型（图3-29）。小型三壁三龛窟将千佛列减少至一行[57]。另一个要素是帐幕从左

图3-37　第35窟前壁

表3-6　西端诸窟中型三壁三龛窟的特征

	旧编号	天井	奏乐飞天	周壁最上层为千佛列龛（2行）	折叠式装饰	前壁	维摩、文殊像	佛传浮雕	胁侍菩萨与比丘像
25	（24）	平綦顶		△（仅左壁佛龛周围上部有千佛列龛）		佛立像、佛龛			
28	（27）	平綦顶				佛立像（崩塌导致其他不明）		右壁龛胁上部=踰城出家、爱马别离	
33	（33）	崩塌		●		崩塌		正壁龛胁=对问	●
34	（34）	崩塌		●		崩塌			※菩萨与单腿弯曲合掌的天人
35	（35）	崩塌		●	●	佛立像，佛传浮雕，维摩、文殊	●门口上	前壁=火龙调伏、降魔 右壁龛上=踰城出家 左壁龛上=舍身饲虎、涅槃	

续表

	旧编号	天井	奏乐飞天	周壁最上层为千佛列龛（2行）	折叠式装饰	前壁	维摩、文殊像	佛传浮雕	胁侍菩萨与比丘像
37	（37）	平綦顶		●		佛立像，维摩、文殊，对问	● 门口右上	右壁龛上=竞射、掷象 左壁龛上=九龙灌顶、托胎灵梦	
40	（40）	平綦顶		●		崩塌			
41	（41）	崩塌				崩塌		正壁天盖龛胁=诞生、占相、七步、踰城出家、爱马别离、（初转法轮？）	

※旧编号出自水野清一、长广敏雄《云冈》。

表3-7 西端诸窟小型三壁三龛窟的特征

	旧编号	天井	奏乐飞天	周壁最上层为千佛	折叠式装饰	天盖龛	维摩、文殊像	半跏思惟像	胁侍菩萨与比丘像
23-1	（21C）	平綦顶		（余白处千佛）					
27-1	（26B）	平綦顶		（余白上部千佛）	（风化）				
27-2	（26A）	大莲花+飞天		千佛列（1行、仅左壁）	●			●左壁胁侍	
32-6	（31F）	（崩塌）		千佛列龛（1行）					（风化）
32-12	（31J）	大莲花+飞天	●			●	●右壁龛上	●正壁龛胁上	●
32-14	（31L）	（大莲花+飞天？）					●前壁上部		
33-6	（32H）	平綦顶			●	●	（正壁龛胁上？）	●左壁胁侍	（风化）
38-3	（38C）	平綦顶		（右壁余白上部千佛）					
40-1	（39A）	平綦顶		千佛列（2行）					
40-2	（39B）	（未完成？）							
40-6	（39H）	（平綦顶？）							

※旧编号出自水野清一、长广敏雄《云冈》。

右垂下的床帐形天盖龛，在中型三壁三龛窟中仅出现在第41窟正壁（图3–38），但在第32窟周边的小型三壁三龛窟中多有存在。从这些例子来看，中型与小型三壁三龛窟之间有信息的交流，并且至少有一部分为同期作品。但是小型窟比中型窟风化更为严重，难以进行更为详细的比较。接下来通过保存状态较好的天井装饰来探讨西端诸窟与第11、12、13窟外壁及第5、6窟周边窟龛的关系。

图3–38　第41窟正壁

如本章第二节所述，第11、12、13窟外壁及第5、6窟周边三壁三龛窟的天井大部分为"大莲花+飞天型"（天井中央雕刻大型莲花，周围四身飞天围绕回旋的形式，图3–19），采用"平綦顶型"的仅有第5–38、11–16窟（图3–20、图3–27）。西端诸窟的三壁三龛窟，不论规模大小，均使用这两种形式，但"平綦顶型"的数量压倒性地占多数（第23–1、25、27–1、28、37、38–3、40、40–1窟，图3–39）。"大莲花+飞天型"是西端诸窟中的少数派，仅见

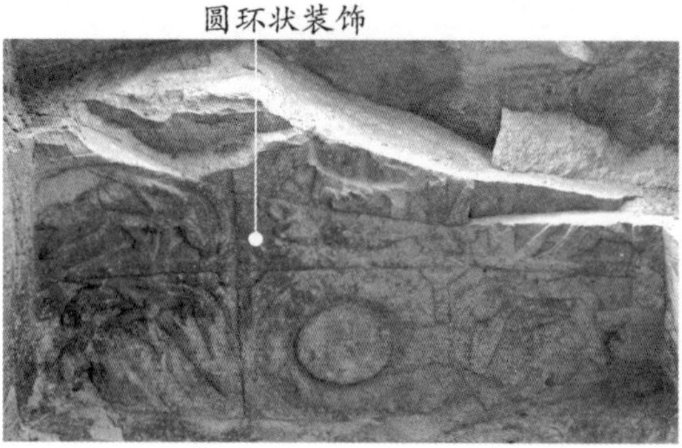

第23-1窟

第25窟

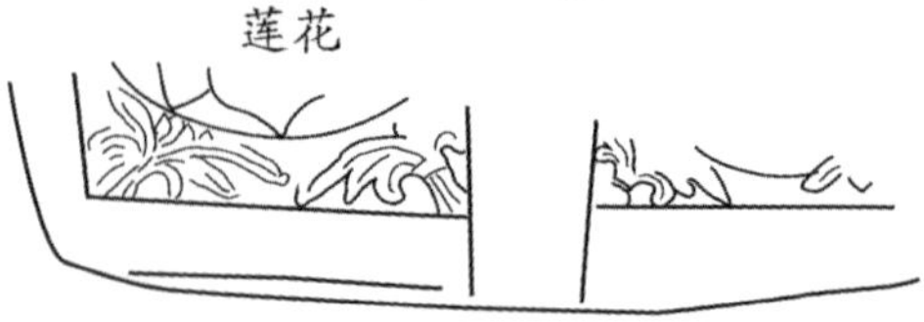

第27-1窟

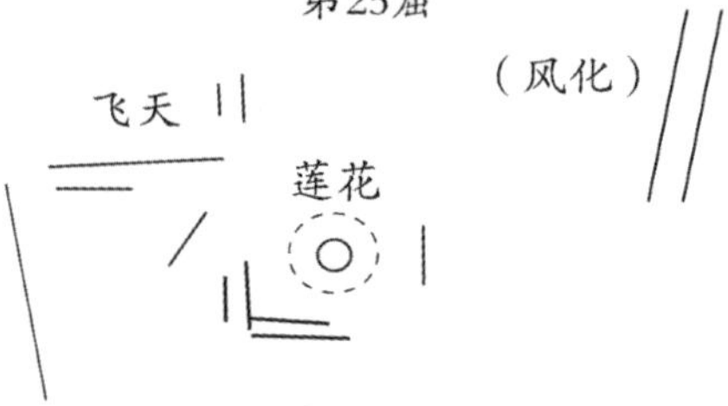

第37窟

第28窟

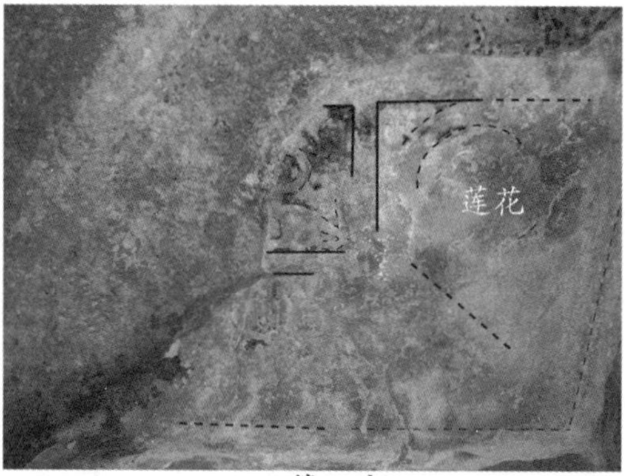

第40窟

第38-3窟

第40-1窟

图3-39　西端区域三壁三龛窟的“平綦顶型”天井

于第27-2、32-12、32-14窟（图3-40）等小型窟。这种差别的出现并非单纯因为石窟的规模，特别小的第38-3窟也使用了平綦顶型天井（图3-41）。那么，西端诸窟与其他两个区域三壁三龛窟之间的这种差异是如何产生的？下文尝试通过天井的装饰形式对石窟进行比较。

第27-2窟

第32-12窟

图3-40　西端诸窟的“大莲花+飞天型”天井

“平綦顶型”天井

图3-41　第38-3窟

（1）使用“平綦顶型”的三壁三龛窟

西端诸窟中最早使用平綦顶的三壁三龛窟为位于东端的第25窟（彩图8）。三壁三龛窟中，仅该窟正壁楣拱龛两翼布置了相同坐姿的小像，残留着第1、2窟正壁的影响[58]。第25窟天井分割成九格，格内分别布置着飞天与莲花等图像。特殊的是在中央空间布置交龙的情况，这在西端诸窟中没有同例，但见于第11–16窟[59]（图3–20）。第25窟与第11–16窟相比，具有石窟主尊为二佛并坐像、前壁门口左右为佛立像等共通点。但第11–16窟前壁不仅布置佛立像，还有维摩、文殊像等图像，这种情况在三壁三龛窟中仅见于更西的第35、37窟（图3–37，表3–6），即使扩展至三壁三龛窟以外的洞窟形式，也集中在第29窟[60]以西。再看龛的细节，第11–16窟楣拱额中不仅有飞天，还雕刻出莲花化生，每个格内还散布着小莲蕾（图3–42）；同样的表现在云冈还见于第27、29窟[61]（图3–43）。虽然第27、29窟不是三壁三龛窟，但可以认为三窟的

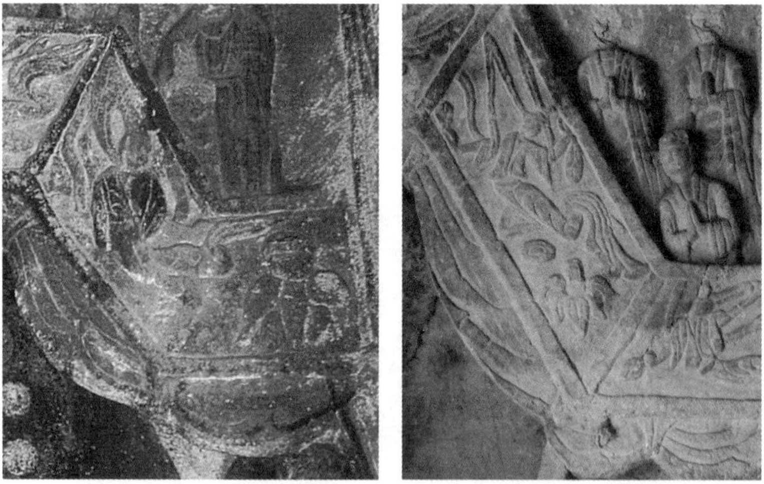

第11–16窟左壁楣拱额　　第27窟右壁上层南楣拱额

图3–42　楣拱额雕刻飞天、莲花化生、莲蕾的实例

图3-43　第27窟正壁

制作时间大致重合。第27窟上方追刻着带有507年铭龛的第28-2窟[62]（图0-14），那么第27窟应在这之前完成。综上，最先使用平綦顶的是第25窟，第11-16窟使用了和西端诸窟的三壁三龛窟及第27、29窟一样的新形式，可以认为是受到西端区域进一步发展的中型窟影响而制作的。

（2）使用“大莲花+飞天型”的三壁三龛窟

第11、12、13窟外壁可以确认多座使用了四身飞天双手捧持中央莲花回旋飞翔的天井形式的洞窟（第12-4、13-17窟，图3-7、图3-19）。但西端诸窟的三壁三龛窟中，可以追溯至第9、10窟明窗等处的飞天双手捧持莲花的动作消失，飞天或仅在莲花周围回旋（第27-2窟，图3-40左），或手持各种乐器一边演奏一边飞翔（第32-12窟，图3-40右）。与天井的形式无关，奏乐飞天出现在天井的时间稍迟，使用的洞窟有限，即使包括三壁三龛窟以外的洞窟，西端诸窟中也只有第27、29、30、38窟[63]（图3-44），其他区域仅有第5-11窟（三壁一坛二龛式，图3-30）等。

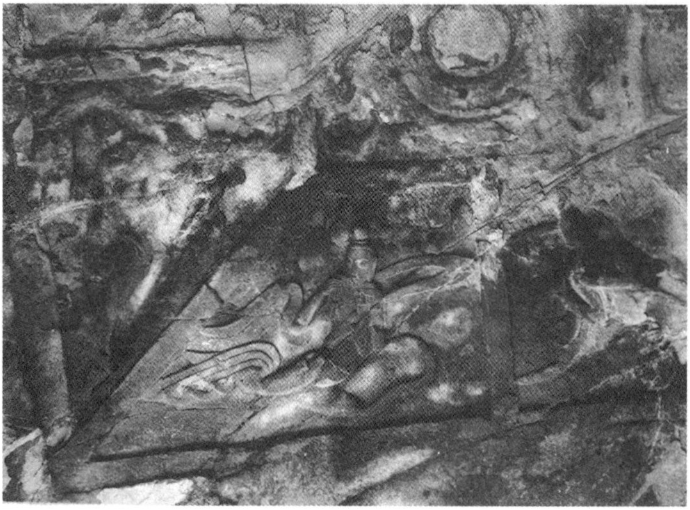

图3-44　第27窟天井奏乐飞天

再看中央的莲花。第32-12窟由于风化无法确认细节，但莲花原本似乎为立体表现。第27-2窟为双层莲瓣，外侧为复瓣且相互叠压、内侧为素瓣亦相互叠压，中央为略突出的莲蓬[64]（图3-40）。第11、12、13窟外壁区域中，第12-4窟的莲花最为简洁（图3-19），较大的素纹莲蓬周围环绕一层复瓣的莲瓣[65]。第13-15、13-17窟与第27-2窟一样为双层莲瓣，外侧为复瓣且相互叠压、内侧素瓣，中央的莲蓬较小（图3-7）；内侧莲瓣并未叠压，与第27-2窟相比，进行了简化。

除第27-2窟使用折叠式装饰外[66]（图3-45），第32-12窟使用了带有三角垂饰、帷幕、流苏等华丽装饰的床帐形天盖龛（图3-46），这些都是基本不见于第13窟周边三壁三龛窟的新特

左壁上部折叠式装饰

正壁　　左壁

图3-45　第27-2窟

右壁　　正壁　　左壁

图3-46　第32-12窟

征。综上，最早采用“大莲花+飞天型”天井的三壁三龛窟为第12–4窟的可能性很高，其后制作了第13–15、13–17窟，并完成了第27–2、32–12等窟。

三壁三龛窟天井使用的两种装饰形式均可上溯至第2期各窟。但就像前文所论证的，“平綦顶型”自迁都前后在西端诸窟进一步发展，之后被第11、12、13窟外壁及第5、6窟周边吸收，“大莲花+飞天型”经过在第11、12、13窟外壁的发展，也被西端诸窟部分采用，二者主要流行的区域不同。分别于西侧的西端区域与东侧的两个区域（第11、12、13窟外壁及第5、6窟周边）发展而成的天井结构相互结合，信息交流较为活跃的时期应是第11–16、27、29、30窟的营造期，也就是507年之前。

3. 三壁一坛二龛式

西端诸窟中，使用三壁一坛二龛式的洞窟仅有未完成的第35–2窟（图3–47）。左、右壁的佛龛均未完成，但从外形来看应是床帐形的天盖龛。相同形式的天盖龛在第41窟（图3–38）及第32、33窟周边的小窟（图3–46）中出现较

右壁　　正壁　　左壁

图3–47　第35–2窟

多，该窟的制作时间在西端诸窟中应较迟。也就是说，三壁一坛二龛式平顶窟在515年以前出现在第13-4窟内外（若包括穹窿顶佛龛的话，第11-7龛最早），于该区域统一制作，第5窟外壁也有第5-10、5-11窟（图3-30～32），但西端诸窟基本没有使用。

综上，西端诸窟并未积极使用东部第11、12、13窟外壁等处流行的"一佛+千佛结构"、三尊结构及三壁一坛二龛式；与之相对，三壁三龛式中小窟的数量较多。西端诸窟虽不能完全否认来自第11、12、13窟外壁窟龛的影响，但明显区别于第11、12、13窟外壁与第5、6窟周边窟龛的关系，后二者经常共有新的窟龛结构，已形成一个组群。

4. 三壁三龛窟与三壁一坛二龛窟及小龛的关系

以上梳理了西端区域的"一佛+千佛结构"、三尊结构、三壁三龛式、三壁一坛二龛式窟龛与第11、12、13窟外壁及第5、6窟外壁窟龛的关系。现在再次回到整体，若不计窟内基本结构的差异，第32、33窟周边的小型三壁三龛窟与三壁一坛二龛窟存在较多共通点，如天井的奏乐飞天，佛龛周围雕刻的维摩、文殊像，折叠式装饰，外壁门口左右站立的力士像等。

特别需要注意的是维摩、文殊像。三壁一坛二龛窟中，能确认维摩、文殊像的有第5-10、5-11、13-4窟内小窟、第13-32窟（表3-8）。这些窟中维摩、文殊的布置有两种形式：①"尖拱龛"胁侍菩萨立像头上的小空间，面向造像右侧维摩、左侧文殊（第5-10、5-11窟，图3-30）；②"楣拱龛"的拱额两翼上方对置维摩、文殊像（第13-4窟内小窟、第13-32窟，图3-8、图3-48）。①形式也见于很可能是三壁三龛窟的第32-11窟[67]中（图3-49）；此外，也较多见于这些小型窟内独立于壁面的单独佛龛中，如第

表3-8　三壁一坛二龛窟的比较

	旧编号	天井奏乐飞天	折叠式装饰	前壁佛立像	维摩、文殊像	覆盖右肩的大衣	门口力士像
5-10	（5B）		●	●	●右壁龛胁（尖拱龛）		（风化）
5-11	（5A）	●	●	●	●右壁龛胁（尖拱龛）	●	●
13-4窟内小窟	（无）		●	（崩塌）	●左壁龛上（楣拱龛）		●
13-22	（13t）	（风化）	●	（崩塌）	（风化）		（风化）
13-32	（13p）		●	（崩塌）	●右壁龛上（楣拱龛）		（风化）
13-35	（13w）	（风化）	（未完成）	（崩塌）	（风化）	（风化）	（风化）
35-2	（34B）	（未完成）		（崩塌）	（△未完成）		（风化）

※旧编号出自水野清一、长广敏雄《云冈》。

图3-48　第13-4窟内小窟左壁上部

图3-49　第32-11窟

13-4窟列柱侧面的追刻龛（图3-50），第35窟门口东侧壁的延昌四年（515）铭龛下方的龛[68]及第39窟内的追刻龛〔1、2、3〕等（图3-51）。至于②形式，除第32-12窟（三壁三龛窟）外，也出现于很可能是三壁三龛窟的第5-34窟中[69]（图3-52）。并且其中三例（第5-34窟、第13-4窟内小窟、第32-12窟）就连在维摩与文殊间的空白处雕刻一身或二身捧钵飞天这点[70]都一致，可以看出制作时间极为接近。中型三壁三龛窟的维摩、文殊像，就像第35窟等一样，雕刻在明窗和门口之间的条带状空间中[71]（图3-37），与小窟龛不同。

所以，三壁一坛二龛窟基本集中在第5窟外壁及第13-4窟内外，但在窟内造像的选择和表现形式上（包括第13-4窟内小窟周围的追刻龛）与相距较远的西端区域第32窟周边的小型三壁三龛窟或第35、39窟的追刻龛，有着极为密切的关系。西端区域的一些造像与东侧区域造像有如此密切的关联，这十分罕见，表明第32窟周边的小型三壁三龛窟与第5窟及第13窟外壁等东部区域的三壁一坛二龛窟的制作时间至少部分重合，可以认为515年前后东、西区信息交流尤为活跃。

最后来看同样可以显示密切的跨区域关联的实例，即邻近第13-4窟的第13-3窟（图3-53）。该窟现在风化严重，无法确认细节，但正壁为天盖龛，其右胁的方形空间中可以看到雕刻有半跏思惟像的痕迹。右壁为楣拱龛，其中似乎是倚坐像。在天盖龛的左右布置半跏思惟像，这种具有特色的结构，在第32窟周边小窟中多次出现（第32窟右壁下龛、第32-12、32-13窟，图3-46、图3-54）；此外，第13-4窟列柱及前壁等处的追刻龛中也可以看到类似的结构（图3-55）。如此密切的关系表明，这一时期第13-4窟内外的造像活动不只接受了从西端区域传入的部分信息，甚至连工匠集团的区域差别也较之前大幅度减弱。

第13-4窟列柱东侧面小龛

第35窟门口东侧壁下龛（515年左右）

图3-50　雕刻于尖拱龛的维摩、文殊

图3-51　第39窟前壁上层佛龛〔2〕

第32-12窟右壁

第5-34窟右壁

图3-52　维摩、文殊像之间雕刻捧钵飞天的实例

右壁

正壁

图3-53　第13-3窟正壁及右壁

右壁（崩塌）　正壁　左壁

图3-54　第32-13窟

图3-55　第13-4窟列柱的追刻龛

结　语

以上依据壁面结构对第11、12、13窟外壁窟龛的特征进行了整理，并分析了与第5、6窟周边窟龛及西端诸窟的关系。各结构出现的时间及影响关系可总结如下：

①“一佛+千佛结构”在489年以后出现于第11窟外壁。造像的着衣及背光等细节形式受到以第5、6窟为首的第2期各窟造像的影响。这一结构从500年左右开始向第5窟周边扩散，但西端诸窟基本没有使用。细节形式上，东部区域（第11、12、13窟外壁及第5、6窟周边）可以看到特殊连珠纹（背光纹饰）及木构双塔等共通的装饰，但这些共通装饰不见于西端诸窟，东侧与西侧区域存在较大的隔绝。

②由三尊“坐像”构成的三尊结构窟龛在500年前后出现于第5-2窟，很可能在很短的时间内就扩散到第13窟外壁。与“一佛+千佛结构”相比，来自第2期各窟的影响减少。背光的纹样带虽然形式化，但在这一时间点仍然残存。该结构并未被西端区域采用。

③左、右为“佛立像”的最早的三尊结构窟龛，是500年以后的第13-6龛。该龛天井雕刻出莲花与飞天，背光残留着纹样带。同样的结构虽然传播到西端诸窟，但仅有三例，并不流行。

④三壁三龛式在507年以前出现在第25窟（天井为平綦顶型）及第12-4窟（天井为“大莲花+飞天型”），流行于第3期各窟。天井的装饰有平綦顶型及“大莲花+飞天型”，西端诸窟偏好前者，东部区域偏好后者。

⑤三壁一坛二龛式平顶窟在515年以前出现在第13-4窟内外，虽然也扩散到其他区域，但西端诸窟基本没有使用。第32窟周边（西端区域）的小型三壁三龛窟等与东部区域的三壁一坛二龛窟有较多共通点，二者有着超越洞窟形式的信息共享关系，制作时间应

有重合。

综上，四种窟龛结构在三个区域均有使用，但数量及信息的扩散方式不同。比如在“一佛+千佛结构”或三尊结构的阶段，东部区域内（第11、12、13窟外壁及第5、6窟周边）的密切关系，基本不见于其与西端诸窟之间。这种状况的改变，最迟发生在三壁三龛窟出现之后的507年前后（第11–16、27、29窟的营造时期），西端诸窟与东部区域共有的造型或形式逐渐增加，直到三壁一坛二龛窟出现前后，东、西区超越了窟龛形式的差异，关联进一步增强。

东、西区窟龛最初相互隔绝，可以认为是各区域开始造像活动的情况不同，不同的工匠集团带来的影响。之所以能判断不是制作时间差而是工匠集团的差异所致，是因为东、西区域的窟龛有着不同的发展过程。东部区域的轴线从制作佛龛开始，佛龛的进深逐渐增加导致石窟化。在将其作为石窟处理成平顶空间之后，前阶段的要素仍残存或可以看出连续的变化，因而具有谱系关系；并且使用了不少云冈石窟从未见过的新纹样，积极地从外部获取信息。而西端诸窟虽不及第2期各窟的规模，但以高度超过6米的第21窟的营造为开始，其后在一定时期内持续营造高度在二三米左右的石窟。也就是说，西端诸窟从最初开始，即使规模较小，但也参考第2期各窟[72]以营造完备的石窟空间为志向。正因如此，大部分西端诸窟的天井都积极使用木构建筑风格的设计。这种状态与东部区域第2期诸窟的影响阶段性减少，形成鲜明对比。东部区域以制作佛龛为开端，西端区域以制作中型窟为开始，这种差异自然与适合造像的崖面是否有空余相关，但制作佛龛与中型窟所需的工匠人数和技术也各有不同。特别是中型窟的开凿，如果不是集团的话十分困难，要在一定时间内制作大量石窟，只有在接近的位置连续营造才会更有效率。

探讨云冈石窟第3期各窟与其他地区的关系时，需要格外重视三壁一坛二龛窟。本章已明确其在云冈的出现早于龙门石窟魏字洞等6世纪20年代营造的石窟。三壁一坛二龛式在云冈的最早例子为第11-7龛，制作于第11窟外壁正不断营造“一佛+千佛结构”佛龛之时（图3-4）。但在这一时间节点，该龛天井采用穹窿顶，平面呈椭圆形，正壁未设基坛而设一大圆莲台，只能视作三壁一坛二龛式的一个例外的未完成形式。其后，造像的场所向第12窟、13窟外壁扩展，在进一步推进佛龛石窟化的过程中，三尊结构窟龛固定在正壁布置基坛（图3-6）。平顶、平面方形的三壁一坛二龛式小窟在第13-4窟内外出现，正经历了这一阶段。

需要注意的是，同样的三壁一坛二龛式石窟在麦积山石窟（位于今甘肃省天水市）也有制作[73]。就如八木春生所指出的，麦积山石窟中，早于带有景明三年（502）墨书铭的第115窟完成的第

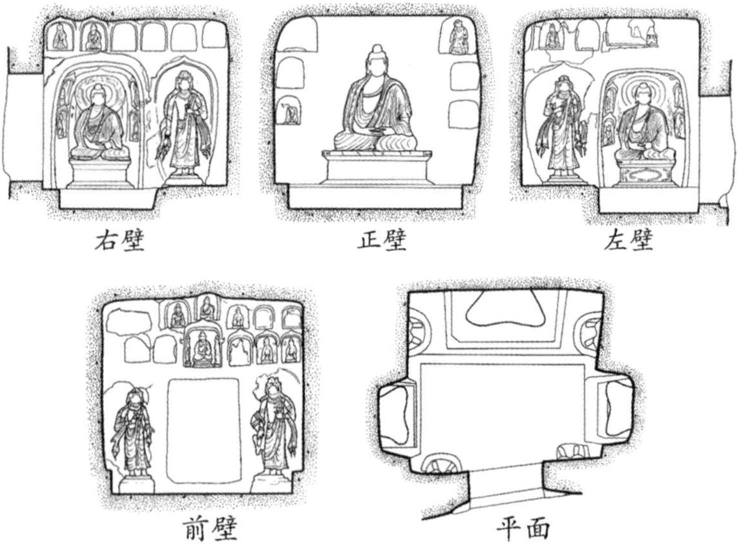

图3-56　麦积山石窟第128窟实测图

128、148窟等（图3–56），已经采用了这种形式，其进一步影响云冈石窟的可能性也存在[74]。云冈石窟中，以第12–1龛（500年）为中心的东部区域佛龛使用了新的纹样。这显示制作东部区域佛龛的工匠集团不仅从第2期各窟继承了多样的造型，并且采用灵活的手段对待新信息。所以，进一步探讨云冈石窟与其他地区造像的关系是笔者今后的课题。

注：

［1］水野清一・長廣敏雄『雲岡石窟—西曆五世紀における中國北部佛教窟院の考古學的調查報告—東方文化研究所調查　昭和十三年—昭和二十年』第10卷（京都大学人文科学研究所雲岡刊行会、1953年、以下简称『雲岡』），宿白「平城における国力の集中と〈雲岡様式〉の形成と発展」雲岡石窟文物保管所編『中国石窟 雲岡石窟』第1卷（平凡社、1989年）180～181、191～193頁。

［2］石窟与佛龛的规模虽没有严密的数值上的定义，但容纳一人结跏趺坐需要一边1米以上的立方体空间，所以本来应该以最短边在1米以上来作为“窟”的条件。但是开凿在高处的窟龛无法测量，所以这里将水野、長廣称为“洞”或“窟”的明显规模较大的空间，以及进深大于或等于正壁宽、平顶且平面呈方形的称为“窟”，以外的称为“龛”。

［3］这一带的窟龛被云冈石窟文物保管所（现云冈研究院）编号为11–1～11–17、12–1～12–4、13–1～13–37，本文沿用这一编号。参考雲岡石窟文物保管所編『中国石窟 雲岡石窟』第1卷（平凡社、1989年）新旧編号对照表。与『雲岡』编号的对应见表3–1。

［4］『雲岡』第10卷本文42頁，宿白论文（注1）。就像序章中论述的那样，第9、10窟营造的绝对年代有各种说法。宿白认为是484～489，八木春生通过与481年开始营造的永固陵的籐座式柱头的比较分析，提出开始营造于

481年以前。八木春生「雲岡石窟に見られる『籐座式柱頭』についての一考察」『雲岡石窟文様論』（法藏館、2000年。初刊于1991年）。

［5］『雲岡』第10巻本文29～30頁及図版98～105。

［6］『雲岡』第10巻本文25、42頁及図版78～80。

［7］注1。

［8］第13窟周边窟龛开凿比较迟的根据，可以举出水野、長廣提到的第13窟周边未完成的窟龛特别多以及背光纹样的平面化及形式化。『雲岡』第10巻本文42頁。

［9］宿白论文（注1）。宿白在第2期中提到第11窟外壁的佛龛，第3期中提到第13窟外壁的窟龛，显示出制作的年代差。

［10］最早将石窟正壁及左、右壁各开一龛并于其中安置主尊的形式称为“三壁三龛窟”的论文，可举出温玉成「龍門北朝期小龕の類型と分期および北朝期石窟の編年」及宿白「洛陽地方における北朝期石窟の初步的考察」（均收录于『中国石窟　龍門石窟』第1巻［平凡社、1987年］）。需要注意的是，就像温玉成将魏字洞的构造描述为“暂称之为三壁三龛式或三壁一坛二龛式”一样，龙门石窟北魏窟在左、右壁布置同样大小的龛，而正壁龛的形制和尺寸不同，像是带有较宽的基坛一样。对于这点，八木春生在「龍門石窟北魏後期諸窟についての一考察」（『中国仏教美術と漢民族化—北魏時代後期を中心として』［法藏館、2004年］。初刊于2003年）300頁中也提及。本章重视了这些现象，将正壁及左、右三壁布置基本同大的佛龛的结构称为“三壁三龛式”；正壁设低坛安置一坐佛像，左、右壁开龛的结构称为“三壁一坛二龛式”。此外，吕采芷虽然没有进一步区分三壁三龛窟与三壁一坛二龛窟，但得出了三壁一坛二龛式很可能在云冈石窟出现，并进一步影响了龙门石窟及巩县石窟的结论。吕采芷「北魏後期の三壁三龕窟」『中国石窟　雲岡石窟』第2巻（平凡社、1990年）。

［11］第13-4窟窟内宽约11米、进深约7.5米，平面呈长方形。营造中途

放弃，前壁及列柱等处被第3期的追刻填满。『雲岡』第10卷本文31 ~ 33頁。

［12］虽然现在左像无存，但第12–3龛有可能原本也是这种结构。

［13］『中国石窟　雲岡石窟』第2卷（平凡社、1990年）図版133 ~ 135。虽然标注的是第13–31窟，但应是第13–18龛。

［14］『中国石窟　雲岡石窟』第2卷（平凡社、1990年）図版132。

［15］注10。

［16］其他类似的还有第11–5、13–16窟。第11–5窟的右壁被千佛覆盖，第13–16窟右壁未开龛但布置着表现阿育王施土及儒童本生的2尊佛立像，虽不符合三壁三龛式的定义，但可以说是由三壁三龛窟派生而来（具体见第四章）。

［17］注11。第13–4窟左壁（东壁）开凿了数个小窟。其中雕刻完成并能确认内部情况的是壁面下层南侧的小窟。本章将这个小窟称为“第13–4窟内小窟”。

［18］『雲岡』第10卷本文42頁。水野、長廣认为其紧接着第11–4龛（西方式）营造。

［19］使用波状头发表现方式的中国式服制的造像，还可举出第11窟西壁佛立像及第16窟主尊佛立像等，但在西端诸窟中未出现。

［20］此外还有第12–2龛。第12–2龛的结构较为特殊，左、右壁上下分割布置佛龛。『雲岡』第10卷図版97、106 ~ 107。

［21］『雲岡』第8卷図版6、8、34。

［22］常盤大定・関野貞『中国佛教史蹟 第二輯』（仏教史蹟研究会、1925年）図版26。第1窟西壁第1龛也可看到类似的实例，但表现较为含糊，很难认为能给其他造像带来影响。『雲岡』第1卷図版26。

［23］注20。

［24］在云冈石窟，这一形式也被第14、16–1、23窟使用，显示出这些佛龛的制作时间也接近。

［25］ 岡田健・石松日奈子「中国南北朝時代の如来像着衣の研究（上）」『美術研究』356号（東京国立文化財研究所、1993年）196～197頁。此外，与第11-8龛主尊一样，交领内衣的上方又叠加一层呈U字形下垂的内衣的表现方式，在麦积山石窟第114窟中也有发现。

［26］ 西端诸窟的第24、28、29、35等窟。

［27］ 注25，岡田健、石松日奈子论文194～196、198～199页。

［28］ 小澤正人「雲岡石窟第6窟上層如来立像の製作についての一考察」『美学美術史論集』第14輯、東山健吾教授退任記念（成城大学大学院文学研究科、2002年）。

［29］ 虽然不是“一佛+千佛结构”龛，但第11-7龛（三壁一坛二龛式）、第11-12龛也使用了这一形式。

［30］ “一佛+千佛结构”有第11-8、11-10龛，三尊结构有第13-6、13-18、13-31龛、第13-29窟，三壁三龛式无。此外，三壁一坛二龛式的第11-7龛、第13-22窟，虽然风化严重无法确认细节，但有可能也是这种形式。『雲岡』第10巻図版88。

［31］ 八木春生通过分析造像及装饰的细节形式，指出第5窟与第6窟的工匠系统不同，并通过系带的表现方式来探讨二窟差异产生的背景。八木春生「雲岡石窟第五および六窟についての一考察」『雲岡石窟文様論』（法藏館、2000年。初刊于1996年）。

［32］ 岡田健・石松日奈子「中国南北朝時代の如来像着衣の研究（下）」『美術研究』357号（東京国立文化財研究所、1993年）225、226頁。第6窟中心柱北面的二佛并坐像现在看起来似乎没有垂下较长的悬裳，但从『雲岡』第3巻図版168、169A・B可以看出，二像的衣裾部分曾有较大重修。所以，从现状无法断言该像是否为悬裳座。从现状可以说，第6窟其他像有从脚部垂下的悬裳，而没有较长悬裳的像集中在第5窟。

［33］ 就像『雲岡』第10巻本文35、42頁中水野、長廣所指出，三尊结

构佛龛背光纹样向着形式化发展，缺少细腻的细节表现。

［34］第14窟主室左、右壁中层大龛内佛坐像，第23窟主尊及左、右壁佛立像的背光有纹样带。张焯主编《云冈石窟全集》第2卷：第14窟、第15窟、第16窟（青岛出版社，2017年。以下简称《全集》）图版102，第18卷图版65。

［35］水野、長廣称之"罕见的连珠带"。『雲岡』第10卷本文30頁、拓本ⅤB、ⅥA・B。此外，在云冈石窟附近的鲁班窑石窟采集到的背光残片，也像第12-1龛一样在大型连珠纹之间雕刻出纵向排列的三个小圆形。

［36］以山东省大汶口出土的太和十八年（494）铭金铜背光为首，继以西安碑林博物馆藏景明二年（501）铭石质四面佛像、西安博物院藏正始元年（504）铭石质三尊佛坐像等，5世纪90年代以来同心圆纹出现在各地的造像上。也出现在龙门石窟古阳洞第2层以下南壁第130龛、正光二年（521）铭南壁第136等龛。吉爱琴《泰安大汶口出土北朝铜鎏金莲花座等文物》，《考古》1989年第6期。八木春生「中国南朝の蓮華文様について」『雲岡石窟文様論』（法藏館、2000年。初刊于1993年）240頁。

［37］三壁一坛二龛式中完成最早的第11-7龛也在天井附近雕刻出一对飞天。

［38］虽然飞天的着衣形式不同，但同样的构图可以上溯至第17窟。京都大学人文科学研究所、中国社会科学院考古研究所編『雲岡石窟』第19卷（科学出版社東京、2017年）第16窟総説132頁。

［39］第13-19龛除莲花外，还有莲花化生。

［40］『雲岡』第6卷図版41、第7卷図版37。

［41］『雲岡』第10卷図版53～77。第11-16窟破坏了第11-14龛（489）的一部分，可知比其晚。『雲岡』第10卷本文25頁。

［42］就像『雲岡』第2卷本文24～25頁所论述，这8座佛龛应与窟内造像同时营造。

［43］再加上风化严重的第6–13龛可能也使用了同样结构。

［44］『雲岡』第2卷拓本ⅣA是第5–3龛主尊的背光。

［45］相邻的第5–1窟很可能也是同形式，但风化十分严重，现仅残留左、右壁尊像的痕迹，以及胁侍菩萨像、背光周围的部分供养天。

［46］注33。

［47］由于风化或崩塌无法确认整体形态，但第5–7龛、第5–29、5–34、5–35、6–12窟原本可能也是三壁三龛窟。此外，第5–36窟左、右壁雕刻出像小窟一样较大进深的空间，为最末期的特殊例。宿白论文（注1）图5及《全集》第2卷图版350～354。

［48］刘建军《云冈石窟考古新发现的相关问题讨论》岡村秀典『北魏時代の平城と雲岡の歴史考古学的研究：平成十七年度～平成十九年度科学研究費補助金基盤研究B 研究成果報告書』（2008年）55頁。

［49］折叠式装饰出现在第35窟门口东壁及第19–2窟的延昌四年（515）铭龛，可知这种形式在500年到515年之间出现在云冈石窟。水野、長廣也使用“折叠屏风式的外框”等描述方式。『雲岡』第15卷図版73解說。

［50］『雲岡』第2卷本文20～24頁、図版61～85。

［51］注10，宿白1987年论文。

［52］注1，宿白1989年论文。

［53］『雲岡』第15卷第22図。

［54］第40–3龛左、右壁风化严重，仅右壁可辨认出像是佛立像一样的痕迹。

［55］序章注2。

［56］八木春生指出，西端诸窟中比较大型的石窟基本是自东向西营造。八木春生「雲岡石窟第三期諸窟についての一考察」『中国仏教美術と漢民族化—北魏時代後期を中心として』（法藏館、2004年。初刊于2002年）167頁。三壁三龛窟进一步的展开会在下章进行详述。

［57］第5–40窟（520年，三壁三龛式，图0–18）也使用了该形式。所以该形式在西端区域定型之后，一直使用到最末期。

［58］与第25窟相邻的第24窟正壁也雕刻出类似的佛龛。但第24窟正壁龛左右的小像从中央主尊的龛内独立出来，被安置于小型的近似屋形龛之中，所以将其排除出三壁三龛窟。

［59］第24–1、28等窟天井的龙并非交龙，而是在每个分区内各表现1条。此外，第39窟（中心柱窟）也在天井的各个分区内雕刻出1条龙。

［60］第29窟将壁面分割成上下2层，左、右壁各4龛，正壁6龛。窟旁是尺寸及基本结构相同的第27、30窟。

［61］注60。第27、29窟天井中央是布置莲花的方形空间，从该处向八方延伸出射线状的分割线，将周围划分为8个空间，各空间内雕刻出奏乐飞天。这一形式将平綦顶的结构与大莲花及飞天相组合，可以称为平綦顶的派生型。

［62］第28–2窟残留有正始四年（507）与延昌三年（514）两个纪年铭。从该窟平整的天井及左、右壁在粗凿的状态下被放弃来看，这些小龛应是追刻。原始计划无法明确，但正壁佛坐像的背光（素纹）上方有成对的飞天浮雕，与第11、12、13窟外壁“一佛+千佛结构”近似，所以与507年以前这一时间判断并不矛盾。

［63］注60、61。第30窟在大小莲花的周围，雕刻着像引导着右绕一样飞翔的奏乐飞天。作为规模较大的洞窟未使用平綦顶型，而罕见地使用了与“大莲花+飞天型”近似的结构，可推测其吸收了小型窟的流行形式。『雲岡』第15卷図版42。

［64］第30窟的莲花也是同样结构。此外，第32–14窟虽然风化严重，但原本也应是同形式。《全集》第19卷图版46。

［65］三壁一坛二龛式的第13–4窟内小窟也使用了同形式的莲花。

［66］第27–2窟是开凿于高处的小窟，不仅出现了折叠式装饰，还带有主尊的悬裳呈U字形的部分垂下较长等特征，可以看出营造时间比开凿于低处

的第27、29窟等稍迟，反而与第32窟外壁小窟的规模及结构等一致，同时开凿的可能性较高。

［67］ 现在第32-11窟左壁已不见，但原本是三壁三龛窟的可能性很大。该窟在面向洞窟的左侧布置维摩，但洞窟右半已经消失，无法确认对应布置的文殊像。

［68］ 从样式及形式特征来看，该龛与上部的515年铭龛可视为基本同时完成。

［69］ 第5-34窟风化非常严重，现仅存右壁、天井及正壁的一部分。从痕迹来看，是三壁三龛窟的可能性很高。『雲岡』第2卷図版88写作第5G洞，实际为第5F洞（新编号第5-34窟）。参考『雲岡』第2巻本文26頁。《全集》第2卷图版347。

［70］《维摩诘所说经》卷下《香积佛品》，描述了维摩派遣的化菩萨，携带着上方佛国的香积佛所给予的饭钵，返回维摩诘、文殊、会众之处的场面。所以，维摩、文殊像之间的飞天可以理解为携带着盛满香饭的钵返回的化菩萨。大正藏第14卷552頁。

［71］ 中型三壁三龛窟雕刻维摩、文殊像的位置及表现方式可认为源自第6窟。

［72］注56，八木春生论文。

［73］ 麦积山石窟的编年可参考八木春生「天水麦積山石窟編年論」『泉屋博古館紀要第25巻』（2009年）。

［74］注56，八木春生论文188頁。

第四章　中小窟的营造理念

——以菩萨交脚像的位置为着眼点

前　言

第三章以迁都前后开始活跃的第11、12、13窟外壁窟龛的展开为中心，提取使用具有代表性的四种结构的窟龛（①一佛+千佛结构、②三尊结构、③三壁三龛式、④三壁一坛二龛式），并分析其与第5、6窟周边及西端诸窟的关系。其中，正壁及左、右壁雕刻同等大小佛龛的三壁三龛窟，在第21窟以西的西端区域数量最多（图3-7）。东部区域第13窟周边出现与其类似的三壁一坛二龛窟[1]（图3-8），二者对探讨云冈石窟与其他地区石窟的关系具有十分重要的意义。十分有趣的是，四种结构中，500年以后出现的主要结构（②三尊结构、③三壁三龛式、④三壁一坛二龛式）均以三尊坐像为中心。一般认为，构成窟龛的三尊像是代表过去、现在、未来的三世佛[2]。并且，左壁布置代表弥勒菩萨的菩萨交脚像的形式之后被广泛使用。其位置固定化的时间及地点与中小窟龛主题及造型上的变化等密切相关，但目前尚未有详细研究。所以，本章以三尊像构成窟龛时的尊像组合方式为着眼点，进一步探讨其定型化过程。

本章主要关注的是数量最多的三壁三龛窟，但就如后文所述，三壁三龛式的中型窟与小型窟[3]的尊像布局法不同，二者很有可能基于不同意图来决定尊像的结构（表4-1）。所以，下文首先明确中型三壁三龛窟与小型三壁三龛窟尊像布局法的差异。其次整理小型三壁三龛窟及其前后制作的小型窟龛（②三尊结构、④三壁一坛二龛式）的情况，以揭示共通的尊像布局规则。再次分析云冈石窟将菩萨交脚像纳入三世佛的背景，以及其在小型窟中定型化的过程。最后探讨对于迁都后大幅缩小的石窟空间来说最重要的要素，以探明第3期各窟的营造理念的一环。

表4-1　中型三壁三龛窟与小型三壁三龛窟

中型三壁三龛窟	第 25、28、33、34、35、37、40、41 窟
小型三壁三龛窟	（东部区域）第 5-38、5-40、11-16、12-4、13-15、13-17 窟 （西端区域）第 23-1、27-1、27-2、32-6、32-12、32-14、33-6、38-3、40-1、40-2、40-6 窟

一　研究背景、各定义

1. 三壁三龛窟名称的问题

作为衡量云冈石窟影响龙门石窟及其他地区造像的要素，三壁三龛窟一直备受关注。最初讨论这一问题的是吕采芷[4]。基于对造像样式及龛形等细节形式的分析，吕采芷将云冈石窟的三壁三龛窟分为前后两期，并认为龙门石窟与巩县石窟（位于今河南巩义）的三壁三龛窟是在云冈石窟的影响下发展而来的。其见解之后被宿白[5]等众多研究者接受。其后八木春生指出，龙门石窟以魏字洞为首的三壁三龛窟（图4-1），正壁残留基坛部分，配合壁面的宽度雕刻出像龛一样的凹陷，与左、右壁所开佛龛在结构和尺寸上都不同，所以“正确来讲不能称为三壁三龛式[6]”。并且，麦积山石窟迁都前的第128窟（图3–56）已经出现了仅在左、右壁开龛的结构，所以“不能断言三壁三龛形式一定是云冈石窟的独创”。对于龙门石窟的所谓“三壁三龛窟”，温玉成将初期阶段称为“三壁三龛式或三壁一坛二龛式[7]”，认为有必要注意结构上的区别。所以，本章与前章一样，仅将三壁分别开一大小相同的龛的形式称为“三壁三龛窟”，将云冈石窟第5–10、5–11窟等（图3–30）正壁设坛布置主尊和胁侍且左、右壁开龛的洞窟称为“三壁一坛二龛窟”。基于以上定义，云冈石窟现存25座三壁三龛窟[8]（表4–1）。

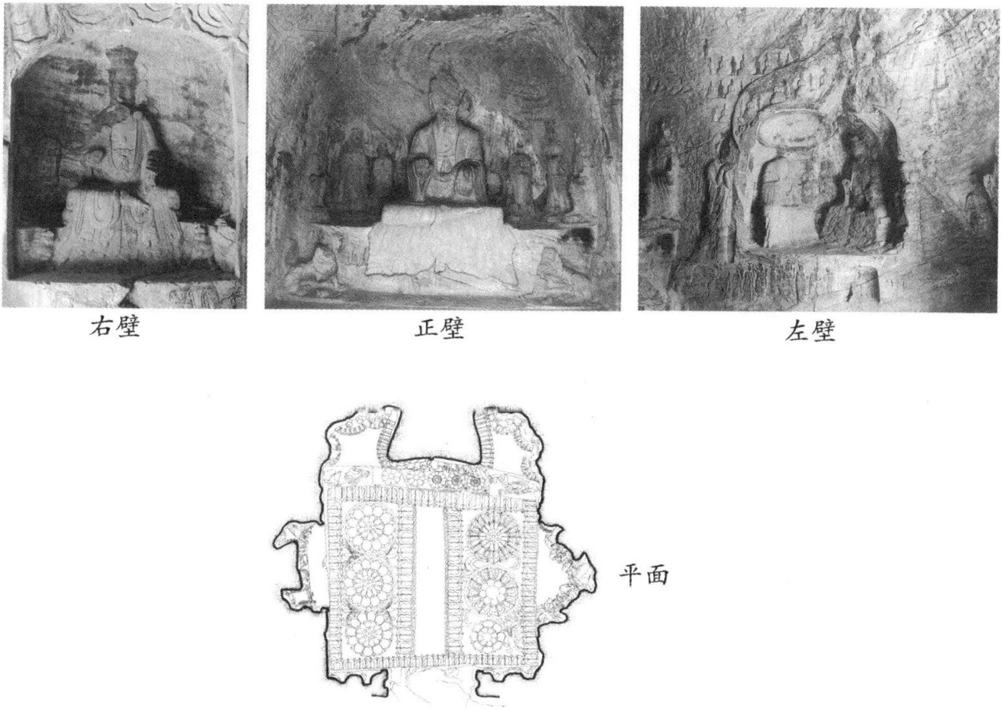

图4–1　龙门石窟皇甫公窟（527年）

2. 营造年代

西端诸窟为三壁三龛窟分布的中心，基本情况水野清一、长广敏雄已详细介绍[9]。第21窟以西的西端区域有三座纪年铭龛，分别是第28-2窟的正始四年（507）、延昌三年（514）铭龛（均为追刻，图0-14、图0-15）及第35窟门口的延昌四年（515）铭龛（追刻，图0-16）。未完成的第28-2窟在507年雕刻追刻龛前已被放弃，第35窟（三壁三龛窟，图3-37、图4-2）应在515年以前完成。此外，二位学者还认为，不止三壁三龛窟，规模相对较大的石窟（第27、28、29、30、33、34、36、37、39等窟）营造于“第5、6窟营造后至迁都前后的十年左右[10]”，也就是说完成于504年左右的可能性很高；第31、32窟周边“带有细致、精细造像”的小型窟（图3-46）营造于迁都后的10年至20年之间[11]。基于这些见解，第25、28、33、34、35、37窟等大部分中型三壁三龛窟至504年左右都已完成；主要分布于第2期各窟周边及第32窟以西的小型三壁三龛窟，基本制作于504年至514年左右。

其后，有学者就中型三壁三龛窟的具体年代提出了与水野、长广不同的意见。比如宿白认为第25、28窟（彩图8、图4-3）等早期中型三壁三龛窟可迟至宣武帝时期（499~515年）[12]。此外，参考第三章第四节，第25窟不仅正壁的结构可以看出第2期（第1、2窟）的影响，在平綦顶的中央布置交龙这种罕见的形式也与第11-16窟[13]（507年左右之前营造，图3-20）共通，可以认为其完成在499~507年左右。并且，第34窟以西的三壁三龛窟晚于其东侧的三壁三龛窟是现在较多研究者的共识[14]。最西的第41窟右壁完全崩塌，正壁及左壁的主尊也无法辨明细节（图3-38）；但从现状来看，三壁大小基本相同，基于与其结构相同的中型窟均为三壁三

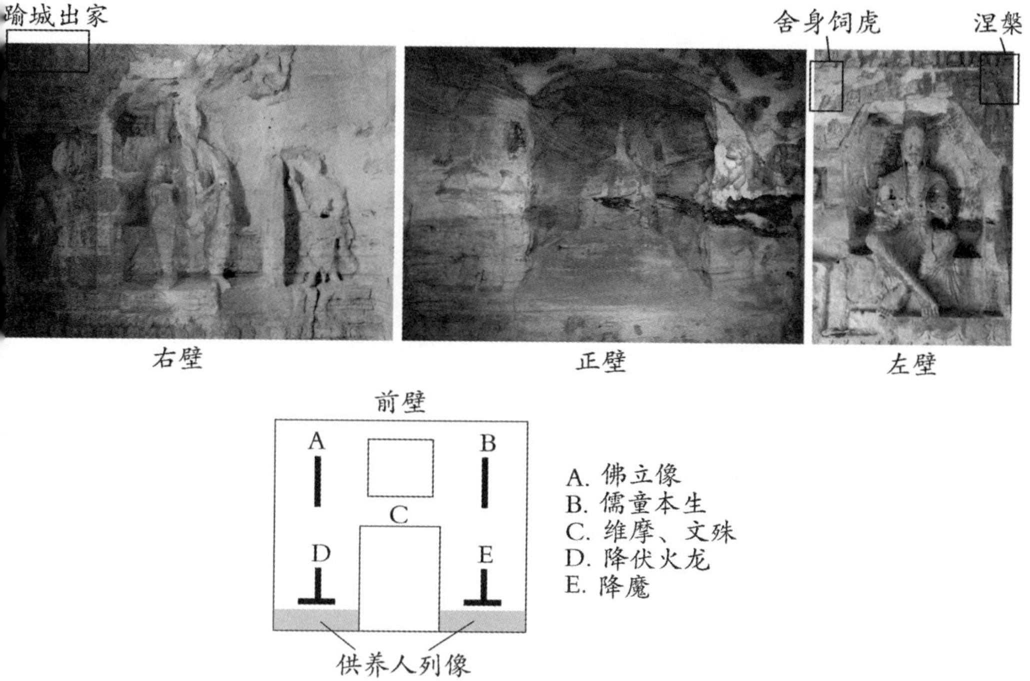

图4–2　第35窟

图4–3　第28窟

龛窟，推测该窟原本也应是三壁三龛窟[15]。其正壁雕刻出床帐形天盖龛，周围细致地雕刻出佛传浮雕，应是中型三壁三龛窟中完成最晚者，可能至507年左右以后[16]。

包括西端诸窟以外的全部三壁三龛窟中，可确认17座小型三壁三龛窟，其中第5-40窟有正光元年（520）铭（图0-18）[17]。宿白和吕采芷将小型三壁三龛窟的年代以515年前后为界分为前、后二期[18]。并且，宿白将小型三壁三龛窟第5-38窟置于515年左右以后，说明小型窟中出现三壁三龛式要晚于中型窟。小型三壁三龛窟的确没有早于第25、28窟等早期中型三壁三龛窟的实例，但就如吕采芷及八木春生所论述，可以认为小型三壁三龛窟的出现时间在515年以前[19]，比如第11-16窟（平綦顶型，图3-20）[20]。吕采芷分期的依据是造像细节的变化，其中一个要素是裳悬座，垂下较短的为早期（515年左右以前），又长又宽的为晚期（515年左右以后）。需要注意的是，第30、35窟及第19-2窟的515年铭龛（图0-17）等，可以看到衣端有细致的折叠纹[21]（图4-4）。在小型三壁三龛窟中，同样的表现方式可见于第23-1、32-6、32-12等窟，所以这些小窟应同样属于515年左右。其中也包含像第23-1窟[22]那样裳悬座稍短的造像（彩图9、图4-4），该窟天井（平綦顶型）

A.第35窟前壁下层东龛　B.第30窟右壁上层中龛　C.23-1窟正壁主尊

图4-4　衣端雕刻细致衣褶的示例

图4-5　第38窟天井

支条的交点雕刻出了圆环状装饰。同样的装饰仅出现在第38窟（图4-5），故第23-1窟的完成时间应比第38窟略早，在507年左右至515年之间。

所以，中型三壁三龛窟的制作时间始于499～507年左右，在515年以前基本结束，小型三壁三龛窟于507年左右之前也已经开始制作，并持续至520年左右。因此，中型三壁三龛窟与小型三壁三龛窟的营造时间大部分重合。目前已有学者指出，参与二者营造的工匠系统可能不同[23]。所以下节分别探讨中型窟与小型窟在尊像布局方面的特征。

二　中型三壁三龛窟与小型三壁三龛窟

本节将通过明确中型三壁三龛窟（第25、28、33、34、35、

37、40、41窟）与小型三壁三龛窟在尊像布局方法上的特征来说明二者的区别。

1. 中型三壁三龛窟左、右壁的结构

中型三壁三龛窟尊像及图像布局最大的特征是左右对称，或者说带有强烈的对应意识（图4–6）。第25、37窟左、右壁布置佛坐像，特别重视左右对称（彩图8、图4–7）。其他洞窟由于风化导致左、右壁总有一面难以明确主尊的坐姿，但各壁主尊以外的要素，也有列举如下的左、右壁对应意识：

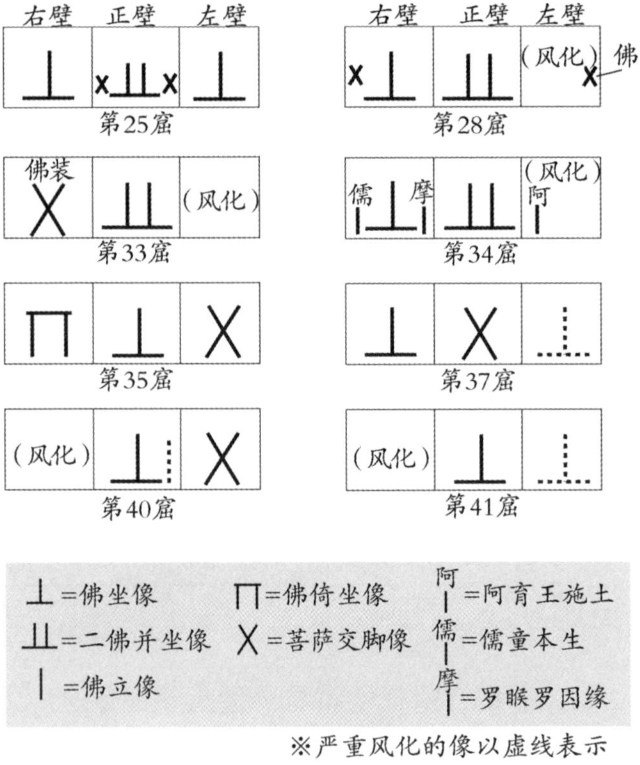

图4–6　中型三壁三龛窟的尊像布局

图4-7　第37窟

①第28窟左壁主尊已无存（图4-3），但右壁尖拱龛右胁雕刻出小型菩萨交脚像，左壁对应位置雕刻佛交脚像（图4-8）。右壁龛上部可辨认出踰城出家及爱马别离的场景；龛左右下部似乎各置一比丘立像。与之相对，左壁上部仅有飞天，未雕刻任何佛传场景，但龛左右下部雕刻出两行跪坐弟子像，可能表现了初转法轮的场景。若该推测正确的话，右壁到左壁展现了连续的场景。即便并非如此，至少菩萨交脚像与佛像、比丘立像与跪坐像也形成了造型上的对应关系。

②第33窟左壁主尊同样无存（图4-9）。右壁主尊为佛装交脚像，头部无存，龛上部左侧方形小龛内为佛坐像；左壁对应位置为坐于天盖下的佛像。右壁龛下部残存表现阿育王施土因缘的佛立像，左壁对应位置雕刻佛坐像。

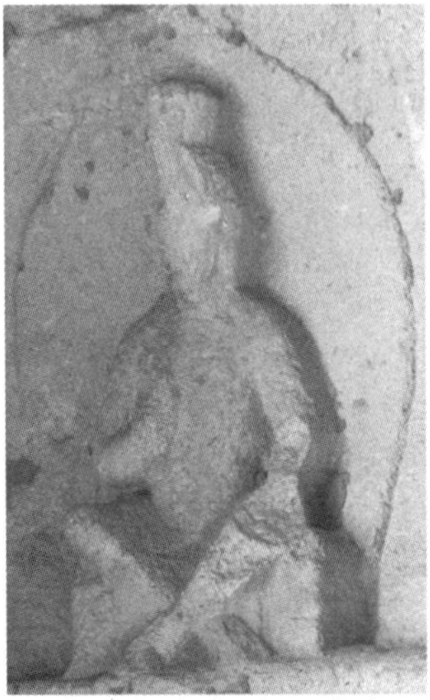

A.菩萨交脚像（右壁龛胁）　B.佛交脚像（左壁龛胁）

图4-8　第28窟左、右壁的小型交脚像

右壁　正壁　左壁

图4-9　第33窟

③第34窟左壁基本完全破损（图4-10）。右壁佛坐像龛左胁为佛立像（表现了释迦与其子罗睺罗见面），左壁对应位置可勉强辨认佛立像（阿育王施土）。虽然主题不同，但均为释迦立像。

图4-10　第34窟

④第37窟左、右壁布置佛坐像（图4-7）。右壁龛下部残存跪姿骆驼及身着胡服跪坐合掌人物的痕迹，表现了二商主献蜜的场景。左壁龛下部风化严重，除佛龛右侧拱端胁倚坐合掌的比丘像外，龛左下残存像马一样的跪姿动物痕迹（图4-11），若是鹿的话，可能表现的是初转法轮。至少，左、右壁佛龛在使用侍奉动物形象这点上共通，在图像的选择上考虑到造型的对应。

图4-11　第37窟左、右壁龛下部的动物

第40窟及41窟右壁完全无存，无法确认左、右壁的对应关系（图3-38、图4-12）。所以，现在可辨明雕刻内容的中型三壁三龛窟基本均以一定方式将左、右壁的造型进行对应。但各窟在三壁主

尊的坐姿组合上避免重复，也重视结构上的个性。从这种优先考虑造型的情况来看，并不能断言大部分中型三壁三龛窟的三佛分别对应过去、现在、未来三世佛[24]。

右壁　　正壁　　左壁

图4–12　第40窟

其中，第35窟是例外（图4–2）。该窟左、右壁主尊的坐姿并不对称，右壁为佛倚坐像、左壁为菩萨交脚像；龛外上部图像为踰城出家（右壁）、舍身饲虎及涅槃（左壁），至少不存在造型上的对应关系。但有趣的是，该窟左、右壁主尊坐姿的组合方式与接下来要探讨的小型三壁三龛窟存在关联。作为解读第35窟尊像结构的线索，下文先对小型窟的情况进行梳理。

2. 小型三壁三龛窟

小型窟中，三尊像均存的洞窟数量较少（图4–13），即便如此也可以注意到，与中型三壁三龛窟相比，其尊像布局基本没有左右对称的意识。在17座洞窟中，左、右壁布置同样坐姿尊像的仅有第40–6窟（图4–14）。

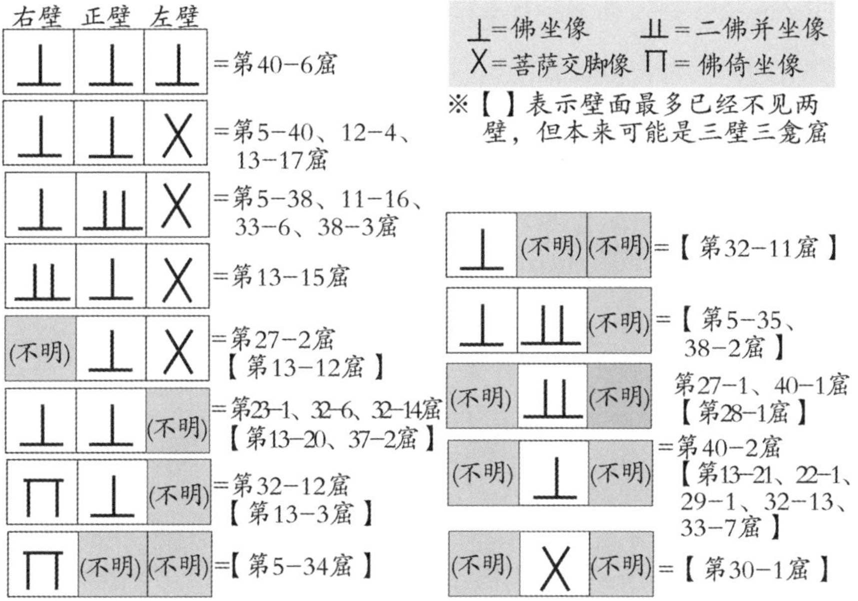

图4-13　小型三壁三龛窟及可能是三壁三龛窟的小型窟的尊像布局

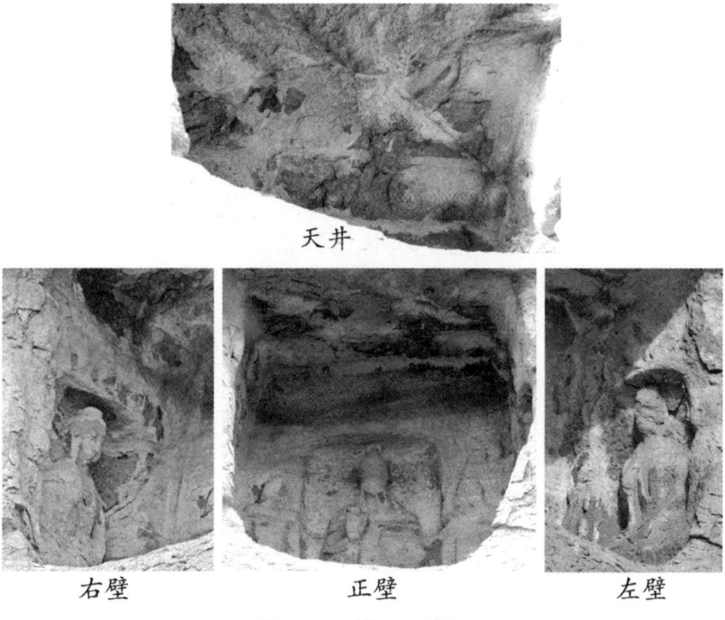

图4-14　第40-6窟

接下来确认具体的尊像结构。首先来看正壁主尊，17座洞窟中，11窟为佛坐像、6窟为二佛并坐像。其次，可辨识左壁主尊的10窟中，9窟为菩萨交脚像。菩萨交脚像并未出现在其他壁面上，因而可以明确左壁是菩萨交脚像的固定位置。最后，可辨识右壁主尊的13窟中，11窟为佛坐像，佛倚坐像及二佛并坐像各1窟。尽管数量很少，但佛倚坐像固定出现在右壁的可能性很高。综上，可以明确以下3点特征：

①菩萨交脚像的固定位置是左壁。

②佛倚坐像的固定位置很可能是右壁。

③二佛并坐像在正壁或右壁。

此外，如图4–13所示，由于风化最多2壁主尊已不明，但可能是三壁三龛式的小窟共有15座（第5–34、28–1窟等）。其中除1例将菩萨交脚像布置在正壁（第30–1窟）外，均符合以上3个特征。

前文已经提到，中型三壁三龛窟的尊像结构有意避免定型化，但小型三壁三龛窟则相反，尊像布局具有一定的规则。若特别留意菩萨交脚像的位置，这种对比则更为明显。第25、28窟等早期中型三壁三龛窟的菩萨交脚像并不是主要造像，而是附属于壁面主尊的小像（图4–6）。菩萨交脚像成为中型三壁三龛窟三壁中某一壁面的主尊，是在第35窟以西的阶段。其中也有像第37窟一样将菩萨交脚像布置在正壁的实例，故中型三壁三龛窟菩萨交脚像的位置并未固定。第一节已明确小型三壁三龛窟中的早期作品，如第11–16窟（图3–20），营造于507年左右之前。第35窟的年代并不晚于515年，但佛坐像的裳悬座较为发达，楣拱额雕刻出折叠式装饰，前壁使用了复杂的结构（图3–37、图4–2），其中并不存在早于早期小型三壁三龛窟的要素。所以，小型窟将菩萨交脚像布置在左壁的时间要早于中型三壁三龛窟，可以视为小型窟的流行要素被中型窟吸收了[25]。

第三章提到小型窟采用三壁三龛式之前，第5窟及第13窟外壁等位置营造了布置有3尊像的三尊结构窟龛（图3-6），三壁三龛窟出现后，营造了三壁一坛二龛式的小窟（图3-8）。因此，下节对这些营造于三壁三龛窟前后的小窟龛的尊像布局情况进行确认，以理解尊像布局固定化的时间及背景。

三　小型三壁三龛窟的周边与尊像布局的特征

前节明确的小型三壁三龛窟与中型三壁三龛窟明显不同的尊像布局规则到底是如何产生的呢？本节将探讨对象的范围扩大，按三尊结构（坐像）的窟龛、三壁一坛二龛窟的顺序梳理小型窟龛的尊像布局法，以揭示与小型三壁三龛窟相同的特征在其他小型窟龛中也广泛存在。

1. 三尊结构的窟龛

壁面不开龛仅布置3尊像的结构（三尊结构）早于三壁三龛窟，在500年前后出现于第5-2等窟（第三章）。其中也有左右为佛立像的实例，而3尊均为坐像的窟龛有第5-2窟，第13-18、13-31、13-34龛，共4座（图3-6、图3-25、图3-26）。这些窟龛的主尊及右像为佛坐像，左像为菩萨交脚像，在尊像布局上完全没有左右对称的意识，也没有各窟使用不同结构的意识（图4-15）。

2. 三壁一坛二龛窟

以第5-10、5-11窟[26]及第13窟周边为中心营造的三壁一坛二龛窟（共7座，图3-8、图3-30）虽然出现于515年以前，但晚于三壁三龛窟（第三章）。7座洞窟均在正壁设坛布置佛坐像（图4–15）；6座洞窟中有5座的右壁为佛坐像；1座为二佛并坐像；可以确认左壁图像的6座均为菩萨交脚像。

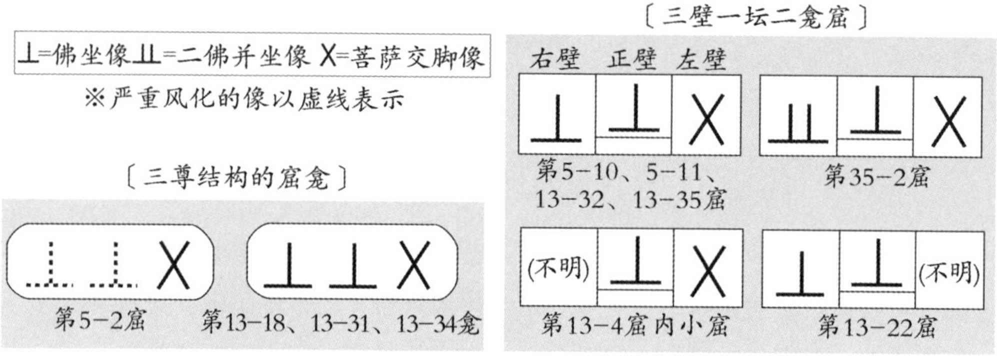

图4–15　三尊结构及三壁一坛二龛式窟龛的尊像布局

3. 小型窟龛尊像布局的特征

基于以上43座小型三壁三龛窟及其相关窟龛，可将小型窟龛尊像布局的特征总结如下：①菩萨交脚像位于左壁；②像佛倚坐像一样的特殊像数量虽少，但一般布置在右壁（二佛并坐像在正壁或右壁）。佛倚坐像仅出现于小型三壁三龛窟及原本可能是三壁三龛窟的洞窟中。此外，菩萨交脚像作为三佛左像使用要早于三壁三龛窟，可以追溯到残留第2期造像影响的第5–2窟及第13–18龛等500年前后制作的三尊结构窟龛。尊像位置在三尊结构出现时就已固定，这一现象十分有趣。菩萨交脚像及佛倚坐像等尊像的基本布局，在之后三壁三龛式、三壁一坛二龛式等不同洞窟形式不断出现之时也基本保持不变。从这一角度来看，可以认为由3尊坐像构成的小型窟龛尊像布局的背后，存在始终如一的意图。

云冈石窟中布置三佛的洞窟，可上溯到最初期的昙曜五窟（第16～20窟），表现的是三世佛[27]。包含菩萨交脚像在内的三佛，也已经出现于昙曜五窟的第17窟（图1–33）。但这些均为石窟的主尊，与第3期小型窟的布局不同。并且昙曜五窟的三佛，姿势及着衣形式大多基本一致，很难通过造型判断哪个是未来佛、哪个是过去佛。其他地区也一样，如麦积山石窟（在今甘肃省天水市）营造了较多布置三佛的中小洞窟，从最初期的第74、78等窟开始使用三尊结构（图4–16），之后也长时间偏爱之[28]，三佛基本均为佛坐像，直至北魏后期（6世纪10年代～534年左右）的第101窟及第142窟，才将菩萨交脚像纳入三佛组合中，[29]（图4–17）。其他地区石窟出现包含菩萨交脚像在内的三佛，也均迟于云冈石窟，因此菩萨交脚像固定为三佛之一尊，可以说是云冈石窟独自的发展。为理解这种尊像布局意图，应于云冈石窟内部脉络之中进行探讨。

右壁　　正壁　　左壁

图4–16　麦积山石窟第78窟

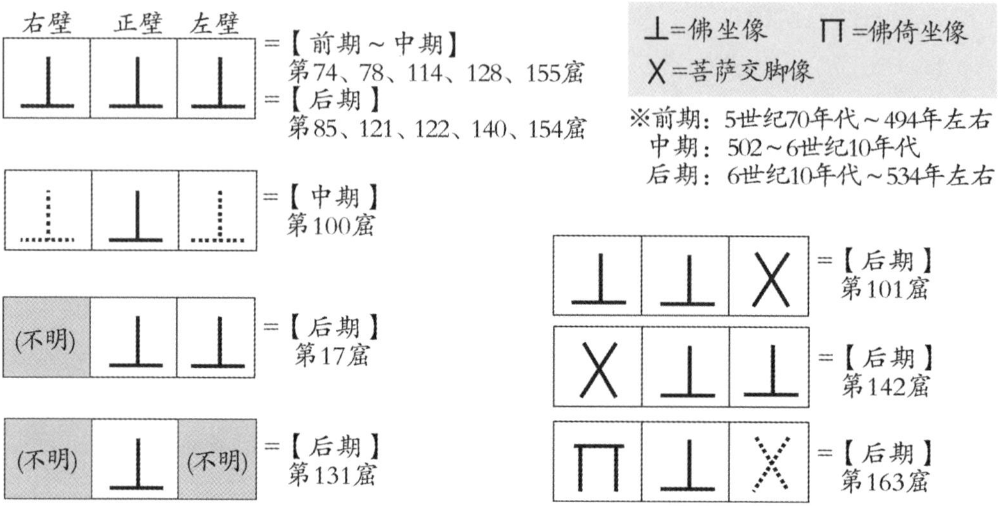

图4-17　麦积山石窟北魏窟的尊像布局

四　三佛的造型与布局的意义

由3尊坐像构成的云冈石窟小型窟龛中，佛倚坐像是基于怎样的意图布置于右壁的？又为何要将菩萨交脚像的位置固定？本节将参考三尊结构小型窟龛出现以前的情况，对这些问题进行探讨。

1. 布置在右壁的佛倚坐像

除佛坐像外，小型三壁三龛窟及制作于其前后的大部分小窟龛的右壁为二佛并坐像或佛倚坐像。佛倚坐像的尊格有释迦佛、弥勒佛及过去佛等看法，并不统一，解读存在较大的分歧[30]。从图4–13及4–15可知，第3期中将佛倚坐像纳入三佛的情况仅出现于三壁三龛窟（或本来可能属于三壁三龛窟）。现在确定是三壁三龛窟的有第32–12窟（图3–46）、第5–34窟（图4–18）、第13–3窟

右壁

天井

图4–18　第5–34窟

（图3–53），这3窟使用了一佛二菩萨二弟子的五尊像结构[31]，另外还有515年以前完成的第35窟（中型三壁三龛窟，图4–2）。并且，第32–12窟与第13–3窟还使用了出现较迟的床帐形天盖龛（详见第五章）。也就是说，即使是三壁三龛窟，早期的作品也不见将佛倚坐像纳入三佛的情况。所以，部分中小窟将佛倚坐像纳入三佛结构只是一时的现象，很难说云冈石窟在这之后也固定使用这种形式。

2. 布置于右壁的图像——由三壁三龛式派生出的小型窟

为了解佛倚坐像固定在右壁的背景，需要参考从三壁三龛式派生而来的3座小窟（第11–5、13–16、36–1窟，彩图10、图4–19、图4–20）。这些洞窟在正壁及左壁开龛，正壁主尊为佛坐像或二佛并坐像，左壁均为菩萨交脚像，与目前所见由3尊坐像构成窟龛的基本尊像布局相同，差别在于右壁以千佛或佛立像等取代开龛。第11–5、36–1窟右壁整体雕刻千佛（图4–19、图4–20），第13–16窟虽然右壁部分破损，但仍能看到表现儒童本生与阿育王施土因缘的并置佛立像（彩图10）。

3窟的制作时间应在515年前后或之后。究其理由，首先，第13-16窟佛坐像裳悬座垂下的衣端较长，雕刻出细致的衣褶。其次，第11-5窟的天井未表现莲花等图像，仅有2身飞天（图4-21），这种形式仅见于第5-40窟（520年，图0-18）。此外，位于第35窟和36窟之间的第36-1窟，其左壁菩萨交脚像龛的上方浅刻出5尊佛坐像（图4-20），类似的小型窟还有第5-40窟、第27-2、32-6窟等（图4-22）。就像第三章已经探讨的那样，这种本来于龛上方布置2行千佛的形式，在第33窟以西的中型三壁三龛窟中尤

天井

右壁

正壁

左壁

图4-19　第11-5窟

图4–20　第36–1窟

图4–21　第11–5窟天井

图4–22　第27–2窟左壁上层的千佛

为流行（图4–7、图4–9、图4–12）。小型窟吸收中型窟的流行形式时，很可能省略了其中1行。也就是说，这些派生型三壁三龛窟，是在典型的小型三壁三龛窟出现并存在一定时间后才出现的。与将佛倚坐像布置于右壁的其他小窟一样，二者的制作时间相重叠。

综上，采用特殊尊像和图像的小窟集中制作于短时期内，在这期间菩萨交脚像的位置固定化，值得注意的是完全不见左右壁尊像、图像交替的实例。从这点来看，以上3窟右壁的千佛、佛立像及其他小窟右壁的佛倚坐像、二佛并坐像之间应存在一定的共通点。很难通过造型上的特征来分辨千佛到底是过去、现在或是未来的诸佛，但敦煌莫高窟（在今甘肃省）有在右壁描绘过去佛、左壁描绘未来佛的实例[32]。此外，儒童本生表现了定光佛（过去佛）为儒童（未来的释迦佛）授记的场景，阿育王施土因缘表现了释迦（现在佛）为童子（未来的阿育王）授记的场景。所以，二者的并列可理解为从过去到现在、再到未来的佛法继承。但据李静杰研究，这一时期中国将二图像混同，很可能均被理解为定光佛[33]，按照这一说法，那么这些洞窟的右壁亦是过去佛[34]。并且，西域出土过将表现儒童本生的佛立像（定光佛）置于中央主尊右手侧的实例（图4-23），右像为过去佛的布局法在早期阶段已经传入中国的可能性已被指出[35]。

图4-23　索托拉克（shotorak）出土的佛三尊像

也有用下生后的弥勒佛来解读佛倚坐像的观点[36]，但迁都后的大量作品中，有不少难以用弥勒佛来解释。如第16窟南壁下层的追刻龛〔64、65〕（图4-24）及第22龛（图4-25）、第38窟右壁（图4-26），佛龛上部像千佛一样并置了较多小型佛倚坐像。第16窟二龛由于风化严重主尊不明，但第22龛、第38窟正壁主尊均为二佛并坐像。若依据二佛并坐像的出典《妙法莲华经》来解读这些窟龛的图像结构的话，佛倚坐像的列像可能是《序品》中的日月灯明佛。日月灯明佛是在过去世宣说《法华经》之佛，其后同一名号的佛在同家系、同氏族出现2万人，守护并传播《法华经》的教诲[37]。这是强调《法华经》作为真实的教诲在漫长的年月中被反复说讲、洗练的重要一节。也就是说，这些并列的佛倚坐像群像可以理解为以同一坐姿表现同一名号的佛的结果；至少迁都后的云冈石窟存在部分难以解释为弥勒佛的佛倚坐像。

图4-24　第16窟南壁佛龛〔64、65〕

图4-25　第22龛

图4-26　第38窟右壁

在布置3尊坐像的窟龛中单独提取右壁的种种图像，一定可以进行多样的解读。但从整体来看，云冈石窟第3期小型窟龛右壁的图像为过去佛，与左壁未来佛（菩萨交脚像）相对，是最有可能的。右壁的尊像不像左壁那样固定，而这一时期除与本生相关的图像（儒童本生等）及二佛并坐像（释迦与作为过去佛的多宝佛）外，并没有明确表现过去佛的图像和尊像，这反映出在有限的空间中不断尝试将同一主题造型化的情形。

3. 菩萨交脚像固定于左壁的过程及意义

接下来探讨菩萨交脚像固定于左壁的过程。首先，昙曜五窟除第17窟外，三佛不见菩萨交脚像。其后，第7、8、9、10窟等云冈石窟第2期洞窟，偏好以壁面上层模拟天上世界，布置菩萨交脚像（弥勒菩萨像）[38]。独立发愿营造的佛龛，如太和七年（483）、太和十三年（489）铭龛（图0–7、图0–9）及第11窟内没有纪年铭的数龛[39]，在将菩萨交脚像与二佛并坐像等以垂直方向进行组合时，大部分也将菩萨交脚像置于上方[40]。但第11及13窟以水平方向组合佛龛时（图4–27），以菩萨交脚像为首的尊像布局基本没有规则[41]。

转捩点是稍迟营造的第6窟[42]。第6窟与第5窟一样，均为佛像着衣形式已完全汉化的石窟。窟内中心柱4面均分上下2层[43]（图4–28），各面下层分别开一大龛，其中布置尊像。以右绕的顺序来看，南面（正面）佛坐像、西面（右面）佛倚坐像[44]、北面（背面）二佛并坐像、东面（左面）菩萨交脚像。第6窟是最早的完整的中心柱窟，也是最早将与其他尊像相组合的菩萨交脚像置于左壁的大型窟。问题在于对这一布局的解释。曾布川宽认为正面的佛坐像为释迦、此外3面按右绕的顺序分别为过去佛（佛倚

图4-27　第11窟西壁佛龛〔33、34、35〕

※菩萨交脚像龛为〔33〕、塔为〔34〕、佛坐像龛为〔35〕

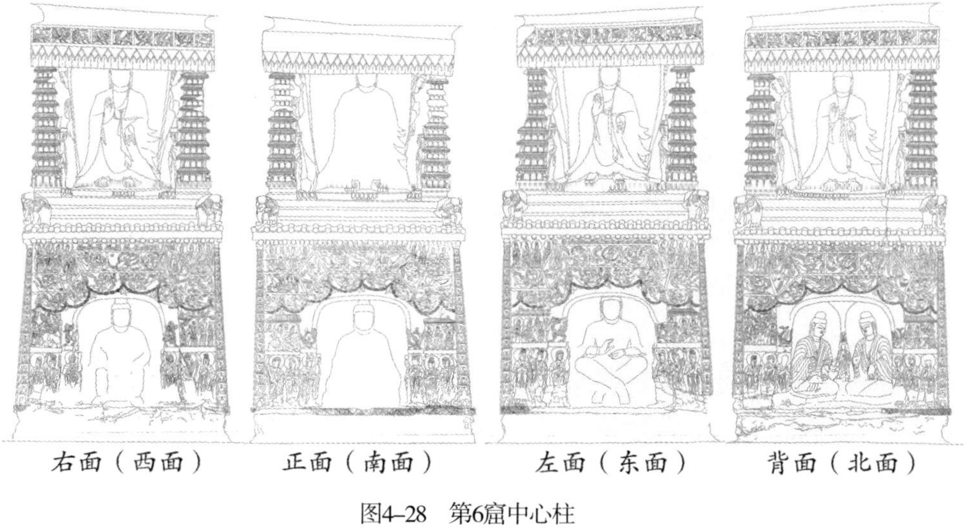

图4-28　第6窟中心柱

坐像）、现在佛（二佛并坐像）、未来佛（菩萨交脚像）等三世佛[45]。李静杰以第6窟菩萨交脚像位于东侧（左壁）为由，认为太阳升起的东方带有新事物产生的象征含义，与将来成佛的弥勒菩萨的尊格相应[46]。

除云冈石窟外，以水平方向布置过去佛与释迦、弥勒的先例可举出北凉石塔（图4–29）。北凉石塔周围并置着过去七佛与弥勒等8尊像，并且下部刻划出八卦符号等图像。殷光明已经指出，尊像按照《周易·说卦传》"帝出乎震"一节的后天八卦方位图排列[47]，北方的坎卦方位为释迦佛，东北方的艮卦方位为弥勒菩萨（或佛）（图4–30）。虽然凉州地区曾给予云冈石窟巨大影响，但北凉石塔与云冈石窟第6窟在时间、地域、规模、形状上都有较大区别，难以想象二者之间有直接的影响关系。但是，至少模仿塔并于水平方向布置过去佛、释迦与弥勒的结构确有先例，而云冈石窟第6窟将菩萨交脚像布置于中心柱东面下层，给到此为止存在的一种壁面结构规则带来了较大变化。

图4–29　高善穆塔

其后出现的布置3尊坐像的小型窟龛，看起来与第6窟似乎没有太大关系。但第11、12、13窟外壁和第5、6窟周边的"一佛+千佛结构"佛龛及出现并固定化带有菩萨交脚像的三尊结构窟龛，其装

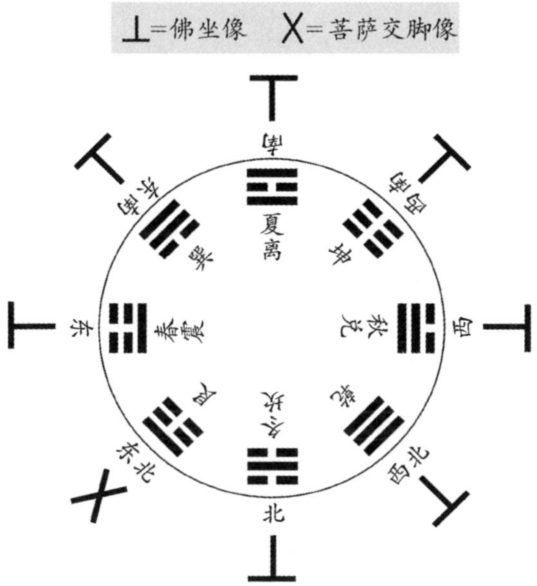

图4–30　北凉石塔尊像的布局与后天八卦方位的对应

饰要素较多地显示出对第6窟的参考（详见第三章）。这里以引导方位与观者视线为着眼点概览迁都后窟龛的造型，如第11–8龛（一佛+千佛结构，图4–31）天井的东、西分别雕刻日、月，第25窟（早期中型三壁三龛窟，彩图8）也分别在天井的东侧和西侧布置手捧太阳和月牙的飞天、中央布置南向的交龙。像这样将中国传统图像布置在实际方位的中小窟龛，能举出数例。再者，第11、12、13窟外壁的三壁三龛窟在天井中央雕刻手捧莲花或者像引导礼拜者右绕一样回旋的飞天（第三章，图3–19、图3–20）。通过这些实例可以了解到，至少从“一佛+千佛结构”窟龛的制作开始，方位在一定程度上成为决定窟龛内图像布局的要素。与三尊结构窟龛的出

图4-31　第11-8龛

现同步，在主尊东侧（或者左壁）布置菩萨交脚像的结构固定化，很可能正是由于经历了这样的阶段。并且小型三壁三龛窟出现时，空间内即使没有中心柱，也以天人的飞行方向显示右绕礼拜的路线。也就是说，第6窟于右绕中心柱时最后出现的壁面即太阳升起的东方布置菩萨交脚像，这种意识在之后的小型窟龛的空间结构中以多种多样的形式被继承和发展。

小型窟龛中的三佛并非全是佛坐像，而是将左像表现为菩萨交脚像，以弥勒菩萨像象征未来佛所导致的最大后果，是将无法特定的现在佛自然而然地引导成与弥勒菩萨具有谱系关系的释迦像。云冈石窟的营造以国家性质很强的北魏佛教为背景，造像表现出浓烈的释迦佛信仰，不断营造释迦佛及可归于释迦佛信仰的像[48]。弥勒菩萨像的流行，也是在《魏书·释老志》所载释迦佛继过去六佛成道，将来有弥勒佛继释迦降世这一谱系关系被广泛接受的背景下出现的[49]，可以说是深深扎根于释迦佛信仰才结出的果实。所以，将可能决定云冈石窟之后菩萨交脚像位置的实例归结于特别强调释迦故事的第6窟，是合情合理的。再加上曾布川氏曾提到，由释迦到弥勒这种继承关系及该图像象征的佛法永续，与皇统的永续相重叠[50]。这些正是云冈式三世佛新形式之后固定化的依据。

结　语

上文以云冈石窟三壁三龛窟的尊像布局法为着眼点，明确了中型窟与小型窟的区别，以及小型三壁三龛窟尊像布局规则出现的背景。下文进一步整理中小窟龛的关系。

三壁三龛式在中、小型窟中大致同时出现，但尊像布局存在不同的规则。中型三壁三龛窟的尊像布局特征是重视左右对称[51]，并极力避免结构（3壁主尊的坐姿及布局的组合）的重复。特别是重视左右对称这一意识，继承自喜好使用成对图像的第2期各窟[52]。并且，第28窟以西的中型三壁三龛窟流行在佛龛左右上方雕刻成对的佛传浮雕，第35窟也和第6窟一样在门口上方布置维摩、文殊像，这些明显源自第2期各窟的图像有增加的倾向。也就是说，中型三壁三龛窟最关心的是将第2期各窟的各种要素在小空间内进行重组。从这一角度来看，中型三壁三龛窟具有保守的性质。

如第二节所述，左、右壁尊像坐姿不同的第35窟是中型三壁三龛窟中的例外。但与其说第35窟是独创的，不如说它是与第11、12、13窟外壁佛龛在向小型窟发展过程中确立并固定下来的尊像布局法一致。受小型窟影响的中型三壁三龛窟可以举出数例，如在第35窟前后营造的第33、34、41等中型三壁三龛窟，吸收了小型窟的流行要素（五尊像结构、床帐形天盖龛等），第35窟可能也是其中的一员，在决定窟内尊像结构时借鉴了小型窟。

另一方面，小型三壁三龛窟与中型三壁三龛窟的制作时间大部分重合，其中也可见中型三壁三龛窟的部分影响，如在周壁最上部布置千佛等，但是石窟本质的要素基本不见中型窟的影响。直接影响小型三壁三龛窟尊像布局的，是营造于第5窟及第11、12、13窟外壁的三尊结构小窟龛。第5窟外壁三尊结构小窟（第5-2窟等）中产生了以菩萨交脚像表示未来佛的新型三世佛表现方式，并向第11、12、13窟外壁的小窟龛扩散，且进一步被同一区域及西端区域的小型三壁三龛窟、三壁一坛二龛窟继承，与避免结构重复的中型三壁三龛窟对比鲜明。此外，表现弥勒菩萨的菩萨交脚像的位置固定在左壁，形成了从不特定的过去佛（右壁）到释迦（正壁），再到弥勒菩萨（左壁），这种基于更为明确的谱系的结构，并且逐渐固定下来。综上，中型三壁三龛窟与小型三壁三龛窟之间虽然有一定的影响关系，但主要在不同的基本构造上各自发展，所以二者很可能出自不同的工匠集团。

最后留下的问题，是如何评价第6窟在以上发展过程中所扮演的角色。云冈石窟中带有菩萨交脚像的新型三世佛表现，首先固定出现在东部区域的小窟龛（第5、6，11、12、13窟外壁）中，很难想象第6窟中心柱没有带来什么影响。就像第三章中提到，第6窟造像给这一带窟龛带来的影响，表现在以头发及着衣细节为首的各种要素中。虽然对这些要素的模仿不断减少，但同时出现了三尊结构窟龛（图3-6、图3-25），接着是三壁三龛窟与三壁一坛二龛窟。该区域最先出现的“一佛+千佛结构”佛龛有意识地将方位与造像进行对应，如将日、月分别布置在东、西方。说不定从这一阶段起，第11、12、13窟外壁的小窟已经脱离了单纯模仿第6窟造型的阶段，逐渐向下一阶段发展，即对造像布局法这种造窟理念进行模仿。

无论如何，不仅将弥勒菩萨像纳入三佛，连布局都已决定、固定化，这是云冈石窟出现的新的展开。以将弥勒菩萨像作为石窟主尊的第17窟及将其布置在中心柱东面的第6窟为造型上的渊源，三尊结构的窟龛在500年前后固定化，之后被小型三壁三龛窟继承。迁都后的造像活动中，保留在迅速小型化的石窟空间中的三世佛，其主题、形式这两方面都符合云冈石窟自昙曜五窟以来的传统与造像的展开。迁都后民众的造像活动并未改变云冈造像的本质，显示出其独自变化的连续性。

在小型窟中定型的云冈式新三世佛表现，虽然其后变化着形态，但一直保持着弥勒菩萨像的布局法，给炳灵寺石窟第126、132窟（图4–32）及巩县石窟第3、4窟等各地的三佛结构石窟及中心柱窟带来影响。从创立了影响其他地区造像展开的结构这点来看，云冈石窟小型窟发挥的作用绝不算小。

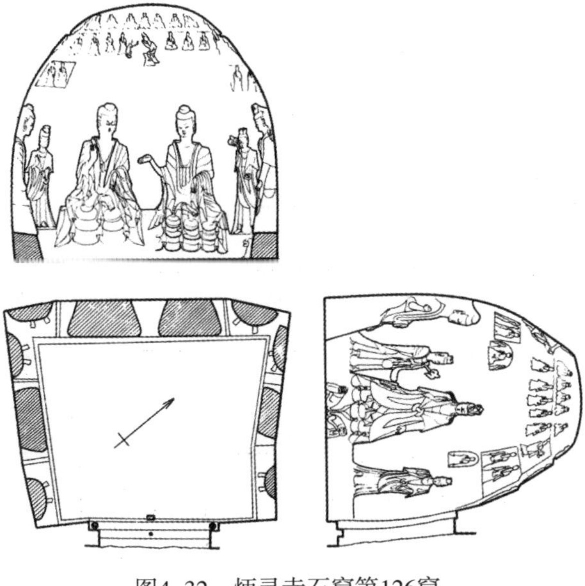

图4–32　炳灵寺石窟第126窟

注：

［1］后文会详细论述，早期研究在探讨云冈石窟第3期各窟在洞窟形式上对龙门石窟的影响时，不区别三壁三龛窟与三壁一坛二龛窟，均称为三壁三龛窟，但近年八木春生提出应加以区别，笔者沿用了这一观点。相关的代表作列举如下：

・水野清一・長廣敏雄『雲岡石窟—西暦五世紀における中國北部佛教窟院の考古學的調査報告—東方文化研究所調査　昭和十三年–昭和二十年』第15巻（京都大学人文科学研究所雲岡刊行会、1955年。以下简称『雲岡』）。

・温玉成「龍門北朝期小龕の類型と分期および北朝期石窟の編年」龍門文物保管所・北京大学考古系編『中国石窟　龍門石窟』第1巻（平凡社、1987年）。

・宿白「洛陽地方における北朝期石窟の初步的考察」『中国石窟　龍門石窟』第1巻（平凡社、1987年）。

・宿白「平城における国力の集中と<雲岡様式>の形成と発展」雲岡石窟文物保管所編『中国石窟　雲岡石窟』第1巻（平凡社、1989年）。

・吕采芷「北魏後期の三壁三龕窟」雲岡石窟文物保管所編『中国石窟　雲岡石窟』第2巻（平凡社、1990年）。

・八木春生「雲岡石窟第三期諸窟についての一考察」『中国仏教美術と漢民族化—北魏時代後期を中心として』（法藏館、2004年。初刊于2002年）。

・衣丽都（大西磨希子訳）「雲岡余照—第三期窟研究序説—」京都大学人文科学研究所、中国社会科学院考古研究所編『雲岡石窟』第20巻（科学出版社東京、2017年，以下简称『雲岡［新報告］』）。

［2］刘慧达《北魏石窟中的“三佛”》，《考古学报》1958年第4期，《北魏石窟与禅》，《考古学报》1978年第3期。

［3］本书将带有前、主室的洞窟及高5米、宽7米、进深8米以上的单室窟称为大型窟；不满足大型窟条件但高2.5米、宽2米、进深2.5米以上，并接近地面开凿的洞窟称为中型窟；不满足中型窟条件的称为小型窟。中型三壁三龛窟的尺寸参考雲岡石窟文物保管所編『中国石窟　雲岡石窟』第2卷（平凡社、1990年）中的内容总录。由于大部分小型窟开凿于中型窟周围比较高的位置，故编为附号。

［4］注1，吕采芷论文。

［5］注1，宿白1989年论文。

［6］注1，八木春生论文188頁。之后衣丽都也将2种洞窟形式加以区别，认为云冈石窟的三壁一坛二龛窟影响了龙门石窟。注1，衣丽都论文78頁。

［7］注1，温玉成论文207頁。

［8］将远离西端诸窟的东部第4-1窟判断为三壁三龛的较多。但如『雲岡』第1卷図版115A・B所见，由于风化无法判断正壁主尊周围是否雕刻有佛龛的装饰，故无法否认原本是三壁一坛二龛式的可能性。并且右壁似乎是未完成的状态，亦不知原本计划雕刻佛坐像还是佛倚坐像。所以本章将其从探讨对象中排除。『雲岡』第1卷本文28頁、図版113～115。

［9］『雲岡』第15卷本文41～59、63～68頁，第16卷『雲岡造窟次第』5頁。

［10］『雲岡』第15卷本文68頁。

［11］注10。

［12］具体参考注1，宿白1989年、吕采芷、八木春生、衣丽都论文。此外，近年岡村秀典将第3期又细分为3阶段。虽然指出第28窟与第34、37、40窟之间采用了共通的装饰，但仍将第28窟置于第1阶段（495～507），第34、35、37、40窟等置于第2阶段（507～515）。具体参考『雲岡［新報告］』第20卷本文153～158頁図版解説『西端諸洞』。

［13］第11-16窟破坏了第11-14窟（489年）的一部分，所以应该比其晚

营造。『雲岡』第10卷本文25頁。并且，就像第三章提到，第11–16窟左壁楣拱额内不仅有飞天、莲花化生，还在各空间内散布着小莲蕾。这种组合仅见于云冈的第27、29窟，所以3窟的制作时间应基本重合。第27窟上方有带有507年铭龛的第28–2窟，所以第27窟应完成于507年以前。第11–16窟与第29窟也同时期完成。

［14］虽然第35窟的年代沿用水野、長廣说的情况较多，但宿白提出了515年以后的看法。宿白1989年论文（注1）。

［15］基于同样的理由，相邻的第40窟原本也应是三壁三龛窟。

［16］第41窟正壁的天盖龛是模仿床帐的特殊形式，与主要出现于第32窟周边的小型窟的形式一致。并且，西端诸窟在第31窟以东也不见天盖雕刻出鱼鳞状的垂饰（鳞状垂饰）的其他例子，所以应晚于位于东侧的第28–2窟的507年铭龛。详见第五章。

［17］刘建军《云冈石窟考古新发现的相关问题讨论》，研究代表者岡村秀典『北魏時代の平城と雲岡の歷史考古学的研究 平成17年度~平成19年度科学研究費補助金基盤研究B研究成果報告書』（2008年）。

［18］严格来讲二者的观点有一些不同。宿白将第3期分为宣武帝期（499～514年）及其末年以后（515～525年左右）。吕采芷以515年左右作为前后期的分界，比宿白略为宽松。具体参考宿白1989年论文及吕采芷论文（注1）。

［19］注1，吕采芷、八木春生论文。

［20］注13。

［21］岡田健·石松日奈子「中国南北朝時代の如来像着衣の研究（下）」『美術研究』357号（東京国立文化財研究所、1993年）227頁。二位在对云冈石窟迁都后裳悬座的特征进行描述时指出，“2个U字形并列、悬裳的衣纹呈连续的S字形等特点，与6世纪10年代到20年代的龙门石窟古阳洞的裳悬座接近，有可能反过来受到了龙门石窟的影响”。

［22］张焯主编《云冈石窟全集》第18卷：第21–31窟（青岛出版社，2017年。以下简称《全集》）图版84、85。

［23］八木春生（姚瑶译）《云冈石窟第三期诸窟的编年》，《云冈石窟研究院院刊》2014年总2期。

［24］王友奎认为这种左右对称的布局法是对第2期各窟偏好的造型感的继承，各窟的主题是对基于弥勒信仰及《法华经》的一乘教法等的象征。王友奎《云冈石窟图像组合研究》（清华大学，2017年，博士论文）101页。

［25］第33窟及第34窟使用了与周边小型窟共通的图像，如五尊像形式。八木春生2014年论文（注23）。

［26］『雲岡』第2巻図版61～85。宿白1989年论文（注1）将第5–10窟划分在515年前后，第5–11窟在515年以后。

［27］注2，刘慧达1958年论文。

［28］麦积山石窟的三佛结构可以参考東山健吾「麦積山石窟の研究と初期石窟に関する二，三の問題」天水麦積山石窟芸術研究所編『中国石窟　麦積山石窟』（平凡社、1987年），久野美樹「中国初期石窟と観仏三昧—麦積山石窟を中心として—」『佛教藝術』176号（每日新聞社、1988年）。编年参考八木春生「天水麦積山石窟編年論」『泉屋博古館紀要』第25巻（2009年）。

［29］但最早期的第74、78窟等在正壁主尊左右上方分别开小龛，龛中为菩萨交脚像与菩萨半跏像，稍后菩萨交脚像的位置变为主尊右手侧上方的小龛内。天水麦積山石窟芸術研究所編『中国石窟　麦積山石窟』（平凡社、1987年）図版3、7、17。

［30］水野・長廣在列举第2期各窟的实例后认为，比起未来的弥勒佛，更有可能是现在的释迦佛。「雲岡図像学」『雲岡』第8、9巻本文5頁。李治国、丁明夷也持同样观点。「第38窟の窟形式および彫刻芸術について」雲岡石窟文物保管所編『中国石窟　雲岡石窟』第2巻（平凡社、1990年）。此

外，李静杰、因幡聪美、王友奎认为是下生后的弥勒佛。李静杰《北朝后期法华经图像的演变》，《艺术学：艺术学研究年报》第21期（艺术家出版社，2004年）70～73页。因幡聡美「雲岡石窟第三期諸窟に見られる複合龕に関する研究」『中国考古学』第13号（2013年）。王友奎《云冈石窟第三期洞窟图像组合分析》，《敦煌研究》2020年第3期。至于北魏后期其他地区的作品，石松日奈子指出河北省曲阳出土的北魏正光四年（523）的佛倚坐像背面铭为“弥勒像一区”，同时出土的正光元年（520）的佛倚坐像铭为“释迦”，所以“北魏末期倚坐与弥勒的关联程度减弱”。「中国北朝期弥勒像の再検討—下生弥勒と聖王像—」『東洋美術史学』第 4 集（東洋美術史学会、2016年）16頁。

［31］注1，宿白1989年论文198页。

［32］敦煌莫高窟（甘肃省）第254窟是北魏时期的中心柱窟，周壁整体描绘出千佛并残留一部分墨书佛名，其中正壁中央是过去庄严劫的千佛（右侧）和未来星宿劫的千佛（左侧）（宁强、胡同庆《莫高窟第二五四窟千佛画研究》，《敦煌研究》1986年第4期）。近年，末森薫指出该窟千佛的头光及身光有两种配色，大体上分别对应着过去世和未来世的诸佛。『敦煌莫高窟と千仏図—規則性がつくる宗教空間—』（法藏館、2020年）。

［33］李静杰《北朝时期定光佛授记本生图像的两种造型》，《艺术学：艺术学研究年报》第23期（艺术家出版社，2007年）。

［34］第13-16窟与第13-15、13-17窟一起并列开凿在第13窟门口及明窗之间。3窟大小、窟内基本结构一致。正壁布置佛坐像、左壁布置菩萨交脚像这点3窟也相同。仅右壁不同：第13-15窟为二佛并坐像并在上方布置维摩、文殊像，第13-16窟为2尊佛立像，第13-17窟为佛坐像。第13-15窟的二佛并坐像中与释迦并坐的多宝佛也为过去佛，所以这3窟在右壁布置过去佛这一意识是共通的。『雲岡』第10卷第24～26図。八木春生「龍門石窟北魏後期諸窟についての一考察」『中国仏教美術と漢民族化—北魏時代後期を中心とし

て』（法藏館、2004年。初刊于2003年）320頁。

［35］注28，東山健吾论文。

［36］注30。

［37］大正蔵第 9 卷，3頁下、4頁上。

［38］曽布川寛「雲岡石窟再考」『東方學報』京都第83冊（2008年）41～52頁。第2期各窟与升仙思想的关系具体可参考八木春生「雲岡石窟における山岳文様について」『雲岡石窟文様論』（法藏館、2000年。初刊于1994年）。

［39］『雲岡』第8卷図版11～16、25～27、40～42。

［40］第11窟及13窟佛龛的尊像组合可参考王友奎《云冈石窟第11—13窟图像构成分析》，《敦煌研究》2017年第4期。

［41］这里将带有连续的帷幕或宝坛等的佛龛视为一个组合。但实际上，虽然不满足这一条件，样式上可视为同时制作的佛龛也有很多。这种情况下，两座并置的佛龛中，菩萨交脚像较多位于面向壁面的右侧。

［42］注38，曽布川寛论文89～92頁。曽布川寛指出，第6窟菩萨交脚像的位置在云冈石窟第2期各窟整体壁面结构展开中的特殊性。第6窟没有将菩萨交脚像布置在象征兜率天的壁面上层而布置在中心柱下层，这点在第2期各窟中是特例，原因在于该窟的主题是强调释迦。

［43］关于云冈石窟中心柱的展开可参考齋藤龍一「中国雲岡石窟における中心柱窟の展開とその影響」『美学美術史論集』14卷（成城大学大学院文学研究科、2002年）。

［44］特别是对于右面的佛倚坐像有诸多的解释。参考注30及曽布川寛论文（注38）。

［45］注38，曽布川寛论文90頁。

［46］注30，李静杰论文84页脚注38。李静杰也提到朝南开凿的北朝时期石窟，大多数将弥勒菩萨像布置在东壁或者东面。

［47］殷光明《北凉石塔研究》（觉风佛教艺术文化基金会，2000年）、殷光明（濱田瑞美訳）「北凉石塔にあらわれた易経八卦と七仏一弥勒造像」『アジア仏教美術論集　東アジアⅠ　後漢・三国・南北朝』（中央公論美術出版、2017年。原论文为《北凉石塔上的易经八卦与七佛一弥勒造像》，《敦煌研究》1997年第1期）。

［48］塚本善隆『中國仏教史研究』（清水弘文堂書房、1969年），佐藤智水『岡山大学文学部研究叢書15・北魏仏教史論考』（岡山大学文学部、1998年）。

［49］参考魏收撰、塚本善隆訳注『東洋文庫515　魏書釈老志』（平凡社、1990年）。"凡其经旨大抵言，生生之类，皆因行业而起。有过去当今未来。历三世，识神常不灭。"（108頁）。"释迦前有六佛。释迦继六佛而成道。处今贤劫。文言将来有弥勒佛，方继释迦而降世。"（129頁）。

［50］注38，曾布川寛论文17頁。

［51］中型窟除三壁三龛窟外，像第27窟这种将同大的佛龛布置在上下左右的多层构造的洞窟也重视左右对称性。

［52］注1，八木春生论文。

第五章　从天盖龛的展开来看中小窟龛的工匠系统

前　言

如何理解迁都后的云冈石窟与新都洛阳周边及同时期南朝造像之间的关系，这与云冈石窟第3期各窟（494～525年左右）密不可分。目前，关于云冈石窟第3期各窟对龙门石窟（在今河南省洛阳市）的影响，一般关注的是第四章所探讨的正壁及左右壁各开一龛的“三壁三龛式”这一新窟形的传播[1]。除此之外，不过是通过云冈石窟第2期以前的西方式要素在其他地区的使用情况，来探讨云冈石窟的部分影响。此外，近年虽然已经提出有必要对包括佛龛等小像在内的云冈第3期造像进行综合理解[2]，但尚未与其他地区同时期造像进行充分的比较研究。

本章所探讨的天盖龛是对上部以天盖（线刻或浮雕）装饰的佛龛的总称（图5-1）。关注这一装饰的理由如下：第一，第3期各窟中，虽然因风化难以确认细节的小窟及造像较多，但较多情况下，像天盖一样位于尊像周围的庄严物比较容易观察。第二，概览其他地区的使用情况，会发现天盖龛的分布地区就如后文所述的，很有特点，可以说天盖龛是分析云冈石窟与其他地区造像关系的关键要素。本章通过分析这种特殊的佛龛，以明确继承第11、13窟等第2期后半（480年左右～494年）追刻小龛传统的窟龛一直延续至第3期最末，并且在第3期后半出现了与之前不同的、受到其他地区强

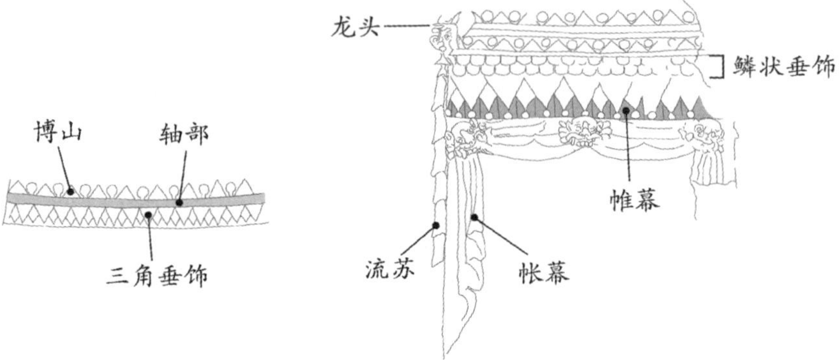

A.第11-9龛天盖　　B.第32-12窟正壁天盖

图5-1　天盖龛各部分名称

烈影响的工匠集团。此外，通过探讨与洛阳周边、四川地区等其他地区造像的关系，阐明迁都后平城、洛阳、南朝造像之间影响关系的一环。

一　研究背景

佛教美术中，天盖是出现较早的最基础的庄严具。既有像十六国时期（304～439年）的金铜佛那样用于庄严单一尊像的天盖（图5-2），也有覆盖于石窟整体空间的天盖（图5-3）。从西方传来的天盖造型，与撑于贵人头顶的中国传统华盖、起居所用床帐等固有造型相结合，逐渐在中国渗透开来[3]（图5-4）。

云冈石窟最早期的昙曜五窟中已出现天盖造型。各窟在天井与周壁的分界处雕刻出素纹或带有条状装饰的轴部、三角垂饰、折叠的或中间用短带捆绑呈弧形下垂的帷幕，对大佛像及石窟空间整体进行庄严（图5-3）。此外，第18窟胁侍佛立像的头顶也有圆形天盖[4]（图5-5）。进入第2期后，天盖开始多样化。首先，第7、

图5-2　佛坐像　十六国时期　河北博物院藏

图5-3　云冈石窟第19-1窟天井附近的天盖

A.酒泉丁家闸5号墓前室西壁西王母
（4世纪末～5世纪前半）

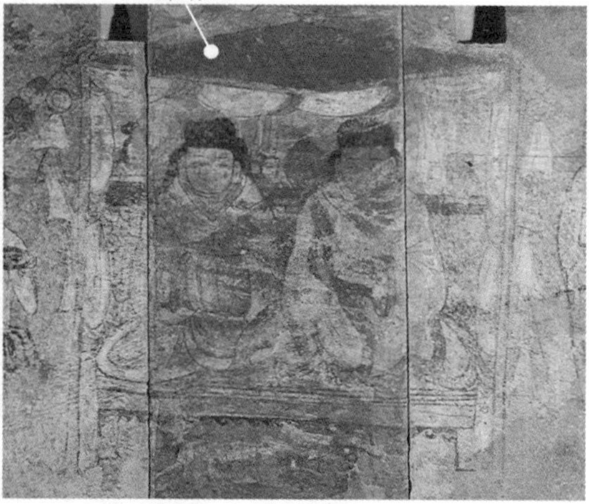

B.大同智家堡北魏墓石椁北壁墓主人夫妇
（5世纪后半）

图5-4　华盖和床帐

图5-5　第18窟右胁侍佛立像天盖

8窟主室前壁出现头顶覆盖天盖的“天盖龛”（图5–6A）[5]。其次，第9、10窟出现了带长柄的华盖系天盖，也可以看到较多由菩萨等为佛撑天盖的造型（图5–6B）。再次，第6窟及1、2窟在中心柱最上部雕刻出天盖（图2–25、图5–6C）。这些天盖均呈覆斗形或长方形，也有“箱形天盖”或“宝盖龛”等称呼[6]，主要由三个部分构成：①顶部三角形的博山及圆形等装饰物、②中部为梯形或条带状空间（轴部）、③下部为三角垂饰及帷幕。此外，也有左右垂下长流苏的情况。但是，迁都以前天盖龛数量尚少，佛龛上部的装饰（拱额）以源自西方建筑的尖拱额或楣拱额为主；直到第3期的第30窟以西、第32窟周边窟龛的营造阶段[7]，取材于日常生活用具床帐的造型，有“床帐系佛座”、“方形帐幕龛”等称呼的天盖龛最终在云冈石窟固定下来[8]，下文将进行详细分析。（彩图11、图3–46）。

王雁卿、马志强将云冈石窟的天盖龛分为宝盖龛与方形帐幕龛[9]，并对宝盖龛及佛传浮雕等处的宝盖表现方式进行了整理分析。二位所称的宝盖龛指的是华盖系天盖（由轴部、三角垂饰及折叠的帷幕构成，直接置于尊像头顶的天盖。图5–6A），方形帐幕龛指的是外形呈长方形，由帷幕（覆盖于床上方的幕，或是对其进行模仿、在尊像左右垂下的较长的幕）或立柱等将龛内封闭的龛形（彩图11）。经分析，得出宝盖龛在第3期衰退这一结论。此外，还注意到在已发生佛像汉化的第6窟中，除带三角垂饰的基础宝盖外，还出现了接近中国传统华盖的伞形宝盖，与之后第5–11窟的佛传浮雕及第38等窟的供养人像中明确的华盖表现相关，是汉化的一种表现（图5–7）。那么，在第3期相对大型的造像中，宝盖龛为何会衰退？没有被二位纳入分析对象的方形帐幕龛与宝盖龛又有怎样的关系？此外，如何理解始于第2期后半的第11、13窟等处的追

A.第7窟主室南壁第3层东龛

B.第9窟明窗西壁

C.第2窟中心柱整体及局部

图5-6　云冈石窟第2期各窟的天盖

A.第6窟中心柱西面北侧　　B.第5-11窟前壁　　C.第38窟左壁供养人

图5-7　云冈石窟的华盖

图5-8　第11窟南壁佛龛〔21〕

刻龛，以及第3期小龛中常见的上部带有天盖的尖拱龛及楣拱龛（图5-8）？都是接下来需要探讨的课题。探求这些问题的答案，与理解第3期造像的制作年代及工匠系统密切相关。

二　云冈石窟天盖龛的展开

下文继续使用王雁卿、马志强的分类法，将天盖龛分为“宝盖龛”与“方形帐幕龛”两大类，并按照以下分类标准对第2期以后天盖龛的展开进行梳理（图5–9、表5–1）。首先，将天盖龛中左右垂下较长流苏与帐幕，或以立柱表现封闭的方形空间的作为“Ⅱ式”，以外的称为“Ⅰ式”。其次，Ⅰ式中天盖直接庄严尊像的为ⅠA（与王、马的“宝盖龛”相同）、天盖下部与尖拱龛或楣拱龛等相组合的为ⅠB。最后，Ⅱ式中天盖单独庄严尊像的为ⅡA

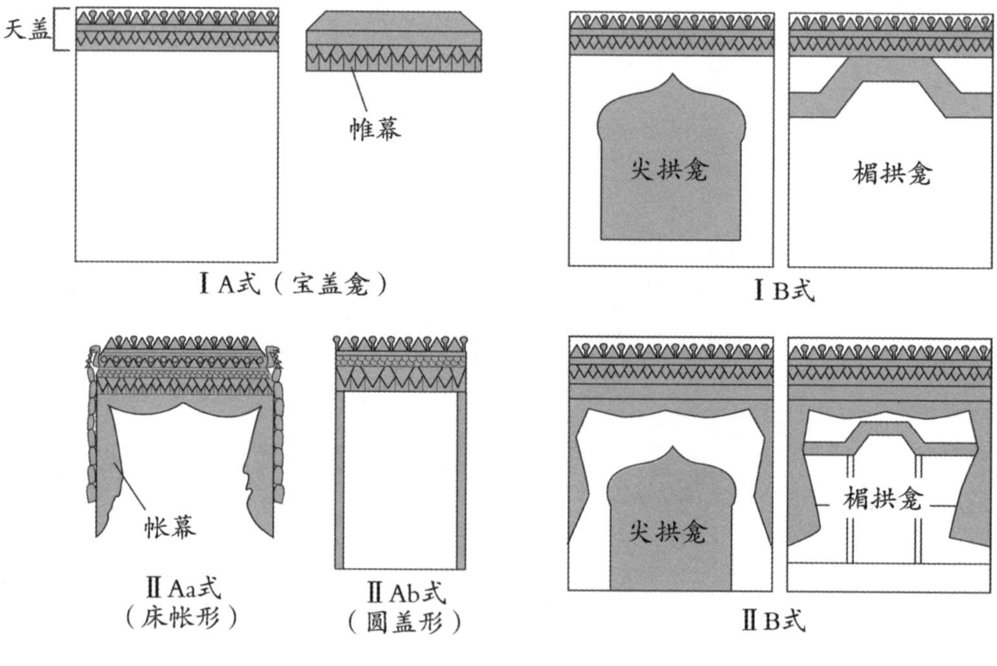

图5–9　天盖龛的分类

表5-1　第2期后半以后的天盖龛

窟	位置	主尊	天盖形式	未汉化要素	博山、圆形装饰	鳞状垂饰
第 4 窟	前壁小龛（未完成）	菩萨交脚像	Ⅱ Aa	无	—	—
第 4 窟	右壁小龛	佛坐像	Ⅰ B	无	●	●
第 5 窟	明窗西壁下龛	二佛并坐像	Ⅰ B	西方式	无	无
第 5 窟	前壁〔10〕	佛坐像	Ⅰ B	无	●	无
第 5 窟	前壁〔50〕	佛坐像	Ⅰ B	无	●	无
第 5 窟	前壁〔55〕	佛坐像	Ⅰ B	无	●	无
第 5 窟	前壁〔76、77〕	二佛并坐像	Ⅰ B	无	●	无
第 5 窟	右壁〔22、23〕	佛坐像	Ⅰ B	无	●	无
第 5 窟	右壁〔24、25〕	佛坐像	Ⅰ B	无	●	无
第 5 窟	正壁〔61、62〕	佛坐像	Ⅰ B	无	●	无
第 5-11 窟	窟口		Ⅰ B	无	●	无
第 11 窟	门口右龛	二佛并坐像	Ⅰ B	无	●	无
第 11 窟	前壁〔21〕	菩萨交脚像	Ⅰ B	西方式	无	无
第 11 窟	右壁〔47〕	佛坐像	Ⅰ B	无	●	无
第 11 窟	右壁七佛龛内	菩萨交脚像	Ⅰ B	无	●	无
第 11 窟	左壁〔15〕	佛坐像	Ⅰ B	西方式	无	无
第 11 窟	左壁〔16〕	菩萨交脚像	Ⅰ B	西方式	无	无
第 11 窟	中心柱下层	佛立像	Ⅰ A	无	●	●
第 11-7 龛	左、右壁	菩萨交脚像	Ⅰ B	无	●	无
第 11-9 龛		佛坐像	Ⅰ A	童子形飞天	●	无
第 11-14 龛（489 年）		二佛并坐像	Ⅰ B	无	●	无
第 12 窟	主室前壁下部	菩萨交脚像	Ⅰ B	无	●	无
第 13 窟	前壁〔16〕	佛坐像	Ⅰ B	西方式	△	无
第 13-3 窟	正壁	—	Ⅱ A	无	—	—

续表

窟	位置	主尊	天盖形式	未汉化要素	博山、圆形装饰	鳞状垂饰
第 13-4 窟	列柱追刻	佛坐像	Ⅱ Aa	无	●	●
第 13-4 窟	列柱追刻	佛坐像	Ⅰ B	无	●	无
第 14 窟	右壁中层	菩萨交脚像	Ⅰ A	无	无	无
第 14 窟	右壁下层第 1 龛	复合龛	Ⅱ B	无	无	无
第 14 窟	右壁下层第 2 龛	复合龛	Ⅱ B	无	●	●
第 14 窟	右壁下层第 3 龛	复合龛	Ⅱ B	无	●	无
第 14 窟	左壁中层	佛坐像 5 尊	Ⅰ A	无	无	无
第 15 窟	右壁下层第 3 龛	佛坐像	Ⅱ B	持花纲童子	●	●
第 15 窟	左壁下层第 1 龛	二佛并坐像	Ⅱ B	无	●	●
第 15 窟	左壁下层第 2 龛	佛坐像	Ⅱ B	无	●	●
第 16 窟	门口左、右	佛立像	Ⅰ A	无	●	●
第 16 窟	〔62〕	复合龛	Ⅱ B	无	△	无
第 16 窟	〔64〕	复合龛	Ⅱ B	无	●	无
第 16 窟	〔65〕	复合龛	Ⅱ B	无	●	无
第 16 窟	〔72〕	二佛并坐像	Ⅱ B	无	●	●
第 16-1 窟	正壁最下层右龛	佛坐像	Ⅱ B	无	—	●
第 16-1 窟	正壁最下层中龛	菩萨交脚像	Ⅱ B	无	—	●
第 16-1 窟	正壁最下层左龛	佛坐像	Ⅱ B	无	●	●
第 17 窟	〔14〕	菩萨交脚像	Ⅰ B	无	●	无
第 18 窟	明窗右〔2〕	佛坐像	Ⅰ B	西方式	●	无
第 18 窟	明窗左〔2〕	菩萨游戏坐像	Ⅰ B	飞天的着衣表现较为含糊	无	无
第 18 窟	明窗左〔3〕	复合龛	Ⅰ B	胡服供养人、童子形飞天	●	无

续表

窟	位置	主尊	天盖形式	未汉化要素	博山、圆形装饰	鳞状垂饰
第 18 窟	门口左〔3〕	菩萨交脚像	Ⅰ B	胡服供养人	无	无
第 18 窟	门口左〔4〕	复合龛	Ⅰ B	无	●	无
第 19 窟	〔10〕	菩萨交脚像	Ⅰ B	无	●	无
第 19 窟	主尊支柱追刻	菩萨交脚像	Ⅱ B	无	无	●
第 19–1 窟	门口右	复合龛	Ⅰ B	无	●	无
第 19–1 窟	门口左第 1 龛	复合龛	Ⅰ B	无	●	无
第 19–1 窟	门口左第 2 龛	菩萨交脚像	Ⅰ B	胡服供养人	花蕾	无
第 19–2 窟	门口左	复合龛	Ⅰ B	童子形飞天	●	无
第 21 窟	右壁各龛	数座大小相同的龛并置	Ⅰ B	无	●	无
第 21 窟	左壁	复合龛	Ⅰ B	无	●	无
第 22–1 窟	右壁	未完成	Ⅱ Aa	无	●	无
第 27 窟	正壁上层左、右龛	菩萨交脚像	Ⅰ A	无	●	—
第 29 窟	正壁上层左、右龛	菩萨交脚像	Ⅰ A	无	—	—
第 30 窟	右壁上层	佛坐像	Ⅱ Aa	无	无	无
第 30 窟	正壁上层右龛	菩萨交脚像	Ⅱ Aa	无	●	无
第 31 窟	前室右壁小窟窟口	佛坐像	Ⅱ A	无	—	—
第 31 窟	前室左壁小窟窟口	—	Ⅱ B	无	—	—
第 32 窟	门口右上	七佛立像	Ⅰ A	无	●	●
第 32 窟	门口右下	佛坐像	Ⅱ Aa	无	●	●
第 32–2 窟	右壁	—	Ⅱ A	无	—	—
第 32–2 窟	正壁	（二佛并坐像）	Ⅱ A	无	—	—
第 32–3 窟	左壁	（复合龛）	Ⅱ Ab	无	●	●

续表

窟	位置	主尊	天盖形式	未汉化要素	博山、圆形装饰	鳞状垂饰
第 32–4 窟	右壁	—	Ⅱ Ab	无	—	●
第 32–4 窟	正壁	二佛并坐像	Ⅱ Aa	无	—	—
第 32–5 窟	右壁	菩萨交脚像	Ⅰ B	无	●	●
第 32–5 窟	左壁上龛	—	Ⅰ B	无	●	●
第 32–5 窟	左壁下龛	佛坐像	Ⅱ Ab	无	●	●
第 32–9 窟	右壁上龛	佛倚坐像	Ⅱ Aa	无	—	—
第 32–12 窟	正壁	佛坐像	Ⅱ Aa	无	●	●
第 32–13 窟	正壁	佛坐像	Ⅱ Aa	无	●	●
第 32–13 窟	左壁	—	Ⅰ B	无	●	●
第 33–1 窟	正壁、右壁	—	Ⅱ Aa	无	●	●
第 33–1 窟	左壁	—	Ⅱ Ab	无	●	●
第 33–2 窟	窟口		Ⅱ Aa	无	●	—
第 33–2 窟	右壁	（复合龛）	Ⅱ A	无	—	—
第 33–2 窟	正壁	佛坐像	Ⅱ Aa	无	●	●
第 33–2 窟	左壁	（复合龛）	Ⅱ A	无	●	●
第 33–3 窟	窟口		Ⅱ A	无	—	●
第 33–3 窟	右壁上龛	佛坐像	Ⅱ Ab	无	莲花	●
第 33–3 窟	右壁下龛	菩萨交脚像	Ⅱ Ab	无	莲花	●
第 33–3 窟	正壁	二佛并坐像	Ⅱ Aa	无	莲花	●
第 33–3 窟	左壁上龛	—	Ⅱ Ab	无	莲花	●
第 33–3 窟	左壁下龛	—	Ⅱ A	无	莲花	●
第 33–4 窟	正壁	二佛并坐像	Ⅱ Aa	无	—	—
第 33–6 窟	正壁	二佛并坐像	Ⅱ A	无	—	●
第 35–1 窟	右壁上	佛倚坐像	Ⅱ Aa	无	—	●
第 35–1 窟	右壁下	佛坐像	Ⅱ Aa	无	●	无
第 35–2 窟	右壁（未完成）	二佛并坐像	Ⅱ A	无	—	—

续表

窟	位置	主尊	天盖形式	未汉化要素	博山、圆形装饰	鳞状垂饰
第 35–2 窟	左壁（未完成）	菩萨交脚像	Ⅱ A	无	—	—
第 36–2 窟	正壁	菩萨交脚像	Ⅱ Aa	无	●	●
第 37 窟	门口右龛	佛坐像	Ⅰ B	无	●	无
第 37 窟	前壁	二菩萨对问像	Ⅰ A	无	●	无
第 39 窟	门口右壁下龛	佛坐像	Ⅱ Aa	无	●	无
第 39 窟	〔2〕	佛坐像	Ⅰ B	无	●	●
第 39 窟	〔5、6〕	复合龛	Ⅰ B	无	●	●
第 39 窟	〔27〕	二佛并坐像	Ⅰ B	无	●	无
第 39 窟	〔28〕	菩萨交脚像	Ⅰ B	无	●	●
第 39 窟	〔41〕	佛坐像?	Ⅰ B	无	●	●
第 39 窟	〔67〕	佛坐像	Ⅰ B	无	●	●
第 39 窟	〔68〕	—	Ⅰ B	无	●	●
第 41 窟	正壁	坐像（细节不明）	Ⅱ Aa	无	—	●

·各窟的佛龛编号以〔　〕表示。大部分编号延用水野清一、长广敏雄《云冈石窟》（京都大学人文科学研究所云冈刊行会，1951～1956年）。但第17窟及第19窟包含未编号的佛龛，所以使用本书图1–8、1–33所示编号。

·由于风化、未完成等原因导致各要素细节不明的情况以“—”表示，与明确未表现的“无”相区别。

·天盖形式中“ⅡA”又进一步分为“a”（床帐形）与“b”（圆盖形）两种，但因风化等原因难以判断的仅标记“ⅡA”。

·博山、圆形装饰均表现出来的标记为“●”，仅有博山装饰的为“△”，表现博山和未开莲花的为“花蕾”，表现博山和已开莲花的为“莲花”。

（与王、马的“方形帐幕龛”相同。并进一步将表现床帐的分为“a”、像是由2根柱子支撑的圆形天盖为“b”），与尖拱龛或楣拱龛等相组合的为ⅡB。

1. Ⅰ式龛的展开

ⅠA、ⅠB在第2期出现，ⅠA尤其偏好庄严佛立像，ⅠB从第2期后半一直使用至最末期。

（1）ⅠA式

ⅠA（宝盖龛）式天盖左右并未垂下较长的帐幕也不带柱子，是最简单的形式，可以追溯至第7、8窟（图5–6A）。两窟前壁的文殊像及佛坐像等头上悬垂着由梯形或长方形的轴部、三角垂饰及折叠帷幕等构成的天盖。其后营造的第9、10、12、6等窟中，ⅠA式不用于坐像，而主要用于佛立像的庄严[10]（图5–10）。

迁都后，ⅠA式主要使用于第14、27、29窟等相对早期的中型窟内（图5–11）。就像王雁卿、马志强所指出的，这些窟中天盖

图5–10　第12窟前室西壁
ⅠA式天盖龛

图5–11　第14窟右壁
ⅠA式菩萨交脚像龛

的庄严对象并非佛立像而是菩萨交脚像，这点较为崭新[11]。以天盖庄严佛立像的情况虽然并未消失，但除第11窟中心柱下层（追刻、图5–12）及第16窟门口（追刻）等第2期各窟及其相邻洞窟的追刻龛外，基本不再出现。并且，这2例均在天盖轴部或其下部雕刻出鱼鳞状的垂饰（以下称为鳞状垂饰）。鳞状垂饰在Ⅰ、Ⅱ式中均有出现（表5–1），分布范围较广。至于鳞状垂饰的出现年代，第2期各窟以前的窟龛及残存西方样式的第3期初期的龛像中并未出现，西端区域在第31窟以东也并未使用，所以应晚于507年左右[12]。

A.第11窟中心柱　　B.第16窟门口西侧

图5–12　第3期ⅠA式佛立像龛

（2）ⅠB式

在尖拱额或楣拱额上方布置简单天盖的ⅠB式晚于ⅠA式，出现于第2期后半以后的5世纪80年代，即在第11及第13窟等处大量制作佛龛之时（图2-33）。其中早期的作品，如第13窟南壁佛龛〔16〕，第11窟南壁佛龛〔21〕、东壁佛龛〔16〕等，尊像的着衣形式为西方式，天盖也并未定型（图5-8、图5-13）。

ⅠB式分布的中心是第21窟以东，但第32窟周边及第39窟的追刻龛也有部分使用。ⅠB式出现在以昙曜五窟明窗及门口为中心的西方式及汉化过渡期的追刻龛（第二章、图2-31、图2-32左）、第11窟外壁有太和十三年（489）铭的第11-14龛（图0-8）等迁都前后的作品，以及第39窟内的追刻龛及第5-11窟等最末期的作品（图

A.第11窟东壁佛龛〔16〕

B.第13窟南壁佛龛〔16〕

图5-13　出现初期的ⅠB式天盖龛

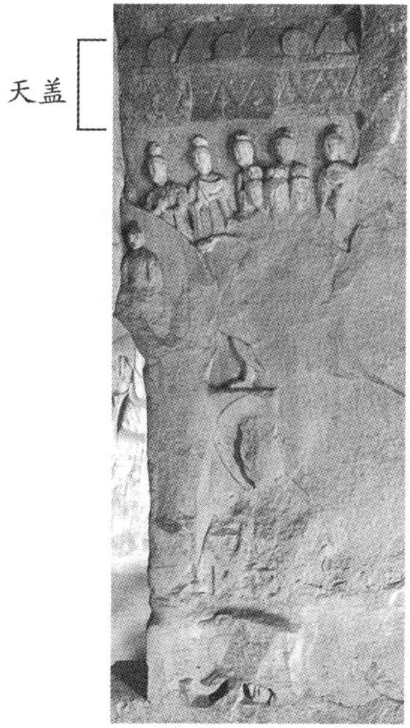

A.第5-11窟门口外壁

B.第39窟前壁追刻龛〔41〕

图5-14　第3期后半的ⅠB式天盖龛

3-51、图5-14）中，可知从第2期后半一直延续到第3期最末。

需要注意的是，ⅠB式包含了所谓的“复合龛”[13]（图5-15）。“复合龛”指的是将楣拱额下部空间划分为上下2行、大约6～8个小空间，各空间中布置尊像的特殊佛龛形式。因幡聪美指出，在昙曜五窟的追刻龛中，这种特殊的佛龛在残存西方式的较早阶段已经出现，包含较多源自第2期第11、13窟的要素。也就是说，ⅠB式在第11、13窟中出现后，即使雕刻地点及窟龛结构等发生变化，源自第11、13窟各龛的要素也被较多地保留下来。

此外，虽然数量较少，但第32窟以西的ⅠB式龛大部分在轴部与三角垂饰之间表现出鳞状垂饰（图5-16）[14]。而在第11窟外壁

图5-15　Ⅰ B式复合龛　第19-1窟门口左侧佛龛〔1〕

图5-16　　第32-5窟右壁第2龛

及第21窟等第3期早期的ⅠB式龛中，则不见鳞状垂饰。就像前文所述，这是显示ⅠB式制作时间较晚的一个指标。

2. Ⅱ式龛的展开

西端区域西部（第32窟周边以西）天盖龛的主流为外形呈长方形的ⅡA、ⅡB龛。ⅡA、ⅡB龛出现较迟，至少在西方式造像样式仍然残存的第3期初期并未出现；分布范围有限，集中于第32窟至第35窟周边（以下称为第32窟周边）的小窟内外。

（1）ⅡA式

ⅡA（方形帐幕龛）为覆盖在主尊头顶，由垂下的较长帐幕或立柱构成封闭空间的形式。主要出现在第30窟以西的小窟[15]，在中型窟中较为罕见[16]。

ⅡA式可进一步分为两种形式，即“a”（围绕于天盖下部的帐幕在中间被短条带捆束，左右垂下较长帐幕的床帐形，图5-17）及“b”（宽度较窄的帷幕呈折叠状，露出左右立柱的形式，图5-18）。看起来只是些许细节表现上的区别，但后文会进一步说明二者的出现时间及流行地区均不相同，所以有必要进行区分。

ⅡAa（床帐形）最简单的作品出现在第30窟右壁上龛（图5-17）。省略了博山等装饰，帐幕被捆束处带有兽面装饰。该窟以西的作品则大多由博山或莲花等装饰、条带状空间、鳞状垂饰、三角垂饰及帐幕等构成，结构复杂（图3-46）。

与ⅡAb一样露出立柱的天盖，在属于南朝的四川地区为数较多（详见后文），这些天盖上部是有一定厚度的圆形。云冈的ⅡAb式，虽然天盖上部为方形，但可能是针对这种具有一定厚度的圆形天盖（以下简称圆盖）的正视图像进一步创作的结果。两种形式基本集中在第32、33窟周边的小窟[17]，也有同一窟内二

图5-17　第30窟右壁上层中龛

图5-18　第33-3窟右壁上龛Ⅱ Ab式（圆盖形）

者并存的情况，如第33–3窟（彩图11）及第32–4窟。在这种情况下，左、右壁为ⅡAb（圆盖形），正壁为ⅡAa（床帐形），布置石窟主尊的正壁均使用了更为华丽的形式。并且，由于风化导致壁面的一部分无法确认的洞窟中，亦不见将ⅡAb（圆盖形）布置于正壁的情况。

至于年代，第30窟以东有雕刻了正始四年（507）及延昌三年（514）铭追刻龛的第28–2窟（图0–14、图0–15），第41窟为最末期完成的中型窟（第四章，图3–38），所以可以认为ⅡAa、ⅡAb均在507年左右或以后出现，并一直延续到最末期。

（2）ⅡB式

ⅡB龛在尖拱额及楣拱额上方布置带有帐幕的天盖，基本集中分布在昙曜五窟周边（第14、15、16、16–1窟、第19窟追刻龛，图5–19、图5–20）。分布范围最小，制作时间也接近。特别是第15、16、16–1窟的部分天盖龛具有一致的细节特征，如鳞状垂饰下部可看到立体式造型的帷幕、折叠部分通过斜向雕刻表现幕布的摇动、左右垂下的帐幕较短等，能够看出制作者关系密切。

ⅡB与ⅠB龛（图5–15）一样含有“复合龛”。但ⅡB龛帐幕内侧雕刻较深，像是将复合龛收容在垂下帐幕的橱内[18]（图5–21）。与其他龛相比，ⅡB式复合龛左右垂下的帐幕较长，已完成汉化。所以，ⅡB式复合龛的出现稍迟。

ⅡB龛另一个有趣之处是雕刻的位置。特别是追刻于第16窟中的大型ⅡB龛〔62、64、65〕并列于南壁到东壁的最下层，沿其上缘产生了较大的高低差（彩图12）。上层壁面比下层雕刻得更深，呈较为缓和的弯曲状；与之相对的，雕刻ⅡB龛的最下层较为突出，南壁与东壁的交界处呈直角。这显示第16窟在第一次开凿的阶

图5-19　第15窟右壁第3龛

图5-20　第16-1窟正壁下层龛

图5-21　第14窟前室右壁下层龛

B.第35窟左壁

C.第5-11窟左壁

◀ A.第16-1窟正壁下层中央龛

图5-22　佩戴璎珞的菩萨交脚像

图5-23　第15窟ⅡB式天盖龛

段，其下层并未雕刻。相邻的第14、16-1窟，同样将ⅡB龛并列在全部壁面的最下层。所以，包含第1期未完成的第16窟在内，这一带有可能在第3期的某一时期将地面进一步向下加深了一层[19]。具体时间较难明确，但第15窟与第16-1窟下层的天盖龛（ⅡB，非复合龛）应能作为指标。第16-1窟下层中央龛菩萨交脚像的天衣之上悬挂着圆环状的璎珞（图5-22A），具有同样特征的菩萨交脚像在第35窟（完成于515年前）及第5-11窟（图5-22B、C）也可见

图5-24　第11-16窟正壁二佛并坐像的衣裾

到，所以第16-1窟的制作时间应在507～515年前后。并且，第15窟左、右壁下层龛（图5-23），除在楣拱额与尖拱额内雕刻童子形飞天及天人等带有汉化过渡期特征的纹样外，其佛像的衣裾也呈扇形散开。呈扇形散开的衣裾与507年左右已经完成的第11-16窟主尊等共通（图3-20、图5-24），但第11-16窟的衣裾更发达，童子形飞天也已消失，故第15窟下层龛应比第11-16窟更早，可能在507年以前已经完成。所以，这一带地面向下加深的施工，可能在507年已经展开。

3. 各形式的分布特征及关系

上文明确了天盖龛各形式以ⅠA、ⅠB、ⅡB、ⅡA的顺序出现，第3期各形式的主要分布范围可作如下总结（图5-25）。从整体来看，天盖龛使用于小型窟及单独佛龛的倾向较强，第3期的中型窟（特别是三壁三龛窟）极少使用[20]。

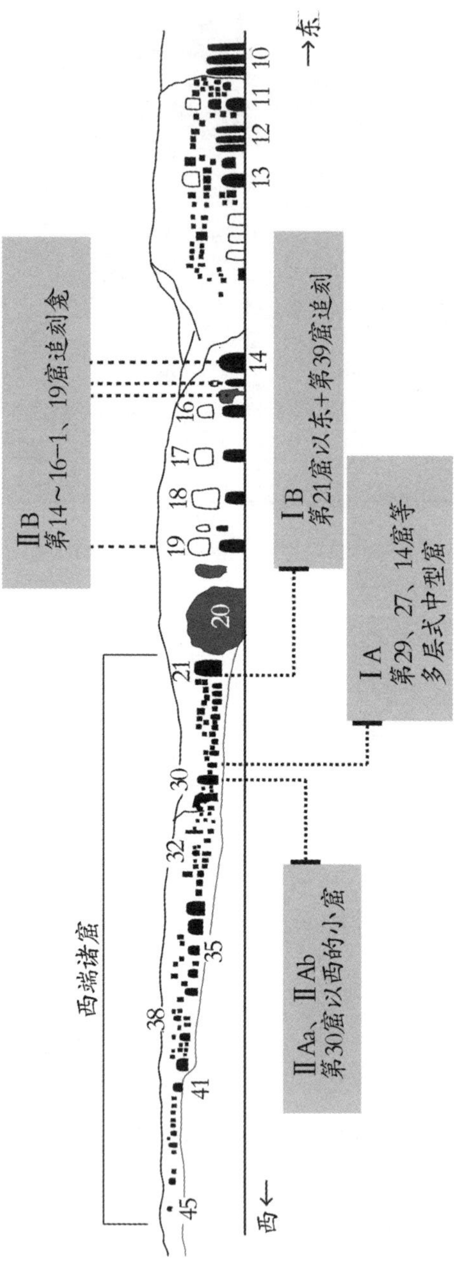

图5-25　第3期天盖龛各形式的主要分布

①ⅠA式—第29窟以东的多层式中型窟（出现于第2期的5世纪70年代）

②ⅠB式—第21窟以东及第39窟的佛龛（出现于第2期的5世纪80年代）

③ⅡB式—第14、15、16、16-1、19窟的追刻龛（出现于490年左右～507年）

④ⅡA式—第30窟以西的小窟（出现于507年左右或以后）

ⅠA（宝盖龛）在早期出现并衰退，与其他3种形式在制作时间上重合较多，关系较为复杂。ⅠB与ⅡB是尖拱额、楣拱额与天盖的组合形式，以既存洞窟内外雕刻的追刻龛为主，也包含复合龛这种特殊形式的佛龛。ⅡB复合龛不仅使用了佛龛左右垂下较长帐幕这一新形式，而且主尊的着衣形式也完全汉化，可视为ⅠB复合龛的发展型。此外，这两种形式保留了迁都前就很流行的尖拱额和楣拱额，在其上部追加天盖这种新的庄严具形式，反映出保守的风格。

ⅡB复合龛为ⅡB中出现稍迟者，与ⅡAa（床帐形，第32窟周边）的制作时间部分重合。作为ⅡB复合龛的特征，左右垂下较长的帐幕及橱一样的形状，受到ⅡAa影响的可能性很大。虽然ⅡAa（床帐形）天盖上部的基本要素与其他形式的天盖共通，但从表现了床帐这种具体的生活用品的形象来看，ⅡAa与其他天盖龛有着根本区别。此外，常与ⅡAa（床帐形）出现于同一窟内的ⅡAb（圆盖形）表现了支撑天盖的支柱。与已出现的其他写意化天盖相比，ⅡAb表现更为写实，这点与ⅡAa（床帐形）相通。

第3期后半段，ⅠB（天盖+尖拱、楣拱额）与ⅡAa、ⅡAb（床帐形、圆盖形）并存，但二者之间几乎不存在造型上的共通点。ⅠB出现时间较早，带有保守的风格；而ⅡAa、ⅡAb从出现时间及造型来看均为新的天盖龛。第3期后半段，风格完全不同的两种形式并存，又具有何种含义呢？由于二者的制作时间部分重合，因而可以设想有不同的工匠集团存在。但特殊的ⅡA（床帐形、圆盖形）是云冈内部创造的新形式，还是从外部传入的？下文通过分析积极使用该形式的第32窟周边的小窟，对这一问题进行考察。

三　第32窟周边的小窟群——使用ⅡA龛洞窟的特征

集中使用ⅡA龛的第32窟周边密集分布着超过30座小型窟，其中16座小窟中雕刻出29个ⅡA龛，几乎没有使用ⅠA、ⅠB龛。风化严重的洞窟较多，原本可能有更多的洞窟使用了ⅡA式。这一带使用ⅡA的洞窟基本高度不超过2米，多个洞窟直到窟口上部（外壁）都细致地雕刻了天盖及佛传浮雕（第33-2、33-3、33-4窟，图5-26）[21]，在第3期各窟中给人以特殊的印象。下文以保存状态良好、可代表这一带使用ⅡA式洞窟的第33-3窟为参考，明确其与使用ⅠB等其他形式天盖龛洞窟的区别。

1. 第33-3窟概要

第33-3窟是壁高约1.5米的小型窟[22]，以二佛并坐像为正壁主尊（彩图11）。左壁大部分崩塌，左、右壁均分为两行，各开一龛。天井中央雕刻大型莲花，周围分为4个空间，各布置1身飞天。尊像头部基本无存，但均溜肩且胸部较薄。头部尚存的菩萨像，面部呈纵向的方圆形，眉、眼以阴刻线表现，嘴较小，嘴角上扬作微笑状。窟内5座佛龛均为ⅡA式，正壁为ⅡAa（床帐形），右壁2龛为ⅡAb（圆盖形，图5–18）（由于壁面大半崩塌，左壁2龛细节不明）。各龛左右雕刻出维摩、文殊像及树下诞生等佛传浮雕。外壁窟口上部除有鳞状垂饰、帷幕等天盖的一部分外，其下还残存佛传浮雕的片段（图5–26）。

图5–26 第33–3、33–4窟外壁

2. 天盖的特征

顶部交替出现博山装饰与盛开莲花，是第33–3窟天盖特有的表现（图5–27）。细致的装饰十分引人注目，与其极为接近的表现方式在洛阳周边的龙门石窟宾阳中洞及巩县石窟第1窟等处也可见到。

右壁上龛天盖顶部　　右壁下龛天盖顶部

图5-27　第33-3窟右壁天盖顶部的装饰

小杉一雄指出，这种华丽的床帐表现的原型是天子的御床[23]。同时还介绍了《邺中记》所载石虎的御床“四角为口衔流苏的纯金龙头。冬季的御床使用加棉的锦帐，四角置纯金银的香炉，天井中央倒挂金莲花，从花心垂下香袋[24]”。

其他的ⅡA龛虽然盖顶基本不见莲花，但天盖顶部增加为2层（第32-12窟，图3-46、5-1B），或者鳞状垂饰比通常的2行更多（第13-4窟追刻龛，图3-55），抑或是顶部左右表现出龙头与垂下的流苏等，这种对较强的装饰性的偏好是一致的。

3. 树叶表现

第33-3窟左、右壁下龛胁分别雕刻出树下诞生图及树下半跏思惟像。有趣的是，树叶的表现方式与迁都前完全不同。第2期的第7、8窟以降，树木浮雕一般出现在包括释迦诞生在内的佛传浮雕及半跏思惟像旁边，或者表现屋外的情景时（图5-28）。迁都前的作品均可看出树枝前端表现出一片呈瘤状或团扇形的叶子，其中既有将雕刻出叶脉的一片树叶单独表现的情况，也有像第6窟一样数片叶子成簇表现的情况。

第33-3窟明确地表现为银杏形大叶片相互重叠的样子。同样

A.第7窟明窗东　B.第9窟前室东壁上层　C.第6窟中心柱南面

D.第33-3窟右壁　E.第32-3窟左壁

图5-28　云冈石窟的树叶表现

的表现，在云冈仅出现在第32-3、32-10窟等使用ⅡA的洞窟及其周边[25]。放眼其他地区，其渊源可以追溯到《洛神赋图》、《竹林七贤与荣启期》这种南朝的绘画、画像砖等（图5-29）。也就是说，第33-3窟等出现的新形式树叶表现源自南朝绘画。

4. 雕法

以第33-3窟为代表，较多使用ⅡA的洞窟所共通的细致雕法，与采用其他形式天盖龛的洞窟有天壤之别。除了天盖的华丽装饰、细致的佛传浮雕之外（图5-26），也可见露出立柱的圆盖形ⅡAb

图5-29 《竹林七贤与荣启期》砖画的树叶表现
江苏省南京市西善桥宫山墓出土
南朝（5～6世纪） 南京博物院藏

龛所特有的沿着较细的龛柱纵向排列比丘等图像的情况（第33-1、33-3窟，图5-18）。此外，追刻于第14、16窟下层等处的部分ⅡB龛（图5-21）虽然出现稍迟，也带有细致的雕刻，但无非是一些单独的佛龛，与用丰富造像填满石窟这一独立的整体空间的各个角落所反映出的信息量及结构力大为不同。

此外，若与大小相差无几的第35窟门口延昌四年（515）铭龛（图0-16）、第16-1窟下层龛（ⅡB，图5-20）等尊像周围装饰部分的雕法进行比较，第32窟周边的作品与其说是浮雕，不如说更接近线刻，刻线仿佛使用了尺子，几乎不见一点歪斜（图5-30）。包

A.第33-3窟正壁天盖上部

B.第35窟门口东
延昌四年（515）铭龛楣拱额

图5-30　刻线的比较

括其他部分在内，在有限的面积中施展如此精细的雕刻，只有在精心修整打磨壁面的基础上才可以实现。第33-3窟不仅存在上文所列举的多种特殊造型，而且在技术及工程方面亦与其他窟龛之间存在差异，为理解这一事实，有必要假设工具及雕刻者（工匠）不同。

5. 第33-3窟不见的要素——折叠式装饰

较常见于ⅠB龛及其他天盖龛，但基本不见于时间与之部分重合的ⅡA龛及使用该式龛的洞窟中的要素之一，就是所谓的“折叠式装饰”（图5-30B）。“折叠式装饰”指的是在楣拱额内雕刻出仿佛屏风一样的刻线、并于刻线内部雕刻化佛的装饰，出现在云冈第3期，有近30个实例[26]。除第19-2窟延昌四年（515）铭龛之外，第4-1、5-10、5-11窟等东部区域的窟龛使用最多。西部的第26、35、38、39等窟中可以见到，不使用天盖龛的中型窟中也有出现。

再来看折叠式装饰与天盖龛的关系。折叠式装饰较常出现于ⅠB龛、ⅡB龛及其周围，而使用ⅡA的洞窟则基本不见[27]。使用ⅡA的洞窟一般是将ⅡAa（床帐形）与ⅡAb（圆盖形）互相组合，使用楣拱额时则像第32-12窟那样，在内部雕刻飞天等图像的情况较多（图3-46），看起来似乎回避使用折叠式装饰。

综上，使用ⅡA龛的第32窟周边小窟在雕刻方法及其他方面均包含较多新要素。不仅具有与其他形式天盖龛不同的特征，而且具有同样特征的窟龛集中在一定的范围内，因而可以设想存在积极吸收南朝造像信息及新技术的工匠集团。

四　其他地区的天盖龛

ⅡAa、ⅡAb（床帐形、圆盖形）的形式及其附带的新信息是从何处传来的？下文通过同时期的造像进行考察。

1. 龙门石窟

（1）古阳洞

龙门石窟最早营造较多佛龛的古阳洞，包含未完成龛在内现存8座天盖龛。天盖的形式并不统一，相当于ⅠA的有4例、ⅠB有3例、ⅡAa（床帐形）有1例（图5-31）。整体来看，省略轴部及三角垂饰等装饰的较多（图5-32），不见云冈天盖龛造型渐进的变化过程，仿佛是对已抽象化造型的进一步模仿。此外，还出现了云冈完全不见的形式，如与南壁第130龛（第2层，图5-33）[28]一样从天盖左右垂下流苏的部分装饰。所以，古阳洞天盖龛并不是对云冈天盖龛直接、整体的模仿。

古阳洞的大型天盖龛集中分布在第2层，所以龙门石窟天盖龛的出现要迟至509年以后[29]。云冈石窟第3期后半较常见的鳞状垂

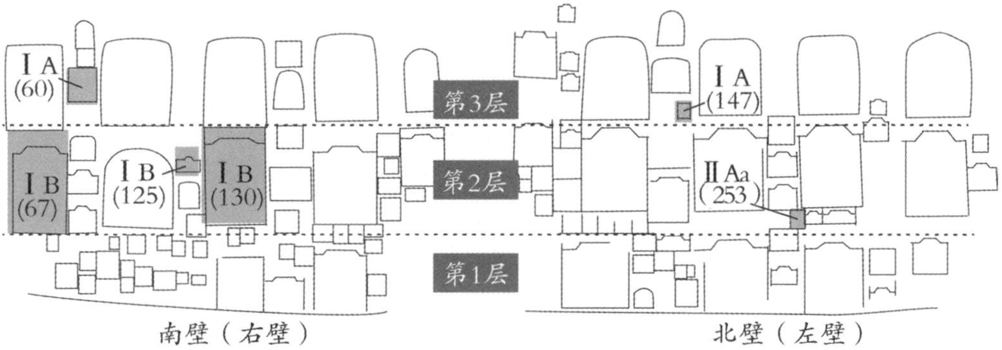

图5-31　龙门石窟古阳洞左、右壁天盖龛的分布

※（　）内的数字为佛龛编号。此外，南壁上层有南壁第22龛（ⅠA）、东壁（前壁）窟顶有东壁第130龛（ⅠA）

北壁第147龛（ⅠA式）

北壁第253龛（ⅡAa式）

图5-32　龙门石窟古阳洞的天盖龛

图5-33　龙门石窟古阳洞南壁第130龛天盖

图5-34　龙门石窟古阳洞的折叠式装饰（北壁第295龛）

饰，仅出现在该窟南壁第130龛。从以上分析来看，古阳洞天盖龛的出现晚于云冈石窟，受到云冈第3期造像的影响，或基于其他粉本制作。并且，张雯指出北壁第295龛（第1层，图5-34）雕刻了与云冈石窟的折叠式装饰酷似的装饰[30]。作为显示出云冈石窟第3期造像的影响在古阳洞营造后半以后出现的实例，该装饰连同天盖龛的出现一并值得关注。

（2）莲花洞

一般认为，莲花洞在510～513年中断营造[31]。该窟内有4例天盖龛（南壁第26、84龛，北壁第40、93龛）[32]。北壁第93龛虽是小龛，但也是该窟中唯一完整的ⅡAa（床帐形）（图5-35）；其他3例均为左右不垂下较长帐幕的ⅠA或ⅠB式（图5-36）。上部均由鳞状垂饰及帷幕等组成，所以使用了天盖这一

图5-35　龙门石窟莲花洞北壁第93龛

A.南壁第26龛（ⅠB式）

B.南壁第84龛（ⅠA式）

图5-36　龙门石窟莲花洞的天盖龛

A.古阳洞南壁第174龛

B.莲花洞北壁第40龛

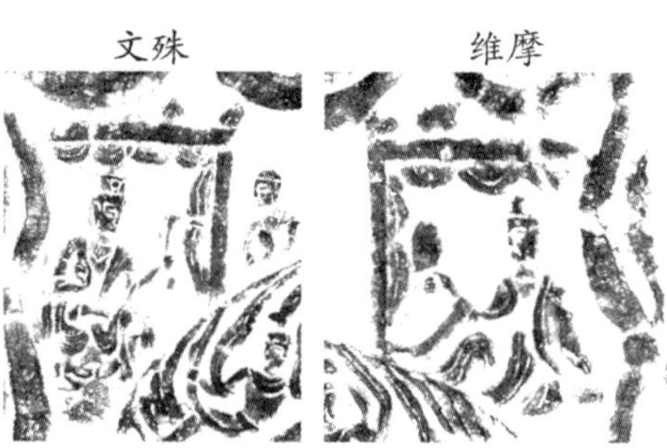

C.莲花洞北壁第66龛

图5-37　维摩、文殊像的比较

称呼；但顶部的博山及轴部等装饰被省略，所以更像是处于帷幕表现的延长线上。

不完整的天盖表现中也出现了维摩、文殊像[33]。该图像出自《维摩经·文殊师利问疾品》，表现文殊去探望卧病在床的维摩的场面，本来维摩表现在床帐内，文殊表现在天盖下。云冈石窟、古阳洞均遵循这一原则，但莲花洞中像这样不加区分的实例接近半数（图5-37）。古阳洞的表现不能说完全理解了天盖龛，莲花洞则更加省略，不再重视天盖与床帐的区别。

（3）宾阳中洞

受宣武帝之命开凿、石窟整体基于统一设计而营造的宾阳中洞（515～517年左右）并未出现天盖龛。但需要注意的是，宾阳中洞整体覆盖着完整的天盖，这在龙门石窟中较为罕见（图5-38）。周壁最上层的天盖，顶部交替排列着宝珠与盛开的莲花；轴部雕刻着圆形宝珠状装饰；下部雕刻着2层鳞状垂饰，垂饰内部雕刻着莲花

图5-38　龙门石窟宾阳中洞天盖

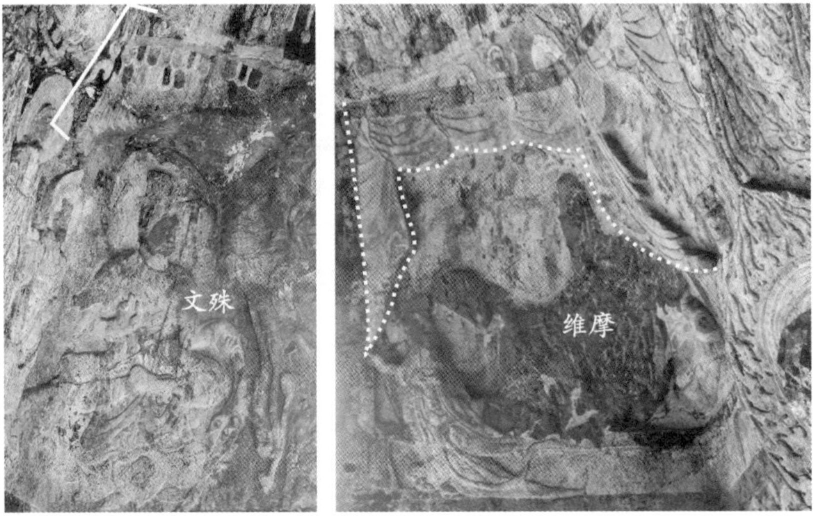

图5-39　　龙门石窟宾阳中洞维摩、文殊像

图5-40　第32-10窟外壁浮雕（局部）

及宝珠一样的小装饰；更下方为1行前端带有小圆形装饰的三角垂饰，其间垂下类似丝带一样的装饰，后方可见折叠的帷幕。

此外，前壁上部在门口两侧布置了维摩、文殊像。维摩坐于床帐下，文殊头顶为装饰着莲花及鳞状垂饰的天盖（图5–39）。盖顶装饰有莲花的床帐及圆形天盖，这在云冈石窟也不常见（图5–27、图5–40），仅出现于第33–3窟及其周围的ⅡA龛、附属于龛的文殊像等处，可推测这些窟龛与宾阳中洞有密切的关系。

（4）之后的石窟

魏字洞（520～521年左右）、普泰洞（524～525年左右）、皇甫公窟（527年）等洞窟中的主要佛龛均未使用天盖龛，仅见若干追刻小龛使用。直到534年前后的路洞，才开始在正壁布置天盖龛[34]（图5–41）。可见，6世纪20年代以前的龙门石窟，对使用天盖龛基本持消极态度。从古阳洞的例子来看，龙门石窟的天盖龛很可能因受云冈石窟的影响而出现。但另一方面，像宾阳中洞的天盖一样，盖顶装饰莲花的形式在云冈石窟也同时出现，同一形式也存在龙门石窟先行使用的可能。如图5–18所见，云冈石窟第33–3窟（使

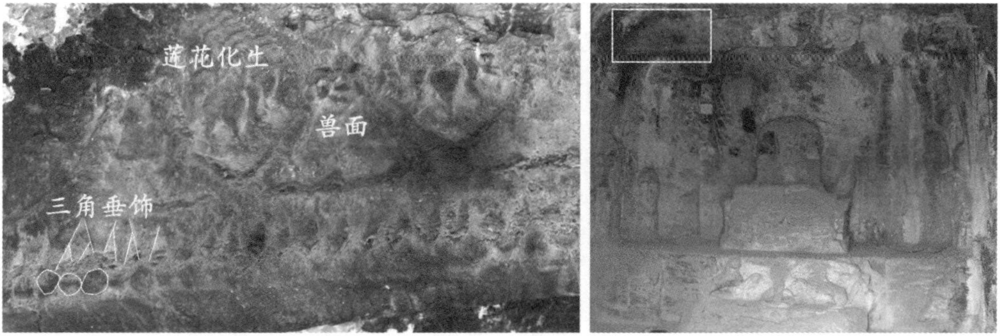

图5–41　龙门石窟路洞正壁

用ⅡAa、ⅡAb式）中右壁佛坐像的着衣形式，即使存在一定的混乱，仍可见覆盖一部分右肩的大衣，所以宾阳中洞（图3–33）等洛阳的最新信息给云冈石窟的小型窟带来影响的可能性很大[35]。

2. 巩县石窟第1窟

巩县石窟（第1～5窟）的营造年代有各种说法，一般认为第1窟完成最早，大致在520年左右之前已经完成[36]。第1窟在周壁最上层雕刻天盖，中心柱四面开天盖龛（图5–42）。周壁的天盖并列着宝珠及盛开的莲花或莲花化生，下部为前后折叠成凹凸状的条带状装饰、鳞状垂饰、前端带有小圆球状装饰的三角垂饰、折叠的帷幕、中间被捆住呈弧形的帷幕。中心柱各面的天盖有若干不同，但均较宽，顶部布置宝珠和莲花化生，其下为折叠的帷幕、连珠垂饰、三角垂饰，最下部帐幕从左右分开垂下。从顶部的装饰及鳞状垂饰等，可以看出龙门石窟宾阳中洞天盖的影响[37]（图5–38）。但这里需要注意的是，中心柱的天盖龛使用了6世纪20年代之前龙门石窟主要佛龛中未见的ⅡAa（床帐形）。从出现时间来看，云冈石窟更早，二者之间应有一定关系。

图5–42　巩县石窟第1窟中心柱西面

3. 洛阳周边的小型像

（1）正光五年（524）刘根等造浮图铭

佛坐像的头顶为圆形的天盖。最上部线刻出博山及盛开的莲花，下部为带有花纹及同心圆纹的轴部、双重鳞状垂饰、三角垂饰、透明般的薄帷幕及较长的条带状垂饰（图5–43）。条带状垂饰在云冈石窟未曾出现，天盖顶部布置莲花这点与云冈第33–3窟的ⅡA龛及宾阳中洞天井附近的天盖装饰共通（图5–27、图5–38）。

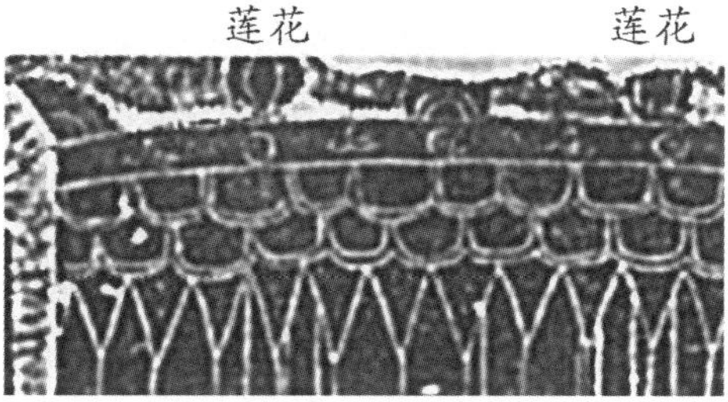

图5–43　刘根等造浮图铭（拓片、局部）
正光五年（524）

（2）荥阳出土孝昌元年（525）铭弥勒造像碑

主尊弥勒菩萨交脚像的尖拱额上部雕刻出天盖（图5–44）。天盖顶部交替布置博山与圆形装饰，下部为轴部、双重三角垂饰、折叠的帷幕，左右垂下流苏。由此可见，不止云冈石窟，洛阳周边的单独造像直到520年以后仍然持续制作ⅠB龛。

图5-44　弥勒造像碑　孝昌元年（525）荥阳出土　河南博物院藏

4. 其他的北朝实例

在北朝疆域内的其他地区，天盖造型本身从早期就可以得到确认，比如敦煌莫高窟第268窟西壁龛内上部描绘的伞形天盖（图5-45）。但525年以前营造的ⅡA、ⅡB式天盖龛，在平城和洛阳即新旧都城以外的地区，基本不存在[38]。此外，西安周边的纪年铭像中，目前可确认为最早期天盖龛的，可以举出临潼区博物馆藏孝昌三年（527）铭庞双佛道教造像碑等6世纪20年代后半期以后的作品，此时终于出现了ⅠA龛[39]（图5-46）。

图5–45　敦煌莫高窟第268窟西壁

图5–46　庞双佛道教造像碑
孝昌三年（527）　临潼区博物馆藏

5. 四川省出土像

与北朝相比，同时期南朝疆域内的作品数量极少，只能依靠四川省成都市周边的出土实例。需要强调的是，该地区基本不使用源自西域的尖拱龛或楣拱龛，天盖龛反而从早期开始就存在。现存实例中，以四川省茂汶县出土的永明元年（483）铭释玄嵩造像碑为最早（图5–47）。该像现残存4块断石，其中一部分已经不见，袁曙光对各个残片的位置进行了复原[40]（图5–48）。根据其复原结果，正面的“弥勒佛”坐像及背面的“无量寿佛”立像，原本均位于天盖龛内。从现存残片来看，天盖是由三角垂饰及小圆纹等组成的简单形式。此外还有永明八年（490）铭一佛二菩萨石造像，其背面的屋顶下雕刻出2根立柱支撑的天盖，内为菩萨交脚像（图5–49）。以上2例均为ⅡAb龛（圆盖形），比云冈石窟同类龛的出现早15年以上。

图5-47　释玄嵩造像碑（局部）　永明元年（483）
四川省茂汶县出土　四川博物院藏

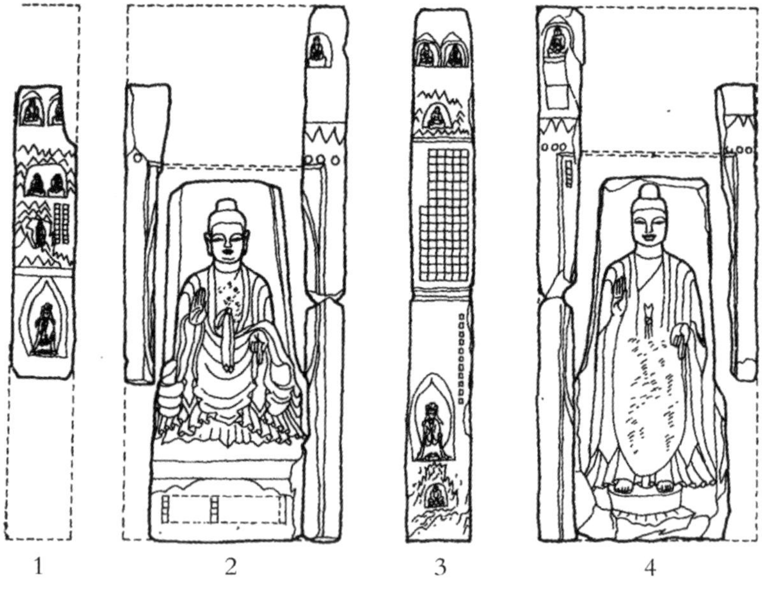

图5-48　释玄嵩造像碑复原图

正面

背面（局部）

图5–49　一佛二菩萨石造像　永明八年（490）
四川省成都市出土　四川省成都市文物考古研究所藏

图5–50　一佛四菩萨像背面（局部）　中大通二年（530）　四川省成都市出土

其他出土像多为带有大型背光的背屏式，并由多尊像构成，主尊头顶布置天盖的例子较少。但背光用纤细的雕法刻出较多佛传浮雕，其中有较多出现在天盖下的佛或弥勒菩萨（图5–50）。需要注意的是，这些天盖与永明八年（490）铭像一样，是由2根立柱支撑的ⅡAb式（圆盖形）。这种形式不见于龙门石窟，在成都则早于云冈石窟，至迟在490年已经出现，其后也作为佛龛的主要表现方式固定下来。所以，云冈石窟的ⅡAb龛（圆盖形）受南朝造像影响而出现的可能性很大。另一方面，ⅡAa龛（床帐形）基本没有出现在南朝疆域。

从上文可知，北魏新旧都城及南朝疆域以外，基本不见早期的天盖龛，并且这3个地区中天盖龛的使用情况也大不相同。首先，洛阳周边使用楣拱额及尖拱额庄严的传统很顽强，天盖龛至少在6世纪20年代并未完全固定下来；与之相对，成都反而很少使用天盖龛以外的龛形。并且，作为探讨其他地区与云冈石窟关系的关键，ⅡA龛也出现了具有对比性的结果。一方面，ⅡAa龛（床帐形）出现在龙门石窟的部分小龛及巩县石窟第1窟中心柱，其盖顶的莲花等细节形式可能也影响了云冈石窟的天盖龛。另一方面，ⅡAb龛（圆盖形）虽然并未在洛阳周边出现，但在四川地区，早期就已出现。以永明元年（483）铭释玄嵩造像碑为代表，四川地区存在多个早于云冈的实例。

也就是说，根据ⅡAb（圆盖形）的使用，再加以上节探讨的树叶表现，可知云冈石窟第32窟周边的小窟群是在得到南朝造像信息的基础上制作的。但是，ⅡAa、ⅡAb两种形式在同一空间中并存的情况，并不见于其他地区，这种结构可视为云冈石窟特有的。那么，天盖龛的形式为何会有地域差异？云冈石窟又为何将两种形式并用？下文将探讨使用床帐形、圆盖形天盖龛的意义。

6. 床帐与圆形的天盖

再次回到ⅡAa、ⅡAb的造型，ⅡAa表现了世俗生活用具床帐，ⅡAb是左右以立柱支撑的圆形天盖。圆形天盖在云冈第18窟（昙曜五窟之一，5世纪60年代）中已经出现，但以立柱支撑天盖的早期例子，除四川地区以外，也见于西域[41]。但其天盖上部的表现与中国内地不同，所以很难想象二者有直接的影响关系。

作为生活用品的床帐常常出现在北魏墓葬壁画中，大多描绘坐于床帐下的墓主人夫妇[42]（图5-4）。但另一方面，就如小杉一雄所指出的，装饰华丽的床帐仿佛天子的御床，“象征着最高权威者的空间”[43]。云冈的小型窟将其作为石窟主尊的庄严来使用，可能正是皇帝即当今如来的北魏佛教传统与作为玉座的床帐形天盖龛造型相结合的结果。并且，床帐形天盖龛仅出现在平城和洛阳，南朝造像并未使用。这也与在世俗权力的关系方面，北魏佛教与南朝佛教形成鲜明对比的事实相符合。就像东晋（317～420年）高僧慧远曾著《沙门不敬王者论》一样，南朝佛教界保持着不服从于世俗权力、独立于俗世的立场[44]，所以回避使用会让人联想起玉座的床帐来庄严佛像，这也并非不可思议。

云冈石窟床帐形天盖龛的出现，也有必要考虑平城和洛阳的寺院带来的影响。比如云冈石窟周边，太和年间（477～499年）钳耳庆时（王遇）在平城东郊营造的祇洹舍。《水经注》卷十三《漯水》载，祇洹舍中不仅佛像，而且安置佛像的“床坐轩帐”也为石雕[45]。依描述无法了解具体的造型，但可以想象包含床坐及垂帐的装饰部分在内均为石造，也可以想象其为云冈石窟床帐形天盖龛的原型。迁都后，洛阳存在以熙平元年（516）建立的永宁寺为首的大量寺院。宿白举出灵太后胡氏执政时期营造于洛阳周边窟龛的变化[46]，指出包含巩县石窟在内，这一时期的石窟群有意识地模仿了寺院建筑[47]。永宁寺塔的塔心实体开龛已通过发掘证实[48]，明确了与中心柱窟结构的关联。再加上使用ⅡAa龛（床帐形）的巩县石窟第1窟也是中心柱窟，国都寺院先进的庄严方法很可能给石窟中心柱及佛龛带来影响。

基于西域传来的石窟、造像信息，又积极吸收中国流行的木构建筑的各种设计，北魏的石窟及佛龛经过较长时间才得以独立发展。云冈石窟的佛龛不仅固定使用源自西域建筑的尖拱龛和楣拱龛，也使用中国化的屋形龛。床帐形天盖龛（ⅡAa龛）的出现，也处在汉化的延长线上，可以说，床帐形天盖龛的出现象征着北魏佛龛汉化的完成。这一漫长过程是北魏佛教美术的特征，是不流行营造石窟的南朝所不具备的[49]。天盖龛各形式的出现和分布特征，在明确显示南、北朝不同的造像情况及意识的同时，也显示出云冈造像直到最末期仍保持的独立性，以及从南朝向北朝传播信息的一个方面。

结　语

以上梳理并分析了云冈石窟天盖龛的展开，并与其他地区进行比较。明确天盖龛是与尖拱龛及楣拱龛等并存的一种佛龛形式，但与其他龛形不同，天盖龛是源自多种庄严方法的集合。最有趣的是出现时间较晚的ⅡAa、ⅡAb（床帐形、圆盖形），其出现时间及使用地点有明显的地域差异。这是寻求与佛的居所相适应的中国式庄严方法的结果，南朝与北朝在造型上得出了不同的结论。

云冈石窟第3期的小窟龛形成了2个不同的组群，分别是①基于第11、13窟小龛传统的天盖龛群（中心在东部区域）与②基于新信息的天盖龛群（中心在第32窟周边的小窟群），二者并存至造像活动的最末期。这2组可分别对应不同的工匠集团。

以第32-12、33-3窟为代表的②组，偏好使用床帐形与圆盖形（ⅡAa、ⅡAb）这2种新形式的天盖龛。2种形式有不同的特征：带有皇帝御床含义的ⅡAa龛（床帐形）可能因受到平城或洛阳地区寺院的影响而出现，并且着衣及细节装饰的一部分显示接受了源自宾阳中洞等处的信息。与其相对的，ⅡAb龛（圆盖形）在南朝成都周边的出土造像中可找到先例。此外，②组的树叶表现也可看出南朝绘画的影响。同时期其他地区也盛行造像活动，但床帐形及圆盖形的天盖龛仅出现在新、旧都城及南朝疆域内，可以看出这些地区的造像具有密切关联。在应对从成都周边（南朝）及洛阳流入的新信息时，云冈并非单纯模仿，而是将其他地区并未同时出现的ⅡA的a、b两形式置于同一窟内，特别是将南朝佛像庄严并未使用的ⅡAa（床帐形）用于正壁主尊的庄严，经过了独立的设计。

因与云冈石窟第3期造像的关系而被特别关注的龙门石窟古阳洞，受到云冈石窟第2期末到第3期造像的影响，出现了天盖龛。这意味着与云冈造像相关的最新的、多样的信息已传播至洛阳周边，迁都后的云冈石窟仍可以给其他地区带来一定影响。这种状态至少持续到龙门石窟古阳洞出现天盖龛的509年左右。但之后随着宾阳中洞（515－517年左右）的营造，洛阳地区的最新形式反而开始向云冈石窟传播，二地区造像之间的影响关系发生了变化。作为今后的课题，应从更多角度来探讨云冈石窟与龙门石窟的关系。

注：

［1］宿白「平城における国力の集中と〈雲岡様式〉の形成と発展」雲岡石窟文物保管所編『中国石窟　雲岡石窟』第1巻（平凡社、1989年），

吕采芷「北魏後期の三壁三龕窟」雲岡石窟文物保管所編『中国石窟　雲岡石窟』第2巻（平凡社、1990年）。

［2］因幡聡美「雲岡石窟第三期諸窟に見られる複合龕に関する研究」『中国考古学』第13号（2013年），八木春生（姚瑶译）《云冈石窟第三期诸窟的编年》，《云冈石窟研究院院刊》2014年总2期。

［3］作为庄严具的天盖、华盖、床帐的造型特征及象征含义等可参考以下文章：

・林巳奈夫「漢鏡の圖柄二、三について」『東方學報』京都第44冊（1973年）。

・小杉一雄『中国仏教美術史の研究』（新樹社、1980年）。

・仲嶺真信「いわゆる天蓋についての再検討―仏教美術における華蓋を中心にして」『芸術学論叢』17（別府大学文学部芸術文化学会、2007年）。

・王雁卿、马志强《云冈石窟的宝盖龛和宝盖》，《北朝研究》第7辑（科学出版社，2010年）。

［4］水野、長廣将该像的圆形天盖称为经典中所见的“缯盖”。水野清一・長廣敏雄『雲岡石窟―西暦五世紀における中國北部佛教窟院の考古學的調査報告―東方文化研究所調査　昭和十三年―昭和二十年』第12巻（京都大学人文科学研究所雲岡刊行会、1954年。以下简称『雲岡』）図版109A解説。与现在的佛寺一样，当时的佛寺可能也是从天井悬垂圆形天盖（缯盖）来庄严尊像。

［5］『雲岡』第4巻図版101、102、104。

［6］村田治郎「中国建築史より見たる法隆寺系建築様式の年代」『宝雲』第36冊（宝雲舎、1946年）及王雁卿、马志强论文（注3）。

［7］注3，小杉一雄论著，王雁卿、马志强论文。

［8］『雲岡』第15巻本文64、65頁。

［9］注3，王雁卿、马志强论文。

［10］『雲岡』第3巻図版12，第6巻図版68，第7巻図版6、9、13，第9巻図版22、51等。此外还有第13窟明窗的菩萨立像。

［11］注3，王雁卿、马志强论文227页。

［12］石窟天井附近的天盖使用同样装饰的例子局限于第38窟及第38-3窟等。

［13］注2，因幡氏论文。

［14］『雲岡』第15巻拓本ⅨA标注为第32窟，实际为第32-5窟。

［15］作为ⅡAa龛的第22-1窟，例外地位于第21窟附近，但未完成，开凿时间稍迟的可能性较大。并且，水野、長廣认为窟内龛整体使用天盖龛是第30窟以西小窟特有的一时的现象，其中所见细腻的造像是西端诸窟中最后的作品，可能制作于迁都后至515年左右之间。『雲岡』第15巻本文64、65、68頁。

［16］中型窟中，窟内基本佛龛使用该形式的只有第30、41窟。此外，第31窟前室也有一些痕迹，但为追刻，并且由于风化无法明确细节。对侧壁面可以看到ⅡB龛的痕迹。

［17］就像第三章所论述的，ⅡAa（床帐形）虽然有部分例外地分布于第2期各窟周边的东部地区（第13-3窟、第13-4窟列柱的追刻），但从位置、大小及雕刻手法等来看，很明显是对第32窟周边小窟的模仿。

［18］因龛整体向内加深而产生的侧壁部分，使雕刻更多像变为可能。第14窟下层龛虽然风化严重，但仍可辨识出骑象等造像痕迹。张焯主编《云冈石窟全集》第12卷：第14窟、第15窟、第16-1窟（青岛出版社，2017年。以下简称《全集》）图版90。

［19］彭明浩《云冈石窟的营造工程》（文物出版社，2017年）169～174页。

［20］第28、33窟等中型三壁三龛窟，周壁最上部整体围绕带有三角垂饰等简单装饰的天盖。这些窟用天盖庄严整体空间的意识强烈。

［21］加上外壁仅残存一部分的第32-10窟，从雕刻手法来看应与其他

使用ⅡA的洞窟属于同一组群。『雲岡』第15卷拓本ⅧC。

［22］『雲岡』第15卷図版50C、51，第29～31図，拓本ⅨK，法量参考图版解说。

［23］注3，小杉氏论著129～130页。

［24］《太平御览》卷六九九《服用部一・帐》所引《邺中记》原文如下："石虎御床辟方三丈，冬月施熟锦流苏斗帐，四角安纯金龙头，衔五色流苏，或用青绨光锦，或用绯绨登高文锦，或用紫绨大小锦絮。以房子锦百二十斤白绨为里，名为里复帐，帐四角安纯金銀凿金香炉，以石墨烧集，和名香，帐顶上安金莲花，花中悬金薄织成椀囊。春秋但锦帐，表以五色，总为夹帐。夏用沙罗，或綦文丹罗，或紫縠文为单帐。"

［25］第41窟正壁诞生的场景中也有树木，但由于风化严重，细节不明。

［26］第4–1、5（追刻）、5–10、5–11、5–34、5–38、6–1、6–2、6–3、13–4、13–22、13–32、14、16（追刻）、16–1、19（追刻）、19–2（追刻）、24–1、26、27–2、32–5、32–8、33–6、35、38、38–1、39（追刻）窟等。

［27］使用ⅡA龛的洞窟同时使用带有"折叠式装饰"楣拱龛的，仅有第13–4、32–5、33–6窟。

［28］龙门石窟古阳洞内的佛龛编号参考刘景龙《古阳洞：龙门石窟第1443窟》（科学出版社，2001年）。

［29］石松日奈子将古阳洞的营造分为4期，其中第2层各龛为509～517年左右、第1层为518年以前～525年左右营造。『北魏仏教造像史の研究』（ブリュッケ、2005年）156～157頁。

［30］张雯《古阳洞雕凿次第初探》,《石窟寺研究》第3辑（文物出版社，2012年）151页。

［31］温玉成「龍門北朝期小龕の類型と分期および北朝期石窟の編年」龍門文物保管所、北京大学考古系編『中国石窟　龍門石窟』第1卷（平凡社、1987年）203頁。

［32］莲花洞内佛龛编号参考刘景龙《莲花洞：龙门石窟第712窟》（科学出版社，2002年）。

［33］石松日奈子「維摩・文殊像の研究—中国南北朝期仏教美術における左右対置表現の一例として—」『南都仏教』71号（1995年）。

［34］路洞正壁整体构成了一个天盖龛。虽然风化严重，但正壁上部还保存着一部分由兽面装饰、莲花化生、璎珞、三角垂饰等构成的天盖。

［35］在洛阳表现出大衣覆盖部分右肩的实例最早出现在宾阳中洞，云冈石窟第5-11等窟中也有明确表现。宿白「洛陽地区における北朝期石窟の初歩的考察」龍門文物保管所・北京大学考古系編『中国石窟　龍門石窟』第1卷（平凡社、1987年）。赵昆雨《云冈石窟造像服饰雕刻特征及其演变》，《文物世界》2003年第5期。

［36］陈明达「鞏県石窟寺の開鑿年代とその特徴」河南省文物研究所編『中国石窟　鞏県石窟寺』（平凡社、1983年），宿白论文（注35），八木春生『中国仏教美術と漢民族化—北魏時代後期を中心として』（法藏館、2004年）146～147頁。

［37］关于龙门石窟宾阳中洞对巩县石窟的影响，可参考八木论著（注36）128～129頁。

［38］受到云冈石窟第2期各窟强烈影响的辽宁省义县万佛堂石窟西区第1窟中心柱上层，由博山、轴部、三角垂饰、短帐幕构成了天盖，天盖下表现了说法场景。不仅主尊，场景整体都在天盖的覆盖之下，与云冈第10窟主室南壁上部龛近似，与典型的天盖龛有着根本的区别。刘建华《义县万佛堂石窟》（科学出版社，2001年）图版20～26。

［39］通过西安碑林博物馆藏普泰元年（531）铭四面造像碑等例，可以看出西安地区从6世纪30年代开始天盖龛的数量增加。

［40］袁曙光《四川茂汶南齐永明造像碑及有关问题》，《文物》1992年第2期。

［41］栗田功『古代佛教美術叢刊　ガンダーラ美術Ⅱ　佛陀の世界』（二玄社、1990年）図版10、48，这些像的主尊被视为兜率天上的弥勒。云冈石窟的交脚弥勒菩萨像可见使用这一形式，另外，维摩、文殊之间的佛坐像（可能是释迦像）也有使用这种形式的情况，所以圆盖形天盖龛与尊像尊格之间并没有明确的对应关系。

［42］王银田、刘俊喜《大同智家堡北魏墓石椁壁画》，《文物》2001年第7期。

［43］小杉一雄论著（注3）130頁。

［44］慧皎（吉川忠夫、船山徹訳）『高僧伝（2）』（岩波書店、2012年）233～238頁。《沙门不敬王者论》之后"确保了沙门作为世俗之外存在的应有状态"（该书238页）。

［45］小杉一雄论著（注3）139頁。《水经注》卷十三《㶟水》"太和中阉人宕昌公钳耳庆时，立祇洹舍于东皋，椽瓦梁栋、台壁櫺陛、尊容圣像及床座轩帐，悉青石也"。

［46］注35，宿白论文。

［47］此外，倉本尚德指出，洛阳周边的单体造像"写作浮图、天宫、塔的造像铭数量比其他地区更多"，是"受到洛阳建立高层塔的刺激而产生的现象"。倉本尚徳『北朝仏教造像銘研究』（法藏館、2016年）124頁。

［48］永宁寺塔的塔心实体东、南、西三面分别确认5处壁龛遗迹，周围原本应是由塑像群表现的多种佛传场景。奈良国立文化财研究所『北魏洛陽永寧寺：中国社会科学院考古研究所発掘報告』奈良国立文化財研究所史料第47冊（1998年）。

［49］南朝为数不多的石窟之一栖霞山石窟（江苏省）一般认为营造于500年左右之前，窟内开龛的情况不多。并且数量较少的佛龛均为圆拱龛，周围的装饰也简单，这点与北朝造像不同。栖霞山千佛岩区窟龛的编年可参考符永利《南朝佛教造像的考古学研究》（南京大学，2012年博士论文）。

终章　云冈石窟与中小窟龛

本章概述各章结论，并进一步总结云冈石窟中小窟龛的展开。

一　民众发愿制作佛龛的开始与昙曜五窟

第一章的目标是明确与石窟统一规划有根本区别的独立发愿佛龛的制作是从何时开始，又是怎样开始的，与作为国家事业的石窟营造之间又有怎样的关系。云冈石窟最初营造的是昙曜五窟（第20、19、18、17、16窟），窟内空间大部分被石窟的主尊及胁侍等基本造像占据，周壁残存空间在不同时期雕刻了大小不一的佛龛。

第二、三节为明确石窟的开凿期佛龛，特别关注了各窟原始规划中包含的基本造像（石窟主尊、胁侍、壁面上层的千佛等）与佛龛之间的打破关系及样式、形式特征。研究结果表明，共有66龛可视为昙曜五窟开凿期的作品。

第四节揭示这些开凿期佛龛在细节形式与雕刻位置等方面具有阶段性变化。综合各种要素，可以认为佛龛制作始于西部的第20窟，并逐渐向东扩展。该顺序很可能与石窟主要造像制作的先后关系密切相关。

第五节提取开凿期佛龛中明确与石窟营造规划无关的独立发愿佛龛（带有胡服或僧形供养人像的例子），对其雕刻位置及布局变化进行分析。结果表明，独立发愿佛龛在石窟内的位置逐渐彰显。首先，第20窟中带有供养人像的佛龛规模较小，显示出个人且无计划的性质，并且尚未发展成佛龛的形式。其次，经过第19窟到第18窟的阶段，佛龛形式已完备，布局也出现一定的规则。并且，独立发愿佛龛造像与石窟内其他基本造像产生图像上的关联。最终，第17、16窟中独立发愿造像的左右对称布局意识进一步增强，意味着到这一时期，人们的造像活动具有一定程度的集团性，并且是有计划的活动。特别是第16窟佛龛的左右对称布局更为显著。

也就是说，云冈石窟始于第20窟的独立发愿佛龛的制作，最初与石窟营造规划几乎无关，但逐渐被接纳并成为石窟的组成要素。在这一过程中，第18窟是转折点，第16窟是终点。其后，第7、8等窟使用周壁整体被同尺寸佛龛覆盖的规整结构。这种壁面装饰意识的萌芽，在第18窟对佛龛雕刻位置进行规划时已经出现，在第17、16窟中得到进一步发展。以前总是强调昙曜五窟与第7、8窟以降的第2期各窟的区别，而本章明确了石窟内的空间结构是经过连续的发展才形成的。

二　独立发愿佛龛的增加与第5窟的营造

紧接着昙曜五窟营造的第7、8及第9、10等双窟，壁面几乎没有可以雕刻独立发愿佛龛的余地。新开凿的大型洞窟内独立发愿佛龛制作的再度兴起，要迟至营造第11、13窟的5世纪80年代。第二章探讨的中心是开凿时间众说纷纭的第5窟（被视为国家主导营造的大型窟）与在其前后发愿制作的佛龛之间的关系。

第二、三节针对第5窟的开凿年代，在先行研究的基础上，探讨窟内各像的制作过程。结果明确了以下3点：①第5窟明窗、门口各像（包括独立发愿佛龛）的制作年代，在西方式和中国式造像服制混用的480年以后；②开凿期壁面产生的大规模裂缝对窟内造像造成了一定影响；③西壁比东壁先行造像。

第四节着眼于第5窟与第6窟各像及第11、13窟内大量制作的独立发愿佛龛之间的关系。第5窟以南壁、西壁、东壁的顺序造像，在这一过程中，与第11、13窟共通的要素减少，与第6窟共通或受其影响的要素反而增加。第5、6窟虽然相邻，但石窟的结构及造像的细节形式等有较多差异，一直存在是否是作为一组石窟而营造的疑问。但实际上，第5窟从各像制作的最初期开始，已在窟内整体使用了以莲瓣带分割壁面等与第6窟共通的装饰，所以两窟很可能是按照组窟进行装饰设计的。

第五节放眼同时或稍迟在包含昙曜五窟内外的更大范围内制作的佛龛（独立发愿），并探讨第11、13窟与第5窟佛龛之间的关系。从造像的汉化情况来看，第5、6窟等大型窟基本在短时间内完成了从西方式到中国式的着衣形式转化，与此相应的，新形式完全渗透进佛龛需要一定的时间。实际上，第11窟与昙曜五窟周边对中国式服制进行部分或不完整模仿的佛龛也较多。这个汉化过渡期一直持续到500年左右。从造型来看，第11、13窟与昙曜五窟周边佛龛，表现出从造像样式到细节形式的信息共享，形成了一个综合的造像组群。此外，第11、13窟与第5窟造像的共同点仅有衣裾表现这种有限的要素。

综上，可以认为这一时期的大型窟与独立发愿佛龛基本由不同的工匠集团制作。这种关系与第一章所见昙曜五窟开凿期洞窟与佛龛的关系存在巨大差异。汉化过渡期以后的佛龛，更广泛接受第5窟式而非第6窟式衣裾表现的理由，可进行如下推测：第一，第5窟明窗的独立发愿佛龛及第5窟内存在源自第11、13窟佛龛的要素，显示出第5窟在营造初期就与独立发愿佛龛有更多的连接点。第二，从造像样式来看，第5窟使用了较为接近“秀骨清像”的表现，可能也带来了一定影响。

整体上看，第5窟营造前后，以第11及第13窟为直接起点的独立发愿造像（佛龛）组群，不仅出现在第11、13窟内部，而且一直扩展至昙曜五窟周边（昙曜五窟内追刻及第14、15、16–1窟）。这一独立发愿造像组群，一边引入与其有较多连接点的大型窟第5窟的新着衣形式，一边独自发展。

三　第11、12、13窟外壁窟龛的定位

从主要在第11、13窟内部及昙曜五窟内外制作汉化过渡期佛龛的后半段开始，第11、12、13窟外壁的民众造像活动也趋于活跃。在先行研究的基础上，第三章对第11、12、13窟外壁窟龛的展开进行梳理，并分析其与同时期制作的第5、6窟周边及西端区域窟龛之间的关系。

第11、12、13窟外壁窟龛可分为“一佛+千佛结构”龛、三尊结构窟龛、三壁三龛窟及三壁一坛二龛窟4类，并按这一顺序出现。第二节对第11、12、13窟外壁窟龛所见第2期各窟的影响及独特性进行分析。这一带造像活动正式展开之时，迁都前完成的第6窟的影响较强，但三壁三龛窟出现以后，这些要素逐渐消失。第11、12、13窟外壁不见于第2期各窟的独特要素，表现在着衣的细节形式及背光纹样等装饰上，其中也包括可以反映其他地区影响的要素。第三节分析与第5、6窟周围窟龛的关系，第四节分析与西端诸窟的关系。

综合以上分析，第11、12、13窟外壁从5世纪80年代开始逐步制作佛龛，5世纪90年代最为活跃。第5、6窟周边（第5窟东侧及罗汉洞区、龙王庙沟等）中小窟龛的制作，从500年左右开始逐渐活跃。通过窟龛附属的装饰，可明确此时第11、12、13窟外壁和第5、6窟周边窟龛之间存在活跃的信息交流。鉴于共有信息之多，可

以说这两个区域（东部区域）的窟龛已成为一个组群，而最初的中心是在第11、12、13窟外壁。而第21窟以西的西端诸窟，早在第5、6窟周边造像活动的活跃期之前已开始制作中小窟龛，当时与第11、12、13窟外壁窟龛之间有隔离，共有造型和形式的增加要等到三壁三龛窟出现的507年左右以后。但之后东部区域（第11、12、13窟外壁和第5、6窟周边）出现的窟龛形式并未在西端诸窟流行，而西端区域的流行形式被东部区域三壁一坛二龛窟采用的实例反倒增加。也就是说，三壁一坛二龛窟（515年以前出现）出现时，中小窟龛造像活动的中心已经转移至西端诸窟。

东部区域的窟龛与西端诸窟的小型窟之间，当初并非完全没有信息的交流，但各自均有连续性变化，有不同的谱系，可以认为东、西区的工匠系统基本上是不同的。第11、12、13窟外壁以第12-1龛为中心制作于500年前后的窟龛，使用了之前云冈石窟从未见过的数种新纹样，所以这一时期东部区域的小窟龛接受了从其他地区传来的最新信息。此外，云冈石窟三壁三龛窟及三壁一坛二龛窟的出现均早于龙门石窟，但麦积山石窟在更早的阶段就出现了与云冈石窟三壁一坛二龛窟结构近似的洞窟，也不能否认其给云冈带来影响的可能性。

四　中小窟的营造理念

第三章以第11、12、13窟外壁窟龛为中心，通过基本结构及造像细节形式的展开探讨工匠系统，第四章则着眼于数量众多的中小三壁三龛窟的尊像布局法，通过分析其特征及定型化过程来考察中小窟的营造理念。

第二节明确即使同为三壁三龛窟，规模不等的石窟，尊像布局规则也基本不同。中型三壁三龛窟拥有强烈的左、右壁对称或造型上相互对照的意识，同时三壁主尊坐姿在组合上避免重复。与之相对，小型三壁三龛窟的布局依据尊像存在一定的规则，即①佛倚坐像在右壁、②菩萨交脚像在左壁、③二佛并坐像在正壁或右壁。

第三节进一步明确，除三壁三龛式外，在窟龛内布置3尊坐像的小型窟龛中也存在同样的规则。这种尊像布局规则在此前开凿的其他地区的石窟中不曾出现，可视为云冈石窟的创造。

第四、五节对小型窟龛左、右壁布置尊像的含义进行考察。三佛中的一尊为菩萨交脚像的情况在昙曜五窟第17窟中已经出现，但三佛水平布置并将菩萨交脚像置于左壁，这一规则的确立应是在500年前后制作第5-2等窟（三尊结构）之时。此外，之前已经完成的第6窟中心柱也存在类似结构。水平布置于中心柱四面的4尊像中，将菩萨交脚像置于左壁（东面），这点很可能给之后布置三佛的窟龛带来结构上的一定影响。小型窟中，与菩萨交脚像相对的右壁尊像不定，布置千佛、定光佛授记、佛倚坐像、二佛并坐像等特殊尊像的情况较多。佛倚坐像的尊格尚无定说，有可能与其他像一样均为过去佛。所以，可以认为布置3尊坐像的小型窟龛（三尊结构窟龛、三壁三龛窟、三壁一坛二龛窟），其3尊像表现的是过去—现在—未来的三世佛，从右壁开始以右绕的顺序排列。

综上，云冈石窟的三壁三龛窟可分为重视尊像左右对称布局的中型窟系统及以三世佛为主题的小型窟系统。小型三壁三龛窟继承了雕刻于第5及13窟外壁的三尊结构窟龛的主题及尊像布局规则；而中型三壁三龛窟在之后制作第35窟前后阶段，开始吸收小型窟的流行要素。此外，以3尊佛像构成三世佛，这种结构及主题在云冈石窟以外亦从早期开始就被反复的造型化。但其中1尊为弥勒菩萨（菩萨交脚像）的结构，为云冈石窟首创。这种全新的三世佛表现，将由三佛抽象地表现三世佛，变为明确地表现由过去佛到释迦、再到弥勒这一谱系。在国家性质极强的北魏佛教及反映了这一性质的云冈造像传统的背景下，三世佛原本的佛法永续印象与皇统的永续相重叠，并最终在小型窟中固定下来。

五　中小窟龛的工匠系统

关于制作中小窟龛的工匠集团，通过第二章至第四章的探讨，片段式揭示第2期末以后出现了多个工匠系统。第二章明确第11、13窟及昙曜五窟的追刻，与第14、15、16-1窟各像形成一个共享造像信息的组群，参与类似第5、6窟一样大型窟造像活动的工匠集团，与负责制作独立发愿佛龛的工匠集团基本上是不同的。第三章明确云冈石窟东部第11、12、13窟外壁及第5、6窟周边的窟龛之间信息交流积极，整体上成为一个系统，而第21窟以西的西端诸窟独自形成系统，东、西区域有着不同的工匠集团。第四章明确三壁三龛式出现后，主要分布于西端区域的中型窟与分布广泛的小型窟，各自拥有不同的尊像布局规则，显示二者很可能出自不同的工匠集团。

第五章以最能反映工匠系统差异的带有天盖的佛龛（天盖龛）为焦点。第二节明确了天盖龛的分类和各形式的展开。各形式的分布范围有一定规律，虽然出现时间不同，但同时期多种形式曾经并存。需要特别注意的是第3期新出现的天盖龛，即模仿中国传统床帐的形式（ⅡAa式，床帐形天盖龛）及圆形天盖下立柱的形式（ⅡAb式，圆盖形天盖龛）。二者均集中分布在第30窟以西的小窟，雕刻于这些佛龛旁的佛传图等所见树叶使用了源于南朝绘画的表现方式，并且整体雕法也与其他形式的天盖龛不同（第三节）。

为明确这一新形式是从其他地区传来还是云冈石窟内部发展的结果，第四节梳理了其他地区使用天盖龛的情况。从结果来看，床帐形天盖龛（ⅡAa）在洛阳周边与云冈基本同时出现；但圆盖形天盖龛（ⅡAb）并未出现在洛阳周边，而其在云冈石窟出现前，已经在属于南朝疆域的四川地区出土造像群中固定下来。但将2形式（ⅡAa、ⅡAb）布置于同一窟内的情况不见于其他地区，可以认为是基于南朝及洛阳周边信息而形成的云冈石窟特有的结构。也就是说，制作这种石窟群的工匠集团，并非从洛阳或南朝直接进入云冈石窟，而是有可能接触到这些地区信息的集团。此外，ⅠB式及ⅡB式这种将旧有的尖拱龛及楣拱龛与天盖相组合的形式（ⅡB式有从天盖左右垂下的帐幕，但ⅠB式没有），由保守的工匠集团制作，一直延续到最末期，由此可知带有不同风格的天盖龛群并存于世。

就像小杉一雄所述的，装饰华丽的床帐仿佛世俗最高权威者的玉座。天盖龛发达的南朝并未使用床帐形天盖龛，北朝的创造与北魏佛教强烈的国家性质有关。排除源自西方的尖拱额及楣拱额这些传统形式来思考符合佛居所的设计之时，北朝选择模仿皇帝的玉座，而南朝可能是写实地表现寺院中的庄严方式。不论如何都可以说，床帐形天盖龛（ⅡAa）与圆盖形天盖龛（ⅡAb）显示出北朝与南朝佛龛汉化的不同结果。天盖龛的展开说明，直至营造最末期，云冈石窟仍经常从其他地区吸收新信息，工匠集团持续进行着具有创造性的活动。

结　语

通过各章的分析，可以勾勒出云冈石窟的中小窟龛从附属于大型窟的独立发愿造像，到逐渐增强势头，产生独自的系统并发展的样子。最后，重新思考一下中小窟龛的展开与国家主导的石窟营造之间的关系。

独立发愿造像与大型窟之间关系最密切，是在昙曜五窟开凿期。昙曜五窟开凿时，作为国家事业的造像活动与皇帝以外之人独立发愿佛龛的营造同时进行。石窟的营造从第20窟开始推进，佛龛的形式也逐渐完整，带有供养人像佛龛的位置计划性也分阶段逐渐增强。这显示本来独立进行的活动被集团化，并置于一定管理之下。

之后，随着第7、8窟这种双窟的出现，大型窟的装饰计划变得更为周全，窟内没有制作独立发愿佛龛的余地。变化发生于5世纪80年代第11、13窟的营造期，此时洞窟周壁整体被独立发愿造像覆盖。第11窟是云冈石窟首座中心柱窟，中心柱以天盖装饰。或许是受到这种大型窟的新展开的影响，左右布置塔形的佛龛及天盖龛大量出现。直到这一阶段，民众发愿造像对大型窟的最初计划并没有产生太大影响。即使是与独立发愿造像有一定关联的第5窟，在造像开始之后，源自第11、13窟佛龛的造型很快衰退。与之相反，独立发愿造像虽然接受了大型窟中出现的中心柱及汉化的尊像着衣形式，但也进行了独立的解释和选择，并存在持续的变化。通过汉化过渡期造像的分布，可知迁都前佛龛的制作区域不仅出现在第11、13窟，而且扩展至昙曜五窟的追刻及其周围的第14、15、16–1窟。

迁都后，大型窟营造基本结束，但造像活动的范围继续扩展，第5、6窟周边至西端诸窟也相继造像。造像的规模和种类多样化，也开始制作佛龛及中小石窟。在这一过程中，中小窟龛的工匠集团也出现多个组群。根据大型窟孕育的云冈石窟传统是怎样被继承、其他地区传来的新信息又是怎样被接受的这一点，可将中小窟龛分为以下4组群，大致对应4个不同的工匠集团。

第1组群是始于第11、13窟并扩展至昙曜五窟追刻及第14、15、16–1窟的佛龛组。这一组群天盖龛沿袭了旧有的尖拱龛及楣拱龛，并在上方追加天盖，具有保守的倾向。这一传统一直延续至第39窟中最末期的追刻。

第2组群为第5、6窟周边及第11、12、13窟外壁的窟龛。由进深较浅的佛龛发展至小型窟，在此过程中吸收菩萨交脚像而形成新的三世佛表现，并且固定下来。从开拓了小型窟这一新形式，创造出之后固定化的三世佛形式的角度来看，第2组群可以说是中小窟龛整体的转捩点。虽然造像受到第5、6等窟的影响，但在500年前后使用了云冈石窟从未出现的纹样等，更偏好吸收新信息。

第3组群为西端诸窟的中型三壁三龛窟组。与第2组群的造窟理念不同，第3组群以左、右壁造型对称布局为重点，偏好平綦顶。残存第2期各窟的造型感觉，保守的性格与第1组群接近。

第4组群出现最迟，是以西端诸窟第32窟周边为中心分布的小型三壁三龛窟组群。该组群积极吸收洛阳周边及南朝地区的信息，使用新形式的天盖龛，是完成云冈石窟佛龛汉化的组群。这一组群的影响范围最终扩展至第13窟外壁等处。可以认为，云冈石窟第3期有4个系统的工匠组群在活动，他们相互影响，直至最末期均活跃地开展造像活动。

大型窟和中小窟龛存在营造主体这一根本上的差异，制作造像的规模等也有很大的不同。但是，离开中小窟龛就不能完整地理解云冈石窟造像的发展。云冈石窟的中小窟龛绝不是对大型窟的简单模仿，也不是不完整造像的集合。6世纪20年代以后，中国各地盛行以造像碑为中心的民众制作造像，可以说，云冈石窟的中小窟龛为中国各地的这一新展开奠定了基础。

本书并没有涵盖云冈石窟的所有中小窟龛，然而，从不同角度对中小窟龛进行探讨十分必要。此外，云冈石窟中小窟龛的新形式及造窟理念给之后其他地区的造像带来了怎样的影响？第5、6窟的影响在其他地区又是怎样被接受的？这些作为今后的课题，需要更为深入的考察。

参考文献

论文、专著

［日文］（按出版时间排序）

伊東忠太「北清建築調査報告」『建築雜誌』第189号（日本建築学会、1902年）。

大村西崖『中國美術史彫塑篇』（仏書刊行会図像部、1915年）。

新海竹太郎・中川忠順共編、山本明・岸正勝撮影『雲崗石窟』（文求堂書店、1921年）。

常盤大定・関野貞『中國佛教史蹟』（仏教史蹟研究会、1925～1928年）。

松本榮一『燉煌畫の研究』（東方文化学院東京研究所、1937年）。

常盤大定『中國佛教の研究』（春秋社、1938年）。

塚本善隆『中國仏教史研究　北魏篇』（弘文堂書房、1942年）。

長廣敏雄『大同石仏芸術論』（高桐書院、1946年）。

村田治郎「中國建築史より見たる法隆寺系建築様式の年代」『宝雲』第36冊（宝雲舎、1946年）。

長廣敏雄「雲岡石窟に於ける佛像の服制について」『東方學報』京都第15冊第4分（1947年）。

小杉一雄「裳懸座考」『佛教藝術』5号（毎日新聞社、1949年）。

長廣敏雄『飛天の藝術』（朝日新聞社、1949年）。

水野清一「いはゆる華嚴教主盧遮那佛の立像について」『東方學報』京都第18冊（1950年）。

水野清一・長廣敏雄『雲岡石窟—西暦五世紀における中國北部佛教窟院の考古學的調查報告—東方文化研究所調查　昭和十三年—昭和二十年』第1～16卷、続補（京都大学人文科学研究所雲岡刊行会、1951～1975年）。

水野清一「北魏石仏の系譜」『佛教藝術』21号（毎日新聞社、1954年）。

村田治郎「支輪の名称と形の起原」『日本建築學会研究報告』第33号第2部（日本建築学会、1955年）。

小杉一雄「博山—水煙・博山錦・博山冠について」『國華』798号（國華社、1958年）。

吉村怜「盧舎那法界人中像の研究」『美術研究』第203号（東京国立文化財研究所、1959年）。

吉村怜「雲岡に於ける蓮花化生の表現」『美術史』37号（美術史学会、1960年）。

松原三郎『中国仏教彫刻史研究—特に金銅仏及び石窟造像以外の石仏に就いての論考—』（吉川弘文館、1961年）。

坂本幸男・岩本裕訳注『法華経』（上・中・下）（岩波書店、1962、1964、1967年）。

長廣敏雄『雲岡と龍門』（中央公論美術出版、1964年）。

水野清一『中國の佛教美術』（平凡社、1968年）。

林良一「火焔光背新考」『大和文化研究』第14巻第7号（大和文化研究会、1969年）。

長廣敏雄『六朝時代美術の研究』（美術出版社、1969年）。

吉村怜「曇曜五窟論」『佛教藝術』73号（毎日新聞社、1969年）。

横超慧日『法華思想の研究』（平楽寺書店、1971~1986年）。
林巳奈夫「漢鏡の圖柄二、三について」『東方學報』京都第44冊（1973年）。
長廣敏雄『雲岡石窟：中国文化史蹟』（世界文化社、1976年）。
小川晴暘『雲岡の石窟』（新潮社、1978年）。
本田済『易』下巻（朝日新聞社、1978年）。
小杉一雄『中国仏教美術史の研究』（新樹社、1980年）。
長廣敏雄「宿白氏の雲岡石窟分期論を駁す」『東方學』第60輯（東方学会、1980年）。
長廣敏雄「雲岡石窟の謎」『佛教藝術』134号（毎日新聞社、1981年）。
山折哲雄『「坐」の文化論』（佼成出版社、1981年）。
陳明達「鞏県石窟寺の開鑿年代とその特徴」河南省文物研究所編『中国石窟　鞏県石窟寺』（平凡社、1983年）。
平川彰・梶山雄一・高崎直道編『講座大乗仏教4　法華思想』（春秋社、1983年）。
吉村怜『中国仏教図像の研究』（東方書店、1983年）。
温玉成「龍門北朝期小龕の類型と分期および北朝期石窟の編年」龍門文物保管所・北京大学考古系編『中国石窟　龍門石窟』第1巻（平凡社、1987年）。
宿白「洛陽地方における北朝期石窟の初歩的考察」龍門文物保管所・北京大学考古系編『中国石窟　龍門石窟』第1巻（平凡社、1987年）。
東山健吾「麦積山石窟の研究と初期石窟に関する二，三の問題」天水麦積山石窟芸術研究所編『中国石窟　麦積山石窟』（平凡社、1987年）。

久野美樹「二仏並坐像考」『MUSEUM（東京国立博物館研究誌）』446号（東京国立博物館、1988年）。
久野美樹「中国初期石窟と観仏三昧－麦積山石窟を中心として－」『佛教藝術』176号（毎日新聞社、1988年）。
栗田功『古代佛教美術叢刊　ガンダーラ美術』Ⅰ・Ⅱ（二玄社、1988~1990年）。
岡崎文夫『魏晋南北朝通史・内編』（平凡社、1989年）。
宿白「平城における国力の集中と〈雲岡様式〉の形成と発展」雲岡石窟文物保管所編『中国石窟　雲岡石窟』第1巻（平凡社、1989年）。
田中淡『中国建築史の研究』（弘文堂、1989年）。
東山健吾「敦煌莫高窟における仏樹下説法図形式の受容とその展開」『成城大学文芸学部創立三十五周年記念論文集』（成城大学文芸学部、1989年）。
魏収撰、塚本善隆訳注『魏書釈老志』（平凡社、1990年）。
丁明夷「雲岡石窟研究の50年」雲岡石窟文物保管所編『中国石窟　雲岡石窟』第2巻（平凡社、1990年）。
長廣敏雄「雲岡石窟第9・第10双窟の特徴」雲岡石窟文物保管所編『中国石窟　雲岡石窟』第2巻（平凡社、1990年）。
八木春生「中国南北朝時代における摩尼（宝珠）の表現の諸相」『佛教藝術』189号（毎日新聞社、1990年）。
吉村怜「雲崗石窟編年論－宿白・長廣学説批判－」『國華』1140号（國華社、1990年）。
呂采芷「北魏後期の三壁三龕窟」雲岡石窟文物保管所編『中国石窟　雲岡石窟』第2巻（平凡社、1990年）。
八木春生「雲岡石窟に見られる「籐座式柱頭」についての一考

察」『佛教藝術』197号（毎日新聞社、1991年）。
宮治昭『涅槃と弥勒の図像学ーインドから中央アジアへー』（吉川弘文館、1992年）。
岡田健・石松日奈子「中国南北朝時代の如来像着衣の研究」（上・下）『美術研究』第356・357号（東京国立文化財研究所、1993年）。
宮治昭「宇宙主としての釈迦仏ーインドから中央アジア・中国へー」立川武蔵編『曼荼羅と輪廻ーその思想と美術ー』（佼成出版社、1993年）。
八木春生「中国・南朝の蓮華文様について」『成城文藝』第143号（成城大学文芸学部、1993年）。
岩井共二「中国南北朝時代における裳懸座の展開」『佛教藝術』212号（毎日新聞社、1994年）。
石松日奈子「維摩・文殊像の研究ー中国南北朝期仏教美術における左右対置表現の一例としてー」『南都佛教』71号（東大寺図書館、1995年）。
八木春生「雲岡石窟第五及び第六窟についての一考察」『芸術研究報』16（筑波大学芸術系、1996年）。
片山寛明「供養天像の変遷からみた雲岡石窟の編年」『Miho Museum 研究紀要』1（秀明文化財団、1997年）。
朴亨國「いわゆる「人中像」という名称についてー吉村怜「盧舎那法界人中像の研究」の再検討ー」『密教図像』第16号（密教図像学会、1997年）。
佐藤智水「北魏仏教史論考」（岡山大学文学部、1998年）。
奈良国立文化財研究所『北魏洛陽永寧寺：中国社会科学院考古研究所発掘報告』奈良国立文化財研究所史料第47冊（奈良国立

文化財研究所、1998年）。
宮治昭『仏教美術のイコノロジー—インドから日本まで—』（吉川弘文館、1999年）。
吉村怜『天人誕生図の研究：東アジア仏教美術史論集』（東方書店、1999年）。
吉村怜「盧舎那法界人中像再論—華厳教主盧舎那仏と宇宙主的釈迦仏」『佛教藝術』242号（毎日新聞社、1999年）。
八木春生『雲岡石窟文様論』（法藏館、2000年）。
小澤正人「雲岡石窟第6窟上層龕如来立像の製作についての一考察」『美学美術史論集』第14輯（成城大学大学院文学研究科、2002年）。
齋藤龍一「中国雲岡石窟における中心柱窟の展開とその影響」『美学美術史論集』第14輯（成城大学大学院文学研究科、2002年）。
八木春生「雲岡石窟第三期諸窟についての一考察」『美学美術史論集』第14輯（成城大学大学院文学研究科、2002年）。
吉村怜「仏像の着衣《僧祇支》と《偏衫》について」『南都佛教』81号（東大寺図書館、2002年）。
石松日奈子「雲岡中期石窟新論—沙門統曇曜の失脚と胡服供養者像の出現—」『MUSEUM（東京国立博物館研究誌）』587号（東京国立博物館、2003年）。
小森陽子「雲岡石窟曇曜五窟論—第十八窟本尊定光仏説の提起—」『佛教藝術』266号（毎日新聞社、2003年。初刊于《藝術史研究》第3辑〔中山大学出版社，2001年〕）。
八木春生『中国仏教美術と漢民族化—北魏時代後期を中心として』（法藏館、2004年）。

石松日奈子『北魏仏教造像史の研究』（ブリュッケ、2005年）。
稲本泰生「觀音菩薩萬五千佛圖」『國華』第1313号（國華社、2005年）。
石松日奈子「中国仏教造像の供養者像―仏教美術史研究の新たな視点―」『美術史』第160冊（美術史学会、2006年）。
大原嘉豊「「法界佛像」に關する考察」曽布川寛編『中國美術の圖像學』（京都大学人文科学研究所、2006年）。
岩井共二「中国南北朝時代における如来像の中国式服制出現に関する試論―三教交渉を軸として―」宮治昭先生献呈論文集編集委員会編『汎アジアの仏教美術』（中央公論美術出版、2007年）。
仲嶺真信「いわゆる天蓋についての再検討―仏教美術における華蓋を中心にして」『芸術学論叢』17（別府大学文学部芸術文化学会、2007年）。
岩井共二「中国魏晋南北朝時代仏教美術における中国化の意義―中国式服制を中心に―」山口県立萩美術館・浦上記念館編『山東省石仏展―仏教美術の黎明―』（山口県立萩美術館・浦上記念館、2008年）。
岩井共二「中国北朝期の「皇帝即如来」と仏教美術」『美学美術史研究論集』23号（名古屋大学大学院文学研究科美学美術史研究室、2008年）。
植木雅俊『梵漢和対照・現代語訳　法華経』上・下（岩波書店、2008年）。
曽布川寛「雲岡石窟再考」『東方學報』京都第83冊（京都大学人文科学研究所、2008年）。
八木春生「天水麦積山石窟編年論」『泉屋博古館紀要』第25巻

（泉屋博古館、2009年）。
植木雅俊『梵漢和対照・現代語訳　維摩経』（岩波書店，2011年）。
小山満『仏教図像の研究—図像と経典の関係—』（向陽書房、2011年）。
向井佑介「北魏平城時代の仏教寺院と塑像」『佛教藝術』316号（毎日新聞社、2011年）。
三﨑良章『五胡十六国—中国史上の民族大移動—』新訂版（東方書店、2012年）。
因幡聡美「雲岡石窟第三期諸窟に見られる複合龕に関する研究」『中国考古学』第13号（日本中国考古学会、2013年）。
水野清一・長廣敏雄著，京都大学人文科学研究所・中国社会科学院考古研究所監修『雲岡石窟』第1～20巻（科学出版社東京、2013~2017年）。
石松日奈子「中国北朝期弥勒像の再検討—下生弥勒と聖王像—」『東洋美術史學』第4集（東洋美術史学会、2016年）。
岡村秀典「雲岡中期における佛教圖像の變容」『東方學報』京都第91冊（京都大学人文科学研究所、2016年）。
倉本尚徳『北朝仏教造像銘研究』（法藏館、2016年）。
末森薫「敦煌莫高窟早期窟千仏図の規則的描写法—第二五四窟の空間設計における千仏図の機能」『佛教藝術』347号（毎日新聞出版、2016年）。
衣麗都（大西磨希子訳）「雲岡余照—第三期窟研究序説—」京都大学人文科学研究所・中国社会科学院考古研究所編著『雲岡石窟　第20巻　第17窟—第41窟 本文』（科学出版社東京、2017年）。
岩井共二「中国式仏像の出現」『アジア仏教美術論集　東アジア

Ⅰ：後漢・三国・南北朝』（中央公論美術出版、2017年）。
殷光明（濱田瑞美訳）「北涼石塔にあらわれた易経八卦と七仏一弥勒造像」『アジア仏教美術論集　東アジアⅠ：後漢・三国・南北朝』（中央公論美術出版、2017年）。
岡村秀典『雲岡石窟の考古学—遊牧国家の巨石仏をさぐる』（臨川出版、2017年）。
肥田路美「四川で出土した南北朝時代の仏教石像をめぐって」『アジア仏教美術論集　東アジアⅠ：後漢・三国・南北朝』（中央公論美術出版、2017年）。
岡村秀典「雲岡石窟の初期造像—曇曜五窟の佛龕を中心として—」『東方學報』京都第93冊（京都大学人文科学研究所、2018年）。
八木春生「雲岡石窟第十一窟の造営について」『國華』第1489号（國華社、2019年）。
窪添慶文『北魏史—洛陽遷都の前と後—』（東方書店，2020年）。
末森薫『敦煌莫高窟と千仏図—規則性がつくる宗教空間—』（法藏館、2020年）。
向井佑介『中国初期仏塔の研究』（臨川書店、2020年）。

［中文］
陈垣《记大同武州山石窟寺》，《东方杂志》第16卷第2、3号（1919年）。
汤用彤《汉魏两晋南北朝佛教史（增订本）》上、下册（昆仑出版社，2006年，初版1938年）。
宿白《“大金西京武州山重修大石窟寺碑”校注——新发现的大同云岗石窟寺历史材料的初步整理》，《北京大学学报：人文科学》1956年第1期。
刘慧达《北魏石窟中的“三佛”》，《考古学报》1958年第4期。
杨泓《试论南北朝前期佛像服饰的主要变化》，《考古》1963年第6期。
宿白《东北、内蒙古地区的鲜卑遗迹——鲜卑遗迹辑录之一》，《文物》1977年第5期。
宿白《盛乐、平城一带的拓跋鲜卑——北魏遗迹——鲜卑遗迹辑录之二》，《文物》1977年第11期。
刘慧达《北魏石窟与禅》，《考古学报》1978年第3期。
宿白《云冈石窟分期试论》，《考古学报》1978年第1期。
史树青《北魏曹天度造千佛石塔》，《文物》1980年第1期。
张畅耕、员海瑞、辛长青《云冈石窟研究三种》，《中国历史博物馆馆刊》1980年第00期。
丁明夷《关于云岗石窟分期的几个问题——兼与长广敏雄先生商榷》，《世界宗教研究》1981年第4期。
米文平《鲜卑石室的发现与初步研究》，《文物》1981年第2期。
宿白《〈大金西京武州山重修大石窟寺碑〉的发现与研究——与日本长广敏雄教授讨论有关云冈石窟的某些问题》，《北京大学学报（哲学社会科学版）》1982年第2期。
宁强、胡同庆《敦煌莫高窟第254窟千佛画研究》，《敦煌研究》1986年第4期。
李雪芹、山西云冈石窟文物保管所《新编云冈石窟窟号的说明》，《文物》1988年第4期。
吉爱琴《泰安大汶口出土北朝铜鎏金莲花座等文物》，《考古》1989年第6期。
宿白《南朝龛像遗迹初探》，《考古学报》1989年第4期。

张宝玺《炳灵寺的西秦石窟》，甘肃省文物工作队、炳灵寺文物保管所编《中国石窟　永靖炳灵寺》（文物出版社，平凡社，1989年）。
山西省地方志编纂委员会编《山西通志　第5卷　地震志》（中华书局，1991年）。
袁曙光《四川茂汶南齐永明造像碑及有关问题》，《文物》1992年第2期。
林保尧《法华造像研究——嘉登博物馆藏东魏武定元年石造释迦像考》（艺术家出版社，1993年）。
杭侃《云冈第20窟西壁坍塌的时间与昙曜五窟最初的布局设计》，《文物》1994年第10期。
吕一飞《胡族习俗与隋唐風韵——魏晋北朝北方少数民族社会风俗及其隋唐的影响》（书目文献出版社，1994年）。
张宝玺《〈法华经〉的翻译与释迦多宝佛造像》，《佛学研究》1994年。
李静杰主编《中国金銅佛》（宗教文化出版社，1996年）。
林蔚《栖霞山千佛崖第13窟的新发现》，《文物》1996年第4期。
宿白《中国石窟寺研究》（文物出版社，1996年）。
殷光明《北凉石塔上的易经八卦与七佛一弥勒造像》，《敦煌研究》1997年第1期。
雷玉华、颜劲松、成都市文物考古工作队、成都市文物考古研究所《成都市西安路南朝石刻造像清理简报》，《文物》1998年第11期。
邵磊《南京栖霞山千佛崖释迦多宝并坐像析》，《南方文物》2000年第3期。
殷光明《北凉石塔研究》（觉风佛教艺术文化基金会，2000年）。

刘景龙《古阳洞：龙门石窟第1443窟》（科学出版社，2001年）。
李雪芹《关于云冈石窟新编窟号的补充说明》，《文物》2001年第5期。
王银田、刘俊喜《大同智家堡北魏墓石椁壁画》，《文物》2001年第7期。
刘景龙《莲花洞：龙门石窟第712窟》（科学出版社，2002年）。
王恒《二佛并坐及其佛教意义》，《文物世界》2002年第1期。
李裕群《古代石窟》（文物出版社，2003年）。
魏文斌、吴荭《甘肃镇原县博物馆藏北魏青铜造像及有关问题》，《敦煌研究》2003年第3期。
赵昆雨《云冈石窟造像服饰雕刻特征及其演变》，《文物世界》2003年第5期。
李静杰《北朝后期法华经图像的演变》，《艺术学：艺术学研究年报》第21期（艺术家出版社，2004年）。
李雪芹《关于云冈石窟洞窟编号的再思考》，《文物世界》2004年第1期。
李雪芹《试论云冈石窟供养人的服饰特点》，《文物世界》2004年第5期。
王雁卿《云冈石窟第20窟立佛与佛龛》，《敦煌研究》2005年第5期。
杜斗城、王亨通主编《炳灵寺石窟内容总录》（兰州大学出版社，2006年）。
贺世哲著、敦煌研究院编《敦煌图像研究——十六国北朝卷》（甘肃教育出版社，2006年）。
李静杰《敦煌莫高窟北朝隋代洞窟图像构成试论》，《2005年云冈国际学术研讨会论文集·研究卷》（文物出版社，2006年）。
李静杰《北齐至隋代二尊卢舍那法界佛像的图像解释》，《艺术学：艺术学研究年报》第22期（艺术家出版社，2006年）。
张华《云冈石窟中维摩诘和文殊菩萨造像的探讨》，《2005年云冈国际学术研讨会论文集·研究卷》（文物出版社，2006年）。
张焯《云冈石窟编年史》（文物出版社，2006年）。
李静杰《北朝时期定光佛授记本生图像的两种造型》，《艺术学：艺术学研究年报》第23期（艺术家出版社，2007年）。
葛钢、葛世民《北魏曹天度石塔考》，《文物世界》2008年第4期。
刘建军《云冈石窟考古新发现的相关问题讨论》，岡村秀典『北魏時代の平城と雲岡の歴史考古学的研究：平成17年度～平成19年度科学研究費補助金基盤研究B　研究成果報告書』（2008年）。
王恒《云冈石窟盝形龛的演变》，《山西大同大学学报（社会科学版）》2008年第2期。
魏文斌《麦积山石窟初期洞窟三佛造像考释》，《敦煌学辑刊》2008年第3期。
刘景龙《龙门石窟开凿年代研究》，《石窟寺研究》第1辑（文物出版社，2010年）。
王雁卿、马志强《云冈石窟的宝盖龛和宝盖》，《北朝研究》第7辑（科学出版社，2010年）。
赵昆雨《云冈石窟佛教故事雕刻艺术》（江苏美术出版社，2010年）。
马志强、王雁卿《云冈石窟尖拱龛形制探讨》，《沧桑》2011年第5期。
王恒《云冈石窟辞典》（江苏美术出版社，2012年）。
张雯《古阳洞雕凿次第初探》，《石窟寺研究》第3辑（文物出版社，2012年）。
陕西省考古研究院、陕西省铜川市药王山管理局《陕西药王山碑刻艺术总集　第7卷　临潼、渭南地区造像碑》（上海辞书出版社，2013年）。
八木春生（姚瑶译）《云冈石窟第三期诸窟的编年》，《云冈石窟研究院院刊》2014年总2期。
王雁卿《云冈石窟昙曜五窟早期圆拱龛探讨》，《云冈石窟研究院院刊》2016年总4期。
彭明浩《云冈石窟的营造工程》（文物出版社，2017年）。
王友奎《云冈石窟图像组合研究》（清华大学，2017年，博士论文）。
王友奎《云冈石窟第11–13窟图像构成分析》，《敦煌研究》2017年第4期。
杭侃《云冈第五窟争议》，《石窟寺研究》第8辑（科学出版社，2018年）。
八木春生（王雁卿、刘军淼译）《关于云冈石窟第13窟的营造》，《石窟寺研究》第9辑（科学出版社，2019年）。
山西省考古研究所、云冈石窟研究院、大同市考古研究所《云冈石窟窟顶二区北魏辽金佛教寺院遗址》，《考古学报》2019年第1期。
王友奎《大同云冈第5、6窟图像构成分析》，《敦煌研究》2019年第3期。
王友奎《云冈石窟第三期洞窟图像组合分析》，《敦煌研究》2020年第3期。

［西文］

Édourd Chavannes, *Mission archéologique dans la Chine septentrionale,* Paris, 1909-1915.
Angela Falco Howard, *The Imagery of the Cosmological Buddha,*

Leiden, 1986.

Eugene Y. Wang, *Grotto-Shrine as Chronotope and the Working of Analogous Iconography: The Sixth-Century Sculptural Program in Cave 38 at Yungang in Perspective,* 巫鸿主编《汉唐之间的宗教艺术与考古》(文物出版社，2000年)。

［全集］

敦煌文物研究所編『中国石窟　敦煌莫高窟』第1巻（平凡社、1980年）。

河南省文物研究所編『中国石窟　鞏県石窟寺』（平凡社、1983年）。

新疆ウイグル自治区文物管理委員会・拝城県キジル千仏洞文物保管所編『中国石窟　キジル石窟』第1～3巻（平凡社、1983～1985年）。

甘粛省文物工作隊・炳霊寺文物保管所編『中国石窟　炳霊寺石窟』（平凡社、1986年）。

天水麦積山石窟芸術研究所編『中国石窟　麦積山石窟』（平凡社、1987年）。

龍門文物保管所・北京大学考古系編『中国石窟　龍門石窟』第1巻（平凡社、1987年）。

宿白主编、李治国副主编《中国美术全集　雕塑编10　云冈石窟雕刻》（文物出版社，1988年）。

雲岡石窟文物保管所編『中国石窟　雲岡石窟』第1、2巻（平凡社、1989～1990年）。

肥塚隆・宮治昭責任編集『世界美術大全集　東洋編　第13巻　インド（1）』（小学館、2000年）

曽布川寛・岡田健編『世界美術大全集　東洋編　第3巻　三

国・南北朝』（小学館、2000年）。
李治国主编、中国石窟雕塑全集编辑委员会编《中国美术分类全集　中国石窟雕塑全集　第3卷　云冈》（重庆出版社，2000年）。
张焯主编《云冈石窟全集》第1～20卷（青岛出版社，2017年）。

［展览目录］

『大阪市立美術館所蔵　中国の美術—彫刻と絵画—』（茨城県立歴史館、1990年）。
NHK・NHK プロモーション編『世界四大文明　中国文明展』（NHK、2000年）。
東京国立博物館・朝日新聞社編『中国国宝展』（朝日新聞社、2000年）。
東京国立博物館・朝日新聞社編『中国国宝展』（朝日新聞社、2004年）。
曽布川寛・出川哲朗監修、大広編『中国・美の十字路展』（大広、2005年）。
齋藤龍一編『大阪市立美術館山口コレクション中国彫刻・北魏石造仏教彫刻の展開』（大阪市立美術館、2013年）。

图版一览

彩　图

序　章

第一章　昙曜五窟的开凿期佛龛——佛龛制作之始

第二章　第5窟与佛龛——佛龛制作的推广

第三章　第11、12、13窟外壁窟龛的定位——小型窟的出现

第四章　中小窟的营造理念——以菩萨交脚像的位置为着眼点

第五章　从天盖龛的展开来看中小窟龛的工匠系统

发表论文一览

序章　新作

第一章　昙曜五窟的开凿期佛龛——佛龛制作之始

「雲岡石窟曇曜五窟開鑿期の仏龕について」『佛教藝術』332号（每日新聞社、2014年）。

第二章　第5窟与佛龛——佛龛制作的推广

「雲岡石窟第五窟と民間造像」『仏教芸術』第4号（中央公論美術出版，2020年）。

第三章　第11、12、13窟外壁窟龛的定位——小型窟的出现

《关于云冈第11、12、13窟外壁窟龛的初步研究》，《云冈石窟研究院院刊》2015年总3期（王雁卿、刘军淼译）。

第四章　中小窟的营造理念——以菩萨交脚像的位置为着眼点

新作

第五章　从天盖龛的展开来看中小窟龛的工匠系统

「雲岡石窟の天蓋龕—第3期における工人系統理解のための手がかりとして」『中国考古学』第17号（日本中国考古学会、2017年）。

终章　新作

※在已发表论文的基础上大幅增改。

后　记

本书在2019年12月向筑波大学大学院人类综合科学研究科提交的博士学位论文基础上增改而成。本书的出版得到了成城大学“2021年度　科学研究费助成事业等间接经费研究支援项目”的资助。

调查研究的展开受到众多团体的资助，本书的内容是以下资助研究成果的一部分。

（1）2012～2014年度　日本学术振兴会科学研究费补助金（特别研究员奖励费）

（2）2015年度　公益财团法人佛教美术研究上野纪念财团　平成27年度研究奖励金

（3）2018年度　公益财团法人高梨学术奖励基金

（4）2018年度　公益财团法人日本科学协会　笹川科学研究资助

（5）2020年度　公益财团法人鹿岛美术财团　2020年度研究资助

在此首先向导师筑波大学教授八木春生老师致以由衷的感谢。自大学时代起就受其指导，从面对作品的态度到论文的写作方法，八木老师热心地指导了关于研究的所有事情。并且，展开实地调查、参与各种研究发表，并得到中国老师们的宝贵意见，也都是由于八木老师的指引。

学位论文审查时，肥田路美老师（早稻田大学教授）、黑田乃生老师（筑波大学教授）、松井敏也老师（筑波大学教授）给予了众多宝贵意见，在此由衷地表示感谢。

本书的出版得到成城大学的资助。介绍这一出版资助的是成城大学教授小泽正人老师。回想起来，2008年首次访问云冈石窟的机会正是小泽老师给予的。4月初的云冈仍有积雪，偶尔吹来夹杂着雪的强风。还记得，站在憧憬的昙曜五窟大佛像前，我被石窟空间所承载的庞大信息量所压倒，不禁目瞪口呆。这时，小泽老师细致地教导我观看佛像的方法，我深受感动。之后又不断给予指导，我博士毕业后，小泽老师在成城大学民俗学研究所又给我提供继续研究的环境。由衷感谢小泽老师多年来的指导。

资料有限的云冈石窟中小窟龛研究的推进，离不开当地的科研机构的协助。从2011年我写作硕士论文开始，云冈石窟研究院（2021年2月改名云冈研究院）时任张焯院长，在我每次到访之时都热情地接待，并允许在石窟内调查及照相记录，在此深表感谢。此外，2011年至2014年，张焯院长每年都与八木春生老师一同举行研究会，笔者每年都可以得到研究文章发表的机会。参会时，每次都能得到王恒老师、刘建军老师、王雁卿老师、赵昆雨老师十分重要的建议。特别是得到发表了众多云冈石窟佛龛相关论文的王恒老师及王雁卿老师的建议，备感荣幸。十分感谢王雁卿老师数次在百忙之中陪伴开展石窟内的调查。

此外，实地调查时受到很多人的关照。文莉莉老师、谷敏老师在烈日之下一起调查。还有在此无法一一列举的各位，如果没有各位的帮助，作为一个外国人，我是无法实现充分调查的。对在云冈石窟给予我众多帮助的各位，致以由衷的感谢。

攻读博士期间，我曾在中国留学2年，受到清华大学美术学院李静杰老师的热心指导，之后也时常给予指点，对此深表谢意。在中国，还受到多位老师的关照，请原谅在此不再一一列举，向各位老师致谢。

我至今发表的论文较少，即便如此也得到多位老师的宝贵意见。石松日奈子老师（东京国立博物馆客座研究员）、稻本泰生老师（京都大学人文科学研究所教授）、冈村秀典老师（京都大学人文科学研究所教授）、久野美树老师（法政大学大学院兼职讲师）、斋藤龙一老师（大阪市立美术馆主任学艺员）、滨田瑞美老师（横滨美术大学副教授）、向井佑介老师（京都大学人文科学研究所副教授）（以上按日文五十音顺），从不同的角度给予各种有益的意见，深表感谢。成书之时，未能将其充分反映出来是一个遗憾，希望能得到谅解。

此外，同一时期进行云冈石窟研究的王友奎（敦煌研究院）、因幡聪美，不仅对论文提出宝贵意见，而且还在现场调查时给予帮助。侯悦斯（现为中央美术学院讲师）帮助写作了中文摘要。以末森薰（现为国立民族学博物馆助教）、姚瑶（现为东南大学讲师）为首，研究室的各位同仁提出了各种意见，并在中国进行实地调查时提供各种帮助，在此我由衷表示感谢。

对接受本书出版的法藏馆西村明高社长致以衷心的感谢，也一直承蒙法藏馆编辑部的编辑上山靖子先生的关照。如果说本书有便于阅读的部分，那都是由于上山先生的努力。深表感谢。

本书的出版是以上各位协力的结果，再次深表谢意。为了报答至今所受的各种学术恩惠，本书尚无法解决的问题，今后将继续进行研究。

最后，对一直鼓励我的丈夫、温暖守护我的公公、婆婆，以及支持我度过漫长求学生活的父母，表示衷心的感谢。

2022年1月

熊坂聪美

索引

D

E

F

G

H

J

R

S

T

W

X

Z

译 后 记

十六国时期，各个胡族政权竞相崇奉佛教，北魏也不例外。迁都平城之后，明元帝“又崇佛法，京邑四方建立图像，仍令沙门敷导民俗”（《魏书·释老志》），佛教渗入社会各个阶层。即便太武帝一度灭法，文成帝即位旋即着力复法，沙门统昙曜“于京城西武州塞凿山石壁，开窟五所”（《魏书·释老志》），掀起崇奉佛法、开窟造像的新风潮。一直到正光年间，六镇起义，旧京骚然，云冈石窟营造工程才告衰歇。一千多年来，“真容巨壮，世法所希”（《水经注·㶟水》）的造像看惯了盛衰兴亡，“山堂水殿，烟寺相望”（《水经注·㶟水》）的盛景似乎早已远去，然而那一抹悲悯神秘的微笑却始终牢牢地吸引着众人的目光。

云冈石窟研究积淀丰厚，见证了中外学者的学术交流和不懈追求。熊坂聪美所著《云冈石窟中小窟龛的展开：装饰·空间·工匠》，是近年日本艺术史学界的一项重要研究成果。她将由贵族或民众主导制作、数量庞大但规模较小的中小窟龛，视为云冈石窟这一整体所不可或缺的重要组成部分，对这些常被以往研究忽视的窟龛青眼相待，构建出以中小窟龛为主体的叙事方式，勾勒出中小窟龛发展历程和工匠系统的大致轮廓。

在大型“皇家”工程云冈石窟中，皇室贵胄之外的中下层官吏及邑人信众如何参与营造，个别发愿佛龛和石窟整体在造型、风格等方面有怎样的互动？中小窟龛于何时、何处最先出现，又怎样逐渐在云冈石窟各个区域展开？中小窟龛如何配置尊像，偏好何种装饰，反映出一般信众怎样的宗教实践和精神世界？东、中、西三个区域的中小窟龛如何分组并关联，主持营建的工匠系统有无区别，各自拥有怎样的营造理念？中小窟龛渊源何在、影响如何，对于梳理云冈石窟和其他地区石窟的关系有何作用？……熊坂聪美从艺术史的角度，仔细分析窟龛造像的打破关系、样式与形式特征等，将这一切抽丝剥茧，娓娓道来。

尽管书中一些结论不无探讨余地，比如云冈石窟的编年因纪年像较少一直存在争议，而此书直接使用既有编年，有可能导致部分结论出现不确定性。又比如民众在僧侣的指导下出资造像，身份最为卑微的工匠在造像内容的选择上又具有多少自由？窟龛造像细节存在差异的同时，大面积追刻于昙曜五窟外壁并侵入窟内的千佛小龛，又可以做到造型近乎一致，所以造像细节的样式形式等能在多大程度上反映工匠的差异，亦可谓见仁见智。但不论如何，此书为研究和欣赏云冈石窟提供了一个崭新的视角，希望此次译介能对众多石窟研究者和爱好者有所裨益和启发。

黄　盼

2024年8月于中国社会科学院考古研究所